少数给
中国的飞机

飞虎队的诞生

[美]
尤金妮·巴肯 著
(Eugenie Buchan)

张洁 译

A
FEW
PLANES
FOR
CHINA

The Birth
of the Flying Tigers

社会科学文献出版社
SOCIAL SCIENCES ACADEMIC PRESS (CHINA)

目　录

引　言

　　飞虎队是一支由美国志愿者组成的小规模空军部队。第二次世界大战爆发初期，他们在缅甸和中国西部与日军作战。在珍珠港事件爆发和美国正式宣布参加第二次世界大战之前，飞虎队被称为美国志愿航空队（the American Volunteer Group，简称 AVG）。太平洋战争爆发不久，中国人将这些飞行员赞誉为"空中飞虎"，从此"飞虎队"的名字就固定了下来。[1]从 1941 年 12 月到 1942 年 6 月，飞虎队拥有的适航战机基本不超过 40 架，但是他们击落了将近300 架日本飞机。飞虎队的标志举世闻名。[2]他们的柯蒂斯－莱特（Curtiss-Wright）P－40 战斗机机首绘着鲨鱼牙齿，他们的队标是一只从代表胜利的 V 字形中跳跃而出的小老虎，这是迪士尼公司设计的，还有其指挥官"老头子"陈纳德（Claire Lee Chennault）的硬汉形象。飞虎队是如此出名，以至于 1942 年共和电影公司（Republic Films）拍摄了同名电影，由约翰·韦恩（John Wayne）出演吉姆·戈登（Jim Gordon），这个角色的原型就是陈纳德。

　　第二次世界大战以来，描写飞虎队的书籍、文章、纪录片不计其数，为什么还要再写一本呢？如同新的证据总是能推翻原先的判决一样，新出现的史料也能推翻原先的历史结论。我对飞虎队的兴趣始于 2006 年。那年我无意间在华盛顿特区父母家的壁橱里发现

1

了一满纸袋的旧文件，它们原属于我的外祖父雷顿（Bruce Gardner Leighton），他生前曾在美国海军任上校。这些文件显示，他在1939～1942年曾参与飞虎队的组建工作，当时他担任美国联洲航空公司（Intercontinent Corporation）的副总裁，这家航空企业如今早已被人忘记了。该公司的总裁是鄱雷（William Douglas Powley），我记得他是我外祖父母的好朋友。

1950年代，布鲁斯爷爷（所有的孙辈都这么叫他）在佛罗里达斯图亚特市（Stuart）附近有一个农场。他高大、秃顶，大部分时候穿着卡其布工作服。我不太记得小时候是否和他说过话，但是在他去世50年之后，通过对这些旧文件的"抽丝剥茧"，我终于开始了解他。

外祖父是一名早期的海军飞行员。1915年，他在彭萨科拉（Pensacola）海军飞行基地获得了飞机驾驶资格。他参加了第一次世界大战，战争结束后他在美国海军航空局工作，直到1928年辞职，当时他的军衔是少校。同年他加入了莱特航空器材公司（Wright Aeronautical），担任首任主管市场的副总裁，很快该公司就和柯蒂斯飞机与发动机公司（Curtiss Aeroplane and Motor Company）合并。1930年代早期，外祖父在土耳其和巴尔干半岛销售柯蒂斯 - 莱特公司生产的军用飞机。1937年5月，他放弃了柯蒂斯 - 莱特出口公司相对稳定的职位，加入美国联洲航空公司并担任副总裁。这份新工作将外祖父、他的妻子艾瑟尔（Ethel）和女儿珍妮特（Janet，我的母亲）带到了上海。

尽管我母亲对在香港的生活还记忆犹新，但她并不了解外祖父在中国从事的生意，只知道鄱雷在杭州为中国政府开办了一家飞机制造厂。1937 年 7 月 7 日中国的抗日战争全面爆发，一个月后我的母亲和外祖母撤退到了菲律宾。不久她们在香港重新安顿下来，而我的外祖父则留在了中国内地。只要是阴天，① 他就可以搭乘客机飞到香港去看她们。随着日军大肆进攻到长江流域，布鲁斯爷爷和飞机制造厂不得不赶在敌人到达前西迁。1938 年年底，美国联洲航空公司最终迁到云南垒允②，这里是中国与缅甸交界的地方，当时缅甸还是英国的殖民地。

1939 年 12 月，外祖父一家回到美国。他往返于纽约、华盛顿与迈阿密之间，负责管理一家隶属美国联洲航空公司的飞机装配厂。1942 年，他再次加入美国海军，作为海军在西海岸的代表，负责联络那些为海军供应飞机的制造商。这些是他搬到佛罗里达的农场前，我了解的全部。

我注意到纸袋中有一个文件夹上贴着"中央飞机制造厂、美国志愿航空队"（CAMCO，AVG）的标签，母亲在封面写着"雷顿关于美国志愿航空队成立过程的记录"（BGL's account of the establishment of the AVG）。当时我全然不了解这些缩写字母的意思，但在这袋文件里还有一本关于美国志愿航空队的小册子，名为《英勇光荣的美国人》（Americans Valiant and Glorious），它一下子触发了我的童年记忆。³当年我们还和外祖父母居住在一起时，我很喜欢看这本小册子，因为它封面上的小老虎和色彩鲜艳的流苏镶边。

在《英勇光荣的美国人》一书的开头几页，鄱雷提供了他关

---

① 阴天日本飞机无法进行空袭，因而客机可以飞行。——译者注（本书页下注都为译者注，后文不再标明，原书注释为尾注）

② 英文文献写作 Loiwing，今为云南德宏傣族景颇族自治州雷允。

于飞虎队诞生的版本。1939 年 5 月，鄱雷、他的弟弟埃德（Ed）以及我的外祖父和当时担任国民政府财政部长的孔祥熙会面。鄱雷问孔祥熙，美国人可以为中国和中国空军提供什么帮助，孔祥熙回答说中国需要一批像拉法耶特中队（Lafayette Escadrille）那样的美国志愿飞行员。在美国正式参加第一次世界大战之前，这支志愿飞行队协助法军作战。鄱雷说他会尽一切努力向美国“有权势的人”提出这个想法，“由此美国志愿航空队诞生了”。[4]

当我问起母亲外祖父与飞虎队的关系，她显得非常茫然；当我问起 CAMCO 是什么，她更是一无所知。在她看来，她的父亲当时是在为美国联洲航空公司工作。我在互联网上搜索了一下，很快发现 CAMCO 的全称是中央飞机制造厂，是一家由鄱雷创办的飞机制造厂。这家工厂是 1933 年鄱雷与国民政府军事委员会委员长蒋介石合作开办的中美合资企业。[4]事实上，所有的飞虎队队员都与中央飞机制造厂签订了雇佣合同。

我在互联网上搜索了一遍，发现很少有人提及鄱雷和雷顿在组建飞虎队过程中的重要作用。几乎所有的叙述都聚焦于陈纳德所起的关键作用。1942 年 2 月，《时代周刊》（*Time*）为之后的历史书写定下了基调：“组建和招募美国志愿航空队的功劳不是一个人的。但是从一开始，这支部队的精神支柱就是它现在在缅甸的指挥官，他就是著名的美国飞行员、又黑又瘦的美国空军准将陈纳德，来自路易斯安那州的沃特普鲁夫（Water Proof）。”[5] 1942 年，拉塞尔·惠兰（Russell Whelan）撰写了第一本关于飞虎队的书《飞虎队》（*The Flying Tigers*）。惠兰曾担任美国援华联合会（United China Relief）的无线电主管，这个联合会是为国民政府搜集情报和筹集经费的机构。根据惠兰的说法，陈纳德创建飞虎队的目的很明确，就是抗击日本人，不论美国与日本是否正式开战。[6] 1943 年，《密尔沃基日报》（*Milwaukee Journal*）的记者罗伯特·霍兹（Robert Hotz）出版了《与陈纳德将军同行：飞虎队的故事》（*With General Chennault: The Story of the Flying Tigers*）一书。[7]他的这本书将飞虎队的故事说成了陈纳德的故事。

第二次世界大战后，霍兹编辑了陈纳德的回忆录《战士之路》（*Way of a Fighter*, 1949），将自己原先那本书中的内容加进了这本自传。[8]霍兹很有可能利用他与陈纳德的谈话、他自己的研究和想象撰写了这本传记。贾安娜（Annalee Jacoby）在一篇书评中评论说这本传记的书名很贴切，因为陈纳德曾经和每一个人"争斗"："有意思的是，这些回忆录的内容颠三倒四、前后矛盾，好像是由三个不同的人撰写的。"[9]她与白修德（Theodore White）合著了《中国的惊雷》（*Thunder out of China*）。然而，这么多年来通俗历史书的作者都将《战士之路》的叙述奉为信条。从未有人质疑过这本书的主要论断，即陈纳德是飞虎队的缔造者。现在的权威研究者丹·福特（Dan Ford）就在他的著作《飞虎队：陈纳德和他的美国志愿者（1941~1942）》的开篇，将陈纳德描写为"飞虎队背后的人"。[10]

几乎所有关于飞虎队的书都包含陈纳德的基本履历。1919~1937 年，陈纳德在美国陆军航空队（AAC）担任飞行教官、中队长，是闻名的特技飞行员。1937 年，蒋介石指派他的夫人宋美龄负责中华民国航空委员会。这个委员会相当于中国的空军部，主管中国空军部队（CAF）。尽管名义上有位军官掌管中国空军部队，但是作为中华民国航空委员会的主席，宋美龄才是真正掌管中国军事航空的人。

那些已经在中国开展工作的美国飞行教官知道陈纳德，并且建议宋美龄邀请陈纳德到中国来考察中国空军部队。1937年春，陈纳德从美国陆军航空队退役，在抗日战争全面爆发前夕抵达中国。碰巧的是，他晚于我外祖父一周来到上海，很快他们就认识了。1937年、1938年，他们在一起玩纸牌、一起经历日军的空袭；1939～1941年，他们一起商讨组建美国志愿航空队的计划。

1937～1938年，陈纳德担任蒋介石夫妇的空军顾问。根据美国志愿航空队编年史家的说法，1939～1940年陈纳德继续担任这一工作，尽管这一时期他几乎都驻在昆明，担任中国空军飞行学校首席飞行教官。

所有的记述都说，1940年11月，蒋介石请陈纳德前往华盛顿特区，帮助他的私人代表宋子文游说美国政府给予中国空军援助。这些记述说，在接下来的四个多月时间里，陈纳德迅速影响了罗斯福政府的一些主要决策者，说服了他们支持他组建一支驻扎中国的小规模志愿空中作战部队的想法。根据《战士之路》的说法，这支部队的目标是对中国领土上日占区的军事目标发动空袭，并很有可能轰炸东京。[11] 一些历史学家称，1941年4月罗斯福不审慎地"支持了"陈纳德的提议。那之后不久，宋子文就雇佣郡雷和中央飞机制造厂处理招募飞行员、人事合同以及一部分采购工作。

以上说法是关于美国志愿航空队和中央飞机制造厂缘起的标准版本，而我的外祖父所保留的文件在时间上和主要人物方面都与这个版本相矛盾。一批1940年1～5月的文件记录了我的外祖父和美国海军的会谈，会谈讨论了他提出的在云南垒允的中央飞机制造厂组建一支战术空军部队的建议。这一时期，他的老朋友罗伯特·莫滕（Robert Molten）是海军部的高官。莫滕安排他与一些高级军官见面，包括海军作战部长哈罗德·斯塔克（Harold Stark）。在这些会谈中，他概述了他的公司将如何成立一支完全商业意义上的空中作战部队，由西方的飞行员（不一定是美国人）组成，以垒允的中央飞机制造厂为基地，由此空战部队可以对中国境内的日军目标发动空袭。当面临敌人袭击威胁时，这支机动空军部队可以转移到周边领土，比如荷属东印度群岛（今印度尼西亚）。海军部的官员赞赏他帮助中国空中作战的提议，但指出美国当时的外交政策是个阻碍，这样的计划根本不能实现。

　　另外一批信件的日期是1941年1月中旬，其中外祖父提到了美国联洲航空公司、美国财政部和宋子文关于销售100架柯蒂斯－莱特P－40战斗机的紧张谈判。原来美国联洲航空公司拥有在中国销售柯蒂斯－莱特飞机的专营权，它应得一笔向中国销售P－40战斗机的佣金，但是美国政府和中国政府都不愿意支付这笔佣金。这些信件显示，时任海军部长诺克斯（Frank Knox）安排自己的助手莫顿·迪约（Morton Lyndholm Deyo）上校联系外祖父，希望他能独立组织援助中国的航空任务。莫顿·迪约是我外祖父的老朋友，他们的上一次见面是1937年在上海，当时迪约在美国亚洲舰队的旗舰奥古斯塔号（Augusta）上服役。在给迪约的一封信中，外祖父指出，没有任何人能凭一己之力处理这项复杂的军事供应，只有像美国联洲航空公司这样的机构能够做到。几周后，临近1941年1月底，财政部和都雷就美国联洲航空公司的销售佣金达成了妥协。最终，各方都同意由美国联洲航空公司来管理这项中国空军援助计划。此后，美国联洲航空公司一直都在处理与飞虎队有关的事务，直到 1942 年 7 月飞虎队解散为止。

在我看来，根据外祖父的文件，1941 年 1 月罗斯福的亲信顾问决定，将一项秘密的对华空援任务外包给美国联洲航空公司，因此它是一家"私人军事承包商"，即使当时还没有这个术语。由于外祖父没有写明这项任务的真实性质，另一个问题出现了：1941年 1 月的这个计划与据称陈纳德和宋子文在 1941 年 4 月筹划的计划是什么关系？在目前所有关于飞虎队的著作中，我都没有找到答案。

随着我进一步阅读关于这个主题的书籍，我对另一些异乎寻常的情况也感到吃惊。几乎所有历史学家都认为，在珍珠港事件爆发前的那些年，罗斯福在竭尽全力避免与日本发生冲突。但为什么他会支持这样一项有可能在太平洋引发一场全面战争的对日空中行动？如果组建飞虎队的目的是抗击在中国的日军，那为什么从1941 年 7 月直到珍珠港事件爆发，他们都驻扎在当时尚属于英国殖民地的缅甸？这些矛盾的情况不禁让人提出疑问：谁组建了飞虎队？是什么时候组建飞虎队的？为什么要组建飞虎队？解答这些问题就是本书的主要内容。

我尽最大可能使用原始资料，以期重现当时组建飞虎队的决策过程。本书的中心论点是，飞虎队并非绝大部分历史学家所认为的那样，纯粹是中美两国间的合作。美国志愿航空队的历史意义和战略意义主要起源于中国和英国在珍珠港事件爆发前一年就开展的军事合作。丘吉尔才是真正推动飞虎队成立的人。

正如本书所示，英国政府一直将美国志愿航空队视作一支正式的作战部队，一旦日本正式对英国宣战，希望它能加强英国在远东微弱的空中力量。出于各种原因，飞虎队故事的英国因素几乎被忽略了，其中一个很重要的原因是命名的不同。英国人很少将这支部队称作美国志愿航空队（AVG），他们称之为国际空军部队（International Air Force，简称 IAF）。位于伦敦郊外基尤（Kew）的英国国家档案馆保管着大量标记"国际空军部队"或者"援助中国"的文件。这些文件从 1972 年起就对公众开放，但我从来没看到过那些关于飞虎队的历史著作提及它们。

二战在欧洲爆发之前，英国竭尽全力避免与日本发生军事冲突。一旦他们与希特勒在欧洲交战，他们无法应付两线作战，因此他们继续将战争资源集中在欧洲，而不是亚洲。他们很快就意识到了美国志愿航空队对防卫英国远东殖民地的战略重要性，因此他们在有限的资源里尽一切努力，帮助美国志愿航空队的"主管"陈纳德，将其发展成一支战斗部队。

1944 年，雷顿写了一封长信给他的中国同事钱大钧将军。他在信中提到了飞虎队令人瞩目的成就，还有飞虎队组建过程中"不那么令人瞩目的"重重困难：他和其他人（包括陈纳德）在"极端保密的情况下"开展工作，"与政府部门的协议不得不完全靠口头处理；这个项目的真实性质只限于几个人知晓"。[12] 这个关于飞虎队组建过程的"背景"故事或许远不如"英勇光荣的美国人"那样吸引人，但它的意义在于进一步说明组建飞虎队的真实用意，这支部队在战前外交的重要性，以及它与 1945 年美国最终用于击败日本的空战策略之间的关系。

1 蒋介石腐败的空军

1939 年 2 月初，蒋介石和宋美龄在重庆的官邸宴请新到任的英国驻华空军武官、皇家空军上校罗伯特·艾特肯（Robert Stanley Aitken）。喝茶聊天的时候，艾特肯希望进一步了解他们之前提出过的购买英国飞机和聘请英国皇家空军顾问改造中国空军的事情。[1] 宋美龄为蒋介石做英语翻译，她说一口流利的英语，略带一点南方口音。她告诉艾特肯，中国空军的管理体系"腐败透顶"，花了不少钱却没有成效。她代表蒋介石说道："我们不得不在没有海军的情况下作战，如果我们的空军不腐败，我们会做得更好。"她宣称将"全权委托"英国人重组中国的空军部即航空委员会（CoAA），并且重建中国空军。[2]

这并不是中国空军和"空军部"第一次被贴上"腐败"的标签。1936 年 10 月，艾特肯的前任、皇家空军中校哈罗德·克尔比（Harold Kerby）报告称，蒋介石和宋美龄对杭州飞行学校的水平"厌恶之极"，把它的白色建筑描绘成"金玉其外，败絮其中"。[3] 1936 年 10 月底，蒋介石任命宋美龄为航空委员会主席。那时蒋介石的主要空军顾问是意大利空军的西尔维奥·斯卡罗尼（Silvio Scaroni）将军。他警告宋美龄说："你们的空军腐败不堪，一旦爆发战争，它一无用处。"[4]

那些外国驻华武官在提到中国空军和陆军时，基本上没一句好话。第一个公开提出这类批评的人是美国陆军少校马格鲁德（John Magruder），他于1926～1930年担任美国驻华大使馆武官。后来在1941年秋天，马格鲁德作为美国驻华军事代表团（the American Military Mission to China，简称AMMISCA）团长重返中国。1931年4月发表在《外交事务》（Foreign Affairs）杂志上的一篇文章里，他称中国人是"实质上的和平主义者"。[5]在他看来，日本人对军人推崇备至，中国人却没有尚武精神，除了增加机关枪的使用外，中国人基本没有对军队进行现代化建设。中国的军事航空正处于"从军用道具转变为心理安慰的过渡阶段"，陆军也不认为它是一种"必需的装备"；由于中国陆军航空管理人员的糟糕表现，中国空军不过是"被高估了的稻草人"。[6]

在中日战争全面爆发的前三个月里，中国空军部队飞行员英勇奋战，但由于缺乏有能力的领导和足够的备用飞机，无法与日军长期空战。中日战争全面爆发时，日本空军和中国空军的装备比是4∶1，日本有620架陆军飞机和25%的备用飞机、600架海军飞机，这些飞机都是由日本飞机制造商生产的。中国空军只有250架适航飞机，而且全都是从国外进口的，其中230架是从美国进口的，其余的20架是从意大利或德国进口的。[7]到1937年11月底，中国空军部队已经损失了全部的战前储备，只剩下大约27架飞机。[8]

中国空军溃败后，国民政府开始依赖苏联飞机和飞行员。1937年8月，蒋介石与苏联政府签署了《中苏互不侵犯条约》，这是苏联给中国提供军事援助的基础。这份条约最重要的条款是中国人可以用低息贷款购买军事装备，特别是飞机。1937 年 11 月苏联战机开始抵达中国。接下来的三年里，国民政府共收到 900 架苏式飞机，其中 80% 是在 1939 年年底前交付的。

随着苏式装备陆续运抵中国，苏联军事顾问也随之而来，这项被称作"Z 计划"的军事援助行动逐渐展开。苏联人视这些飞行员为战争英雄，就像美国人对待飞虎队队员那样。[9]1938 年 1～2 月，苏联飞行队共执行了 150 次对日轰炸任务。[10]到 1938 年年底，共有 300 名苏联人参与了中国的军事航空行动。[11]这些苏联飞行员的援助也并不是没有风险，1937～1940 年大约有 200 名苏联飞行志愿者死在中国。[12]

到 1938 年时，"Z 计划"已经开展得非常顺利，相比于蒋氏夫妇，中国空军部队似乎对苏联人更为忠诚。这个说法来源于美国驻华海军助理武官、海军陆战队上尉詹姆斯·麦克休（James McHugh）。当时他正在中国长途旅行，为美国海军情报局（the Office of Naval Intelligence）收集情报。在他撰写的报告里，麦克休详细描述了中国军事航空的情况以及蒋介石家族及宋家、孔家的种种阴谋。[13]麦克休在塑造美国海军部对国民政府内部权力斗争的看法方面产生了很大的影响。同样，通过他为时任美国驻华大使詹森（Nelson Johnson）撰写的一系列特别报告，他在美国国务院也享有这种影响力。[14]

1938 年 2 月底，宋美龄不再担任航空委员会主席。她身心俱疲，健康状况很不好，只能从航空事务中退出，并说服她的哥哥宋子文接任航空委员会的主席。根据麦克休的报告，宋子文乐于让苏联人承担中国防空的责任，因为他们能提供国民政府急需的贷款和性能更好的飞机,而美国只能提供"已淘汰型号"的飞机。[15]在一封给鄯雷的信中,雷顿也提到孔祥熙"放弃了购买飞机的全部主动权……转而交给了……宋子文。"[16]1933～1938年,孔祥熙作为中华民国财政部长处理了几乎所有与鄯雷的美国联洲航空公司在购买柯蒂斯－莱特"鹰式"(Hawk)战斗机的谈判。1933年,鄯雷和孔祥熙开办了一家合资企业,即中央飞机制造厂。一方是三家美国企业:美国联洲航空公司、柯蒂斯－莱特公司和道格拉斯航空公司,另一方是国民政府。开办中央飞机制造厂的目的是帮助中国政府节省进口飞机大型部件,如机身、机翼和发动机的花费。这个安排意在利用中国的低廉劳动力成本和当地原材料,在中央飞机制造厂制造某些飞机部件并完成整机组装。

直到中日战争全面爆发前,这种商业模式一直运行良好。战争的全面爆发导致中国从美国进口飞机部件的成本大幅度增加,中国开始购买价格更便宜的苏联设备。1938年4月,雷顿注意到苏联提供的飞机按成本计算远远低于美国联洲航空公司所能提供的任何一架飞机。因此,向中国出售美国飞机的前景"暗淡"。[17]到了1938年10月,国民政府共有207架适航战斗机,其中95架苏联飞机、80架美国飞机,另外还有14架法国生产的"德瓦蒂纳"(Dewoitine)战斗机、10架英国生产的格罗斯特"斗士"(Gloster Gladiator)战斗机以及8架德国生产的"亨舍尔"(Henschel)轰炸机。[18]

宋子文欣然接受苏联的军事援助,但是蒋氏家族中的其他人则对此感到担忧,特别是孔祥熙和宋美龄,以及宋美龄的亲信端纳(William H. Donald)。[19]端纳向英国外交官,尤其是空军武官提供关于这些情况的特别简报。1937 年年底，哈罗德·克尔比报告称，端纳怀疑苏联和日本将消除分歧，并共同瓜分中国。[20]两年后，罗伯特·艾特肯发现在谈话中"提到苏联人的话题是不受欢迎的"。宋美龄直截了当地评论说，"他们（苏联人）只关心自己"，其他人则承认"他们不愿意多说"。[21]艾特肯猜测苏联援助的条件之一是绝对保密，如果情况泄露，斯大林可能会撤回援助行动。传言说苏联飞行员仅仅是将中国作为"练兵场"。尽管如此，苏联飞行员还是因为作战时的勇气和效率赢得了全世界的尊重，他们似乎准备在中国待上很长一段时间，因为大约有 80 名中俄译员在教中方人员说俄语。[22]

端纳邀请艾特肯前往重庆并安排了他与国民政府官员的会谈。同样，端纳也与这位新任的驻华空军武官说中国的空军是无可救药的，主要原因在于那些昏庸的官僚。端纳特别说明了蒋介石对中国空军负责人毛邦初的特殊处罚。由于毛将军"既不负责任又贪污腐败"，蒋介石任命忠诚老实的陆军军官钱大钧将军代替他。然而钱大钧对航空事务几乎完全不懂，他不得不依赖毛邦初的指导。宋美龄要求艾特肯不要告诉钱大钧自己来访的真实目的，事实证明钱大钧也对艾特肯怀有戒心。当艾特肯问起中国空军实力的真实情况时，钱大钧说自己不可能将这些情况透露给一位英国空军武官。[23]

出乎艾特肯意料的是，他发现毛邦初对航空常识的了解比其他人都多，尽管他是一个"流氓恶棍"。[24]他提出的作战方案是务实的：飞行员应该只在有合理获胜机会的情况下才去和敌人交战，不允许他们"在众寡悬殊的情况下沉浸于英雄行为"。[25]毛邦初给艾特肯看了一份新的空军组织机构图，最高层是蒋介石、宋美龄、宋子文和其他一些军人。在艾特肯看来，这个机构不过是"一堆不同种类的术语随意地集合在一起"。[26]

艾特肯在昆明见到了中国空军部队主管飞行训练的高级军官周至柔，以及首席飞行教官、一个被称作陈纳德上校的美国人。[27]由于双方语言上的障碍、周至柔的含糊其词和陈纳德的耳聋，他们之间的对话进行得很不顺利。[28]当艾特肯问起陈纳德对于毛邦初提供的空军新组织机构图的看法，后者不屑一顾地表示"无可救药"，但对于该如何改善则没有想法。艾特肯猜测"组织工作不是他的特长"。[29]

艾特肯了解到有十几名美国陆军航空队的预备军官在训练中国空军学员。[30]然而，大家都说这些美国人与中国学员的关系很差，他们与中方军官的关系也不好，因为后者憎恨美国人教他们该如何上课。曾经在一所航空学校发生过一次"叛乱"，中方飞行教官告诉学员一旦他们单独驾驶飞机，他们就不必听从美方教官的指导。[31]

在这些美国飞行教官中有一个人叫威廉·麦克唐纳（William MacDonald），他和陈纳德是老搭档。1930年代中期，麦克唐纳曾经在陈纳德创建的特技飞行队"空中特技三人组"中担任僚机驾驶员。尽管麦克唐纳拒绝承认自己执行过作战飞行任务，他还是拐弯抹角地和人说起他曾试图向中国空军飞行员灌输一种真正意义上的忠诚和责任感，但当他第一次让他们对抗同等数量（9名）的日本飞行员时，他们立马抛下他逃走了。[32]艾特肯获悉麦克唐纳每打下一架敌机，就能获得一笔丰厚的报酬。当中国人将他的奖金降低到"1000 元硬通货"，在他看来是指 1000 美元时，麦克唐纳拒绝了。他说按这种条款的话，那中国人就"自己去把这些该死的东西打下来吧"。[33]

艾特肯拿到了一张调查表，在这张调查表上陈纳德为蒋介石罗列了中国空军部队无数的缺点：组织薄弱、缺乏训练、纪律差、中方人员缺乏主动性以及缺少备用飞机和备用部件。在陈纳德看来，由于不可靠的和不充分的训练导致了飞行员的失误，造成中国空军在中日全面战争的前六个月里损失了一半的飞机。尽管如此，陈纳德还是相信如果能够合理地训练和装备中国飞行员，他们可以对日本的补给线发起"空中游击行动"。中国空军部队已经有了一些适合发动空袭的柯蒂斯"鹰式 75"飞机，陈纳德建议采购更多装备重型机枪或大炮的远程单座战斗机。[34]艾特肯不同意陈纳德的策略，理由是长途飞行后的战斗机容易受到敌人攻击。考虑到日本人在空中的优势，他们可以轻而易举地摧毁任何中国人部署的装备。[35]

尽管中国空军部队看起来注定会失败，蒋介石夫妇还是给出了一系列想要改革和复兴它的指示。1938 年 12 月 13 日，重庆的美国外交官报告说，蒋介石决心"改组并扩建中国空军部队"。国民政府打算签一笔大合同，目的是在云南的新中央飞机制造厂里制造飞机。[36]然而，艾特肯却没有提到这些重要的进展。这样看来，中国人是在设法保密他们和曾经的中央飞机制造厂合伙人——美国联洲航空公司重新恢复的贸易关系。1938 年 12 月，时隔一年之后，孔祥熙再次负责采购美国飞机。他接受了鄱雷和另一位飞机经纪人帕特森（A. L. "Pat" Patterson）的投标。孔祥熙想要从这两家公司中选择一家购买多达 300 架新型美国战斗机。

就在这个时候，孔祥熙也联系了英国驻华大使卡尔（Archibald Clark Kerr），确保中国能从英国那里得到总额 1000 万英镑的出口信贷，用于购买飞机。[37]孔祥熙提出了在缅甸首都仰光的港口建立一家飞机装配厂的可能性，装备完成的飞机可以从那里飞往云南。这可能是必要的，因为正如孔祥熙所指出的，在滇缅公路上运输这样超大型的飞机部件将是"极其困难的"。[38]

1939 年 2 月，艾特肯知道了中国人将在缅甸新建一家独资飞机制造厂的计划。在他的秘密报告里，他反对那种允许任何外国利益集团"在我们的领地"[39]开办和经营飞机制造厂的观点。不过他在报告结尾处写道，应该派遣一些英国皇家空军军官来中国推销英国飞机，因为相比于其他外国飞机代理商，他们更有机会在市场上立足。[40]

这就是在 1938 年和 1939 年困扰中国军事航空的难题。一方面，蒋介石想要有自己的空中力量，但是不相信自己的部下能实现它。另一方面，他不能摒弃防空事业中的中国因素：别的不说，无论这些空军高级军官有多么无能，蒋介石都需要一支由他的亲信控制的空军部队，以便保持他的威望。

由于中国人完全依赖外国飞机，因此总是需要外方人员教他们如何操控和维修这些进口的装备。蒋介石夫妇掌管空军机构的方式就像轮辐：外国专家彼此互动很少，他们分别和中国空军部队中驾驶美式、意式和苏式飞机的小团体建立联系。位于轮毂位置的是蒋介石本人，他要求外方人员跟中方人员一样，也忠诚于他。中国人不觉得在苏联提供几乎全部的飞机和飞行员进行空中作战的情况下，他们探讨雇佣英国皇家空军军官对空军部（航空委员会）进行改革的可能性存在矛盾。

对于这样的共处将会给中国空军造成怎样的不利影响，蒋介石夫妇并没从过去的经历中吸取教训。比如，1933～1937年，由于采购政策受到误导，中国同时有一支官方组织的意大利空军代表团和一支民间组织的美国飞行教官队。这支美国飞行教官队的队长是美国陆军航空队退役军官朱厄特（John H. Jouett）上校。1934年，他直截了当地说："就像油和水互不相溶，你不能指望意大利人和美国人这两种具有完全不同的种族特征、观念、训练方法等的人能在一起和谐共事。"[41]

最后，物流也是一个重要问题，相比于其他因素，它更加限制了国民政府对西方飞机的采购。1938年12月，孔祥熙对英国驻华大使指出通过滇缅公路运输大型飞机部件的困难。所以，即使中国人从英国或是美国那里订购了飞机，也没有可靠的方法将飞机部件运到云南。相比之下，苏联空军代表团在将飞机运往中国西部时则没有遇到这些障碍。从1937年起他们就在靠近土西铁路（Turkestan-Siberia Railway）终点站的阿尔玛－阿尔塔（Alma Alta）（今哈萨克斯坦的阿拉木图）组装飞机，再从这里飞往位于中国西部兰州的主基地。飞机再从兰州飞往位于四川成都的中国空军部队基地，当时重庆也在四川省管辖范围内，是中国的战时首都。

苏联的运输方式可能给了孔祥熙灵感，他相信可以建立一个类似的运输体系，这样在仰光组装完成的飞机可以运往云南。然而，这需要得到英国的同意。此时英国正陷入两难境地，他们既想帮助中国，又要避免与日本发生冲突。"不挑衅"日本的政策占了上风，这就排除了将飞机从远东港口经过英国领土运输到中国的可能性。因此，在华盛顿和伦敦，官员面临着一个尴尬的现实，为了在军事航空领域帮助中国，他们不得不依靠不可靠的滇缅公路。因此，美国联洲航空公司也不得不依靠滇缅公路。

2 滇缅公路

临近 1937 年年底时，中国人开始拓宽和延伸一条古老的山间小路，顺着这条山间小路可以穿过云南的山脉，蜿蜒至缅甸。[1]最终建成的就是那条全长 720 英里、路面坚实的滇缅公路。滇缅公路沿着昆明迂回曲折而下，最终到达滇缅铁路的终点站腊戌。1938 年12 月，滇缅公路大张旗鼓地开始通车。

就在那个月，美国驻华大使詹森驾车驶过了整条滇缅公路。《纽约时报》报道说："事实是他的车队可以平稳顺利地完成这段旅程，他说，这不言而喻……如果一辆小汽车能完成这样的驾驶行程……很明显根据这里的专家的说法，那些装载军火和其他物资的卡车也能完成同样的驾驶行程。"[2]滇缅公路是一个"用比古罗马更古老的方法修建起来的现代建筑奇迹"。[3]这个奇迹是通过劳役民众得来的。整个云南境内，各个村子的村长都"自愿"组成工作小组，用他们的赤手空拳和最基本的工具来修建公路，在负责的路段完工以前，他们不准回家。[4]

但是这条新的公路并非全像人们所吹嘘的那样好。正如孔祥熙所认识到的，这条路很危险，而且不能承受那些重型货物的重量，比如大型飞机部件。一些外国观察者的秘密评论也回应了孔祥熙的疑虑。1938 年 12 月，来自美国海军情报局的詹姆斯·麦克休陪同詹森大使驾车穿过滇缅公路。麦克休在私下的报告里提到，这条公路上狭窄的急转弯道和雨季常出现的山体滑坡对这条双车道公路造成的危害。他认为，在这条公路的大部分路段，"地质情况决定了定期巡检和修理是必需的"。[5]

1938 年 10 月，日军占领广州和汉口，但是从香港运往内地的货物继续能进入未被日军占领的华南。[6]不久以后，1939 年 2 月，日军入侵海南岛，他们在那里建立了海军基地和空军基地，成了日军进攻北部湾和越南北部的起点。日本人向越南的法国人施压，要求他们封锁从海防和河内运输军火和其他大部分物资去云南的铁路线。到 1938 年 11 月的时候，滇缅公路已经成为最后一条真正安全的、能将西方武器装备运往中国的路线。如果日本人也对缅甸的英国人提出同样的要求，他们就可以切断所有运往中国的燃料和武器。

国民政府的命运与滇缅公路息息相关。1938 年 9 月，孔祥熙派遣德高望重的金融家陈光甫担任特使前往美国，去商定一笔新的大额贷款。这笔贷款的偿还将完全依靠滇缅公路将中国的商品运输到位于缅甸东北部的腊戍，再从腊戍运往仰光，最后运往西方。陈光甫已经考虑到了军事装备，包括飞机部件可以通过水路、铁路和公路，从仰光运往中缅边界。因此，当 1938 年 11 月美国财政部长摩根索（Henry Morgenthau Jr.）突然提到罗斯福向他问起中国最近是否购买了飞机时，陈光甫听着很高兴。

陈光甫当即回答中国政府已经起草了一个清单，包含价值 1 亿美元的美国飞机和军备，可以通过滇缅公路运往中国。他轻描淡写地说了这条新公路的缺陷，强调了其改善的潜力。他进一步提到，中国正在说服仰光的英国殖民政府允许通过滇缅公路将武器和飞机运往云南。陈光甫向摩根索保证，中国唯一需要的就是用于采购的资金。[7]摩根索变得激动起来，他告诉陈光甫自己会设法让罗斯福注意到他提出的那个采购清单："陈先生，我不能做出任何承诺，但我会尽我所能。"[8]

尽管如此，摩根索预料到了运输的问题。他指出，滇缅公路一天的运输量不超过140吨，如果中国人不能按时交付桐油，或是其他商品的话，人们一定会质疑向中国发放贷款的用途。[9]摩根索并不是唯一一个为地理环境和物流体系大伤脑筋的人。他告诉陈光甫，罗斯福不停地询问有关进出中国的不同路线，没有人能回答他这个问题。摩根索希望陈光甫能向罗斯福说明一切。这位著名的银行家非常乐意提供中国运输体系的备忘录。[10]陈光甫向罗斯福保证，滇缅公路"注定会成为连接中国与一个安全的外国海港最重要的公路之一，它将在中国为实现民族独立的斗争中发挥关键作用"。[11]

1938年12月，罗斯福政府宣布了这笔所谓的"桐油贷款"，由此中国人拿到了总额2500万美元的借款。这被视作中国人交付桐油的预付款。桐油是从桐树的果实中提炼出来的，是制造清漆的原料。中国人将这笔贷款看作自中日战争全面爆发以来，美国第一次真正表达对他们的支持。李国钦是一位富有的美籍华裔商人，被称为"钨矿大王"，他写信给孔祥熙说："2500万美元只是一个开始……可以期待将来会有更大笔的金额……这是一项政治贷款……我们将得到一个还要执政两年，也可能还要执政六年的美国政府的同情。现在我们的政治前景（较以前）光明多了。"[12]

中国的精英，包括蒋介石和宋氏家族成员、外交官、教育家以及其他在中国和美国的意见领袖上演了一出好戏，让各国人民相信，西方国家善意的姿态激发起了中国人抗击日本的决心。中国人时而用他们高昂的情绪，时而用他们低落的情绪做宣传，向西方国家施加压力，让他们提供政治和物资支持。这一次，中国人可能是发自内心地为得到"桐油贷款"而感到欢欣鼓舞。这无疑加深了罗斯福政府的看法，即不仅这笔贷款本身，而且对外公布的时机都对中国人民和领导者产生了重要的心理影响。相比于苏联提供的贷款，总额 2500 万美元的"桐油贷款"只能算九牛一毛。尽管如此，罗斯福政府将其看作一石激起千层浪，在中国人心中泛起一阵阵不断扩大的好感。

作为对新的贷款和对未来苏联援助担忧的回应，中国人重新开始考虑购买美国飞机。陈光甫很有可能向孔祥熙保证，白宫会以某种方式为中国购买美国飞机提供便利。孔祥熙很有可能像端纳和宋美龄那样，反对中国过分依赖苏联的空中援助。现在，孔祥熙有机会对此做点什么。他向鄱雷的美国联洲航空公司和另一位飞机经纪人帕特森服务的综合航空公司（Consolidated Aviation）招标，购买300 架飞机。

雷顿和鄱雷也像孔祥熙一样，意识到滇缅公路给他们的生意造成了麻烦。即使他们能设法将飞机卖给蒋介石政权，可能也没有办法制造和运输这些飞机。在中日全面战争初期，他们被迫将中央飞机制造厂从杭州搬到汉口。1938 年 10 月日军占领汉口后，他们不得不再将飞机制造厂搬迁到远离敌人的安全地区。11 月，他们的勘测员埃德·古尔利（Ed Gourlie）在云南南部找到了一个新厂址。

这是一个叫作垒允的山谷，与缅甸东北部掸邦（Shan）的木姐（Muse）之间仅隔着瑞丽江。这个新飞机制造厂的生存不仅依靠国民政府的新订单，同样也依靠滇缅公路。

1938 年 12 月，雷顿写信给一位在纽约的同事说，还需要一些时间，滇缅公路才能达到用平板货车将发动机和其他重型飞机部件从缅甸的仓库运到云南所要求的标准。[13]埃德·古尔利想出了一个替代方案：他们可以用船将飞机部件从仰光沿着伊洛瓦底江运到终点港八莫，再用卡车运输 75 英里，抵达位于瑞丽江南岸的木姐。他确信这条八莫公路（Bhamo Road）能通行 15 ~ 20 辆卡车，能将大约 3000 吨物资运到位于垒允的中央飞机制造厂。[14]然而雷顿推测，这条从八莫到木姐的公路在大部分时间里都是不能通行的，特别是在每年 5 ~ 10 月的雨季。他设想，如果能在八莫组装飞机，那么就能"轻而易举地通过空中"交付装配好的飞机。[15]

就事论事而言，雷顿的设想是对的，但他没有考虑到这样做要得到英国的同意。中日战争全面爆发后，英国人仍然允许客运航空公司在香港、仰光与中国内地之间运营航班，但不允许中国人在他们的地盘上组装军用飞机并运往中国。从 1937 年到 1939 年，多名国民政府官员以及鄱雷，都提出要在香港制造飞机并运往中国内地。英国当局从保持中立、保障英国地盘安全以及以某种方式支持中国抗战的立场出发，反复权衡利弊。但是，英国全部远东政策的出发点都是为了避免挑衅日本，以免引发军事冲突。因此，英国内阁拒绝了所有提出在香港组装飞机并运往中国内地的请求，理由是日本人可能会试图射落其中一架飞机，并将这一"事件"当作开战的理由，借机进攻并入侵英国的地盘，或是干涉英国与中国的贸易往来。[16]

对于缅甸和印度这些离中国战区较远的英国殖民地，是否也面临与当时处在中国东南战区前线的香港类似的战争风险，英国政府内部产生了争论。1938年2月，英国外交部远东司建议，中国政府或是一个像郜雷这样的私营企业家可以选择在仰光而不是香港开办一家飞机制造厂，因为此时的仰光仍然与日本在华空军保持安全距离。[17]在仰光开办飞机制造厂不仅对这个欠发达的港口城市具有商业价值，而且从英帝国防卫的立场看还能带来战略利益。[18]远东司的奈杰尔·罗纳德（Nigel Ronald）希望能说服郜雷和他在香港的合伙人斯坦利·多德维尔（Stanley Dodwell）在仰光投资开办飞机制造厂。郜雷对此并不积极，他觉得仰光缺少香港所具备的金融机构和技术工人。[19]

1938年12月中旬，孔祥熙和英国驻华大使卡尔会面，探讨在仰光建立一家中国独资运营的飞机制造厂的可能。卡尔立即将情况汇报给英国外交部。一些政策要员，比如奈杰尔·罗纳德赞成在仰光的港口开办飞机制造厂，另一些人则认为这样做会挑衅日本。[20]英国驻日大使罗伯特·克雷吉（Robert Craigie）的话起了决定性作用：日本人将视这种合作为敌对行为。此外，这些飞机可能"立马就被摧毁，不管是由于中国的无能，还是日本的攻击"。[21]1939年1月中旬，英国外交大臣哈利法克斯勋爵（Lord Halifax）和首相内维尔·张伯伦（Neville Chamberlain）决定，反对"任何在缅甸建立为中国组装飞机工厂的计划"。[22]

令人奇怪的是，英国官员没能把这个决定告知中国人。当听说鄱雷在中国边境一侧正在建造新的中央飞机制造厂时，他们仅仅认为蒋介石政权对在仰光开办飞机工厂失去了兴趣。[23] 尽管如此，1939 年 1 月，英国外交部远东司的米洛·塔尔博特（Milo Talbot）还在怀疑一家位于垒允的新飞机厂怎么能够造出飞机："即使鄱雷计划建造的工厂在中国边境，孔祥熙提到的通过公路或铁路运输飞机部件的困难……依然存在。"他推断，鉴于首相仅仅规定不准中国政府在仰光建飞机厂，仍然应该鼓励鄱雷或者另一个"有创业精神的人"在那里建厂，然后可以从那里将没有装配好的飞机运往垒允的飞机厂，在垒允完成武器装配，"这样就可能能让我们帮助中国人，而不违反任何一条中立国原则"。[24] 塔尔博特了解到鄱雷可能在 1939 年 2 月或 3 月到伦敦，他希望能与鄱雷当面讨论这个情况。

但鄱雷并没能在 1939 年第一季度去英国外交部，因为他正忙于在重庆与孔祥熙谈判：他那 300 架飞机的投标对垒允的中央飞机制造厂的未来具有决定性意义。为了打动他的中国客户，他进口了两架新型的柯蒂斯－莱特样机——CW－21 拦截机和 CW "鹰式" 75－Q 战斗机。先由伊洛瓦底船运公司（the Irrawaddy Flotilla Company）将所有的飞机部件运到八莫，中央飞机制造厂的工人再在那里将大型的飞机部件（机身和机翼）装到卡车上，运至垒允。1939 年夏天，英国的观察者评论说，中央飞机制造厂正在 "应付" 这条从八莫到垒允艰苦道路上的运输问题。[25] 可能在雨季前是这样，然而一旦到了夏天，暴雨随之而来，原本应该运往垒允的飞机部件开始堆积在八莫。美国联洲航空公司很快发现天气和滇缅公路给他们的财务造成了多么大的损失。

郡雷已经用他个人的 25 万美元，在垒允投资建造了一个当地最先进的综合设施中心，不仅有工厂和跑道，还有高尔夫球场、俱乐部、医院和现代住宅。[26]如果中央飞机制造厂只能依赖公路穿越缅甸去接收飞机部件的话，这个人们口中的"郡雷城"越来越有可能会成为一个累赘。

郡雷别无选择，只能去说服英国允许他将物资空运到垒允。1939 年 7 月，他短暂回了一次美国，然后前往英国，在那里和他的香港合伙人斯坦利·多德维尔会合。直到 7 月底，他们两人都在寻求能让他们用大型运输机将飞机部件从香港空运到垒允的许可。在英国外交部，约翰·亨尼克 – 梅杰（John Henniker-Major）记录到，这种性质的航空运输对日本人来说一定是非常"挑衅的"，并且"可能导致各种事件"。[27]尽管如此，其他部门的官员仍然认为仰光可以作为一个航空枢纽。就在郡雷到达前，英国航空部的恩布里（B. E. Embry）记录到："鼓励在缅甸建一家飞机制造厂，这可能符合大英帝国的利益。"[28]

1939 年 8 月 22 日，郡雷前往英国殖民部和外交部，商讨他提出的将飞机部件从香港空运到垒允的建议。他还是对仰光没有兴趣。[29]然而 9 月 4 日欧战爆发，这些讨论只能中止。7 日，英国外交部断定，允许美国联洲航空公司的运输机从香港出发飞往垒允实在太危险了，日本人可能会试图拦截飞机并制造事端，这是政府"目前比以往任何时候都更渴望避免的"。[30]随着欧战的爆发，英国官员暂时放弃了允许在仰光制造飞机并运往云南的想法。

从 1937 年起，郡雷和英国当局就发现，他们的兴趣如果不是完全相同的，至少也是可能互补的。一些英国官员希望郡雷在缅甸建飞机厂，而他只想在香港建厂。即使他没有实现目标，鄱雷也给英国官员留下了印象，认为他是一个精力充沛的企业家，也许对他们有用。同时鄱雷开始意识到，英国的合作对于他在远东的生意是关键的。鉴于滇缅公路的糟糕情况，唯一能将大型装备运往中国的方式是空运。

欧战的爆发给了美国联洲航空公司及其主要客户国民政府致命一击。由于苏联已经在缩减飞往中国的飞机，蒋介石希望能够从美国的飞机制造商那里采购。但是，向美国采购飞机的时机已经过去了。1938 年 9 月慕尼黑危机后，罗斯福决定将几乎一半美国生产的飞机调拨给法国和英国。他确信，如果法国和英国能够用美国进口的飞机来补充他们自己的生产，那么他们就有足够大的机群来威慑德国，使其不再进攻邻国。暂时，罗斯福的“飞机援助”只留给英国和法国，能给中国的飞机很少。

3　飞机援助

罗斯福对航空感兴趣已经有一段时间了，但在 1938 年秋天，他第一次探索了飞机如何能够作为威慑的手段。他强调的完全是飞机的数量，而不是空军的能力。他和同时代的许多人并无不同，将空军力量错认为制空权，相信仅仅让现代飞机驻扎在战略地点，就可以像稻草人一样，令敌人望而却步。

1938 年 7 月，美国驻德国大使休·威尔逊（Hugh Wilson）向罗斯福秘密报告说，德国每年能生产 6000～7000 架飞机，并且拥有每年至少生产 17000 架飞机的能力。事实上，1938 年德国飞机的实际产量是 5235 架。[1] 威尔逊不是第一个也不是最后一个夸大德国空军力量的人。众所宣称的德国人制造飞机的巨大能力，给罗斯福留下了深刻印象。[2] 罗斯福甚至说，如果是他指挥德国的战争，他将会把这场战争变成"主要是空战"。[3] 他对美国空军力量落后于德国的程度表示担忧，那时美国陆军航空队只有 1800 架飞机，其中 350 架被认为即将过时。[4]

1938 年 9 月 28 日，随着捷克斯洛伐克危机到达顶点，美国驻法国大使蒲立德（William Bullitt）秘密向罗斯福报告说，法国官员对德国的空军优势感到非常焦虑。如果战争在欧洲爆发，法国将只有 600 架军用飞机对抗敌人的 6500 架飞机，其中 2/3 还是轰炸机。

蒲立德复述了法国空军部长居伊·尚布尔（Guy de la Chambre）对他说的话："巴黎遭到的破坏将不可想象。"尚布尔指出，他的国家没有工业能力在短时间内扩大机群，唯一能增强空军力量的方式是进口美国战斗机。[5]

1938 年 9 月 29 日，张伯伦和希特勒在慕尼黑决定了捷克斯洛伐克的命运。法国人确信，正是凭借在空军力量上占优势，希特勒才能对欧洲邻国逞强。他们认为，如果法国和英国拥有能与纳粹德国空军（Luftwaffe）抗衡的空军，他们就能够确实有效地威胁希特勒将施以的报复行动，从而使其不敢侵占捷克斯洛伐克。[6]罗斯福也信奉这样假定的逻辑，但是出于心理上的而非严格的军事上的原因。如同历史学家威廉·爱默生（William Emerson）所说："自慕尼黑危机以来，罗斯福追求的是威慑外交，其中军事外表的重要性，包括对盟友的援助在内，比起军事实力而言同样重要，在很多方面甚至更为重要。"[7]

慕尼黑危机使罗斯福确信，对于英国和法国而言，部署军力和阻止希特勒的最有效方式是迅速让美国飞机加入他们的机群。此外，对于美国而言，向盟友出售飞机既有经济利益，又有战略利益，因为这样无须国会增加美军订单拨款，就可以支持美国制造业的扩张。从美国进口的飞机加强了盟国的空军力量，使之能够威慑希特勒。如果战争爆发，它们更胜一筹的空军力量就能给德国致命一击，而不需要美国的军事介入。[8]陆军航空队的负责人哈普·阿诺德（Hap Arnold）将军后来表示，罗斯福只对飞机有兴趣：怀俄明州的兵营不会吓跑希特勒，总统"现在就要飞机，而且要很多飞机"。[9]

1938 年 10 月中旬，罗斯福打电话给财政部长摩根索，出人意料地宣布美国应该每年生产 15000 架飞机。对于摩根索来说，总统的愿望从来都是命令。即使这样，摩根索还是大吃一惊。在当时的经济和财政状况下，这个目标不太可能实现。[10]11 月，罗斯福将目标缩小到每年生产 10000 架飞机，没想到这个目标被美国国会进一步缩小。1939 年国会授权给陆军航空队的飞机上限为 5500 架，然而要采购到这个数量也是不可能的，因为 1938 年飞机制造商仅仅生产了 1823 架飞机。[11]尽管如此，到 1938 年年底时，摩根索和罗斯福一样满是热情，想要生产足够的飞机卖给欧洲盟友。在内阁讨论这个问题后，内政部长哈罗德·伊克斯（Harold Ickes）表示同意："从严格的防御角度来看，对于我们来说，让法国拥有我们的飞机，比坚持我们自己拥有它们更好。"[12]1938 年 12 月，罗斯福让摩根索负责所有与法国和英国政府的飞机贸易。实际上，摩根索成了罗斯福政府内的"航空沙皇"。

1939 年 9 月，欧战的爆发证明了罗斯福空中威慑概念的谬误。对希特勒来说，他的敌人拥有大量飞机的可能性并没有阻止他继续前进。尽管如此，罗斯福继续将向盟国出售飞机作为"除了战争以外一切援助"的基石。"援助"是一个误导的词，这些飞机既不是免费的，也不是赊购的，英国和法国是用现金购买飞机的。盟国能优先于美国军队采购飞机和军火，只有在这个意义上才称得上援助。整个 1940 年，摩根索向同盟国输送的飞机数量超过了全部适航军用飞机的一半。1940 年下半年，英国人购得 1160 架战斗机，美国陆军和海军则分别只获得 256 架和 208 架战斗机。[13]

军队对罗斯福允许英国和法国的采购人员查看和测试最新型军

用飞机的新政策提出了抗议。[14] 在罗斯福的施压下，战争部长哈利·伍德林（Harry Woodring）批准了一位法国飞行员秘密试飞新型的道格拉斯 DB－7 轰炸机的样机。1939 年 1 月 23 日这架飞机坠毁，机上的法国飞行员和美国飞行员全部遇难，国会和军队中的孤立主义者随即利用这一事件批评罗斯福的政策。哈普·阿诺德在出席一次参议院委员会听证时承认，在摩根索的要求下，他曾允许一位法国空军军官测试新型的道格拉斯战斗机。一位参议员尖锐地问他："到底谁在管理空军，财政部长还是战争部长？"[15] 这个问题的真实答案应当是摩根索，而不是哈利·伍德林。

这只是罗斯福政府飞机援助行动的开始。1938 年年底，摩根索认定法国和英国应当具备"全世界最先进的飞机"，在他看来是指柯蒂斯－莱特 P－40 战斗机。[16] 当时柯蒂斯－莱特公司甚至还没有开始生产这款新型战斗机。1938 年和 1939 年，柯蒂斯－莱特公司设计和生产了"鹰式 81"战斗机的样机，这是自 1922 年设计第一架"鹰式"战斗机后该系列的第 81 款。[17] 当"鹰式 81"战斗机在陆军航空队的比赛中获胜，取代了即将淘汰的 P－36（"鹰式 75"）战斗机后，陆军航空队将其命名为 P－40。1939 年 4 月，战争部订购了 524 架 P－40 战斗机。

1939 年 10 月，就在欧洲战争爆发后，法国采购人员起草了一份采购 100 架"鹰式 81AS"（"鹰式 81"的出口版）和 265 架"鹰式 75"的合同，要求全部生产成他们自己的规格。[18] 法国订购 265 架"鹰式 75"的合同导致中国的订单被放在了次要地位。如果美国联洲航空公司采购不到能在垒允组装"鹰式 75"及其他的飞机部件，那么运输问题也就无关紧要了。中央飞机制造厂的未来也因为国民政府没有承担他们在垒允工厂的投资份额而受到损害。虽然国民政府依然拥有中央飞机制造厂的一半股份，建造垒允工厂及其他设施的费用是鄱雷自掏腰包的。他开始对自己的损失感到恐慌，并怀疑他还能让美国联洲航空公司在中国维持多久。[19]

如果没有美国政府和英国政府的一些干预，中国得不到任何飞机。罗斯福政府需要放宽它对法国和英国的飞机援助政策，使中国能得到一些设备。中国人和鄱雷需要从英国政府得到许可，使运输机或是在香港完成组装的军用飞机能飞越缅甸，直接到达垒允，这样才能绕开缅甸极其糟糕的公路。1939 年年底，鄱雷开始游说英国人，同时雷顿回到美国去说服他在海军部的老朋友，让中国拥有合理的购买美国飞机的份额具有战略必要性。

4　雷顿的游击航空队

在 1939 年 9 月一段很短的时间里，美国联洲航空公司的前景从未如此光明。那年夏天，孔祥熙与鄱雷签署了一项总额 440 万美元的合同，用于生产 125 架飞机，其中包括 49 架"鹰式 75"战斗机（P - 35AS）、29 架 C - 21 拦截机、早前一份合同里订购的 30 架"鹰式 Ⅲ"战斗机以及一些柯蒂斯 - 莱特教练机。雷顿预测没有多少利润，仅仅够维持重庆的办公室开支，但至少这笔合同让垒允的新工厂能开工生产。[1]

1939 年 3 月，孔祥熙也给了鄱雷的竞争对手帕特森一份订购 209 架飞机、总额 880 万美元的合同，包括 64 架赛维斯基 P - 35 战斗机、25 架钱斯 - 沃特俯冲轰炸机和 120 架教练机。[2]然而，孔祥熙在美国的朋友陈光甫和李国钦立马就发现与帕特森签署的合同有很多错误，1939 年夏天，中国政府采取有效措施终止了这份合同。[3]

同时，中国人对苏联飞机交付量的下降越来越担心，这一进展对美国联洲航空公司有利。1939 年 10 月，詹姆斯·麦克休（此时已晋升为少校）发现了中苏关系的惊人转折。1939 年的春夏，中国驻苏联大使杨杰向蒋介石保证，大约 700 架苏联飞机正在飞往中国。[4]据说这才是终止帕特森合同的真正原因。然而，根据麦克休的消息来源，蒋介石发现杨杰从来没有与苏联人展开购买这 700 架飞机的谈判。[5] 突然间，中国人原本期待苏联交付的飞机全都落空了。这个交付量缺口或许可以解释为什么孔祥熙在 1939 年 10 月又向美国联洲航空公司追加了一份总额 750 万美元的飞机订单，其中包括 75 架伏尔提 V‑11 单引擎战斗机。[6]

1939 年 10 月，孔祥熙邀请雷顿和鄱雷去他家里，目的是落实购买伏尔提战斗机的新合同。鄱雷在《英勇光荣的美国人》一书中记述了这次会面。1944 年，雷顿在写给鄱雷的一封信中确认了这次会面的大部分细节。谈完生意后，他们开始讨论国际局势。当时鄱雷问："他和他的机构如何能提供帮助？"孔祥熙回答道："要是你们明白的话，如果允许日本目前在中国的计划得逞的话，你们美国将不能避免与日本开战。因此你们能为中国提供的最大帮助，也是对你们自己国家的最大帮助，就是说服你们的政府，一个独立的中国对美国的利益至关重要，必须允许中国拥有现代飞机以及一支飞行员和熟悉他们行动的机械师组成的核心队伍，以此作为发展能与日本抗衡的中国空军的基础。"[7] 雷顿和鄱雷都将飞虎队的起源追溯到与孔祥熙的这次重要会面。

然而，他们事后的回忆夸大了孔祥熙在 1939 年 10 月所说的话的重要性。这位财政部长不是在招募一支由西方飞行员组成的雇佣空军，他想要的是恢复飞机交易中公平的竞争环境。对欧洲的飞机援助使中国和其他国家的需求排在后面。除非罗斯福政府接受这一前提，即日本侵华战争和德国的侵略战争同样威胁美国的利益，否则美国联洲航空公司和中国空军都无法幸存。因此，中国人也应该和美国在欧洲的盟友一样能买到飞机。此外，在两次世界大战期间，国民政府常常要求外国飞机供应商提供外国技术人员和飞行员，帮助中国空军部队训练、维修和开展作战行动。意大利空军代表团、美国"朱厄特"空军代表团以及苏联空军代表团，都是这样的例子。孔祥熙希望美国政府在飞机采购方面能恢复原状，这样中国就能再次购买美国飞机并雇佣美国专家指导中国人如何飞行和维修设备。短期内将由美国人负责这些飞机，但目标是中国人能掌握这些技术和操作方式。这与中华民国"国父"孙中山的指示是一致的。孙中山认为中国人要实现国民经济改革，最初必须利用外国资本和专业知识，但最后应该自己运用所有的新技术。[8]

1939 年 12 月，雷顿一家回到美国。雷顿在中国时是鄱雷的副手，但是在华盛顿，他是负责人。正如雷顿 1942 年回忆的那样，他和鄱雷决定"在那个阶段，鄱雷不参与海军部的讨论……可能更好"。[9]1940 年 1 月，雷顿开始联系海军部里所有的老朋友，目的是向他们解释中国的情况。然而，在向美国政府展开"宣传"的过程中，雷顿的要求比孔祥熙在 1939 年 10 月提出的纯粹的商业需求更进一步。他提出创建一支驻扎在垒允中央飞机制造厂的空中游击队。

在之前的三年里，与美国陆军相比，美国海军被认为更支持中国、对日本更强硬。这主要归功于 1936 ~ 1939 年负责指挥美国亚洲舰队（the US Asiatic Fleet）的海军少将哈里·亚纳尔（Harry Yarnell）。1937 年 8 月，亚纳尔在上海指挥亚洲舰队的旗舰奥古斯塔号，此时中日冲突正逐渐升级为在上海及其周边地区的全面战争。亚纳尔命令海军陆战队士兵和其他军官帮助中国难民躲避侵略者，同时保护美国公民和财产。他对这场危机的应急处理与美国国务院形成了鲜明对比。为了避免与日本军队发生任何冲突，国务院官员要求包括军事人员在内的所有美国人立刻撤离中国。

1937 年 9 月 22 日，哈里·亚纳尔在接受媒体采访时间接批评了国务院。他捍卫美国公民在中国从商或就业的权利。他认为，即使在美国人受到警告，要求他们离开中国后，美国海军也有责任帮助他们继续在中国生活并维持生计。他暗示，美国人继续留在中国，就是在对抗日本侵略者。[10]亚纳尔的这些话深深激怒了罗斯福，后者向海军作战部长、海军上将威廉·莱希（William Leahy）抱怨说，亚纳尔在高谈阔论前并没有和国务院商量过。[11]莱希为此道歉，并承诺不会再让这种情况发生。

1939 年 11 月从海军退役后，哈里·亚纳尔继续批评美国政府对日本的软弱回应。[12]1940 年 1 月，他担任"美国不参与日本侵略委员会"（the American Committee for Nonparticipation in Japanese Aggression）名誉副主席，这一委员会旨在敦促美国政府停止向日本出口军火。亚纳尔在美国巡回演讲，呼吁美国进一步反抗独裁者，并更大规模地派遣美国海军舰队保护美国人的权利和利益。[13]与亚纳尔相反，陆军高级军官很少发表公开声明。第一次世界大战的英雄、陆军中士艾文·约克（Alvin York）可能是陆军中唯一一位敦促美国向日本宣战的人。[14]

雷顿与哈里·亚纳尔相识已久。1937 ~ 1939 年，奥古斯塔号在香港停靠时他们经常见面。雷顿认同亚纳尔对中国的那些直率看法。他希望在海军部找到一些支持中国的听众，他在那里的熟人已经帮他安排好了与一些高级军官会面。其中一位是他的"亲密老朋友"，海军上校罗伯特·莫滕。[15]莫滕 1911 年毕业于美国海军学院，比雷顿早两年。1940 年 1 月，他担任海军作战部长、海军上将哈罗德·斯塔克以及助理海军作战部长、海军上将罗伯特·戈姆利（Robert L. Ghormley）的助手。[16]1940 年 1 月 5 日，一个星期五，雷顿收到了一张莫滕手写的简短便笺，上面写着："亲爱的布鲁斯，我和戈姆利讨论了你向他提过的一些事情，他也和斯塔克谈过了。斯塔克想要见你，并安排你和总统见面。最好认真对待——先和我见一面。我 9 日、10 日（1940 年 1 月）不在。你永远的朋友鲍勃。"从他信中的语气来看，莫滕已经准备好安排雷顿与海军最高级别的军官甚至还有罗斯福本人见面。

1940 年 1 月 16 日，雷顿拜访了海军情报局局长、海军上将沃尔特·安德森（Walter Stratton Anderson）。另有两名军官参与会面：海军中校约翰·克莱顿（John M. Creighton）和海军陆战队远东部队的少校罗德尼·布恩（Rodney A. "Danny" Boone）。[17]中日战争全面爆发两年来，他们两人一直都密切关注局势的进展。1937 年 8 月至 10 月淞沪会战期间，布恩曾经在奥古斯塔号上担任他所在军团的情报官。[18]

这次会面后，雷顿准备了一页纸的备忘录，由安德森转交给了海军作战部长哈罗德·斯塔克。[19]雷顿在备忘录中说，如果派遣飞机轰炸日本在中国最重要的水运补给线，日本的军事部署将变得脆弱。蒋介石政权支持这样的战术，但是他们认为中国空军部队缺乏开展这样空中行动所需要的飞行员、装备、训练以及组织工作。如果美国银行（在美国政府的支持下）向国民政府贷款 2500 万美元，中国人就能购买到 100 架轰炸机、100 架战斗机以及 50 架运输机。雷顿建议，他的公司可以负责为这支新的空军部队雇佣美国和其他西方国家的预备役飞行员。一旦这个项目启动并运行，每年需要花费 500 万美元才能维持。雷顿强调，他的公司开展这项新事业的方式是"和中国政府签订商业合同，不需要美国政府以任何方式直接参与"。他的公司不仅负责人员管理，还将全面负责进口、组装以及在中国一个先进的训练基地和飞机厂维护这些飞机。雷顿准备将美国联洲航空公司变成一家私人军事承包商——可能是第一家这样的军事承包商，即使他从来没有在他的提议中使用过这个术语。

　　在与丹尼·布恩的单独谈话中，雷顿提供了更多关于美国联洲航空公司的详细信息。它在垒允的飞机制造厂靠近中缅边界以及滇缅公路中国段。飞机厂每年可以生产 200 架飞机，中国和美国的工人都住在现代化的西式住宅里。[20]1940 年 1 月，工厂正在组装 30 架柯蒂斯"鹰式Ⅲ"双翼战斗机（根据 1937 年的合同，最后一批生产的飞机）以及另一份合同中要求生产的 75 架伏尔提单引擎轰炸机、50 架 P-36（柯蒂斯"鹰式"75-L）战斗机和 30 架柯蒂斯CW-21 拦截机。美国联洲航空公司还从美国订购了物资，将在位于重庆的中国政府官办飞机厂里生产 60 架苏式飞机。然而，由于美国的飞机制造商（包括柯蒂斯-莱特公司）对其他顾客的承诺，他的公司从他们那里购买部件时遭遇到巨大的困难。至少需要等待15 个月，美国联洲航空公司才能得到履行其与中国人所签订合同需要的资源。[21]在此期间，垒允的飞机厂开展维修和保养工作，大约 450 架飞机的发动机需要彻底检修。雷顿坦承了在缅甸遇到的运输问题。江轮运载货物沿着伊洛瓦底江而上抵达八莫，然后再经由一条"实在糟糕"的 75 英里长的公路运到垒允。

雷顿后来回忆道，海军情报局的军官表示他们"个人同意"他的那些想法，但是中国获得更多援助的可能性不大。[22]此后不久，雷顿和海军上校奥斯卡·巴杰（Oscar Badger）共进午餐，巴杰当时担任海军委员会（the Navy General Board）秘书长，这是一个高级军官组成的顾问小组，对作战行动没有指挥权。[23]巴杰告诉雷顿的信息与之前那些几乎一样：许多驻扎在太平洋的军官认为美国应当帮助中国充当"一块友好的跳板，以便美国在遇到麻烦时能采取行动。然而由于现行的国家政策，没有人认为应该在当时做任何有建设性的事情"。[24]多亏了巴杰，雷顿在1940年1月底的时候见到了海军委员会的高级军官。他把对海军情报局军官说过的大部分话又重复了一遍，并且声明，考虑到美国联洲航空公司目前的运营情况，没什么能阻止这家公司"开办某种形式的'飞行学校'以及雇佣飞行员进行'战术演习'"。[25]

1940年2月，罗伯特·莫滕安排雷顿与海军上将罗伯特·戈姆利会面，两人交谈了一个小时左右，随后雷顿又去拜见了海军作战部长、海军上将哈罗德·斯塔克。[26]雷顿原本期待可以与斯塔克单独会面，但到了之后才发现那里聚集了大约20名军官，他对他们做了一番陈述，内容大致和他对海军委员会军官所说的差不多。雷顿建议，在无线电通信技术的协助下，一支"相对规模较小的海军机动俯冲轰炸中队"可以切断日本人在长江的通道，启动这一行动至少需要100架飞机。[27]最后，斯塔克转向罗斯福的海军顾问、海军上校丹·卡拉汉（Dan Callahan），建议他转交给罗斯福一份简短的备忘录，备忘录的内容就是雷顿准备好的关于中国航空的建议。[28]

1940年5月6日，雷顿给巴杰写了最后一封信，他在信中总结了他所提建议中的一些关键因素：美国联洲航空公司拥有“精心挑选的美方管理人员负责的管理模式”，负责每年在中国组装多达300架飞机以及维护或修理发动机和其他设备。因此，以同样的方式处理两到三倍同样数量、已经拆卸的飞机是没有问题的。中国人急于扩大这些现有的设施。目前需要的是私人银行的贷款，使其成为“一个看起来不是由美国政府直接做出的，而是在完全自发的商业基础上持续运行的计划”。[29]

雷顿后来回忆道，这条游说通道渐渐走不通了。后来，雷顿又在华盛顿见到了丹·卡拉汉，卡拉汉解释说自己对于他的中国提议什么也没做，但是会和他保持联系。[30]美国海军部的书记员保存了所有雷顿在1940年1月至5月为海军起草的备忘录。他用“橙色计划”（Plan Orange）的名目向所有适合的人竭力推销自己的方案，“橙色计划”是美国海军在与日本发生战争时的计划总称。他高度独创性的贡献是提出了这样一个建议：如果要通过增强中国的空中力量，使其进一步抵抗日本的侵略，那么相比于美国军队，由一家私人企业出面实施更适合。如果美国政府向中国提供贷款，那么美国联洲航空公司和中央飞机制造厂就可以通过在垒允组建一支游击航空队完成其余的工作。

幸运的是，对于雷顿和鄱雷而言，美国海军部里没有人知道他们要使出多大的力气才能使中央飞机制造厂不致濒临破产。1940年春天，向柯蒂斯－莱特公司购买飞机零件的前景进一步黯淡。4月17日，英法采购委员会（the Anglo-French Purchasing Board，成立于1939年11月29日）起草了一份新的合同，采购600架“鹰式 81A"战斗机（相当于 P-40 战斗机）。[31]突然之间，柯蒂斯公司要为同盟国制造多达六倍的"鹰式 81A"战斗机。许多制造"鹰式 81A"的部件同样可以用来制造"鹰式 75"，"鹰式 75"就是美国联洲航空公司试图为中国生产的飞机。不久以后，美国战争部同意停止 P-40 战斗机的提货，这样柯蒂斯公司才能完成法国和英国的采购合同。[32]

如果美国陆军航空队都不能完成采购任务，那么对于中国政府和美国联洲航空公司而言，采购飞机的前景更为惨淡。他们想方设法将已经运到仰光的飞机部件运至垒允。从八莫到垒允的公路已经被证明是非常不可靠的，特别在雨季的时候路况更糟糕，因此八莫港堆满了用板条箱装着的飞机部件。中国人认为他们不应该为那些中央飞机制造厂几乎不可能生产出来的飞机付款。美国联洲航空公司的秘书梅米·波里特（Mamie Porritt）在一封家书中写道，1940年 5 月郿雷与中国人曾发生过争执。[33]英国外交部的档案披露，孔祥熙曾经要求郿雷将 50 架伏尔提 V-12 远程轰炸机转卖给英国。孔祥熙将此形容为是他和蒋介石为了"与盟国的国际关系"[34]而做出的巨大牺牲。英国人看穿了这些花言巧语。几个月之后，英国缅甸事务部的一位官员评论说，中国人决定卖掉伏尔提轰炸机的原因是，他们"无法履行向郿雷支付现金的义务"，郿雷现在正试图"把自己的精力投入其他地方"。[35]

被迫将伏尔提轰炸机转卖给英国可能成为压倒郿雷的最后一根稻草。由于中国人太缺现金了，他们无法支付购买飞机的费用或是承担在中央飞机制造厂的投资份额，郿雷不知该如何才能遏止自己在垒允的损失。他确实正在寻找其他可以做生意的地方。

　　鄱雷与印度企业家沃尔昌德·海拉昌德（Walchand Hirachand）建立了新的合作关系，为新组建的印度空军生产飞机。[36]接下去的几个月里，他结交了一些印度政府里的英国官员，他们"对鄱雷的进取精神……和他在比印度困难得多的情况下，在垒允取得的成就印象深刻"。[37]美国联洲航空公司的未来系于这个新的客户，鄱雷希望将大部分的组装业务从云南转移到印度的班加罗尔。

　　就中国空军而言，中国人面临着一个僵局。一方面，苏联的空中援助正在逐渐减少；另一方面，原先通过美国联洲航空公司下单采购的美国飞机，他们现在既买不起又不能正常提货。孔祥熙与鄱雷之间的旧协议已经失效。蒋介石正在寻找其他能采购到飞机的方法，既不需要销售佣金也不需要和一个像鄱雷这样的"中间人"协商。1940年3月，他派遣两名中国空军部队的军官前往美国，探索如何才能更好地绕开鄱雷并且获得美国的战斗机。

5　中国人做生意的方式

1940 年 3 月 31 日，两名中国空军上校王家骧（Hadson Wang）和王承黻抵达加利福尼亚。[1]1935 年，王承黻曾经随同毛邦初和航空委员会其他成员一起来美国考察飞机工业。1935 年 1 月，他到迈阿密观看全美飞行大赛，鄱雷在那里招待了他们并且向他们介绍美国陆军航空队的特技飞行队"空中特技三人组"，"空中特技三人组"的三位成员陈纳德、威廉·麦克唐纳和卢克·威廉姆斯（Luke Williams）成了这次会面的主角。这次邂逅开启了他们三人前往中国的道路。[2]

王家骧和王承黻此行的目的是为国民政府找到他们立刻能买到的飞机。他们一路考察美国的飞机工厂，足迹遍及全美各地，最终于 5 月初抵达华盛顿。他们很有可能是听从孔祥熙的指示，孔祥熙的朋友、"钨王"李国钦为他们向美国政府官员提供了一封介绍信。1940 年 5 月 4 日，中国驻美国大使馆武官郭德权（Kuo Teh Chuan）上校携带着这封介绍信，将他们两人介绍给美国国务院武器和军火管制办公室主任乔·格林（Joe Green）。[3]

由于长期从事对外军火贸易，乔·格林成了国务院负责美国飞机和军火贸易的专家。飞机制造商及其外国客户要出口任何军事装备，都要向他的部门申请许可证。根据美国在 1935 年通过的《中立法案》(the Neutrality Act) 及其 1937 年和 1939 年的修正案，格林通过这个程序追踪美国在国际军火交易中所占的份额。[4]

乔·格林向他们介绍了外国采购团购买飞机的方式，首先他们应该向财政部总统联络委员会提出申请。这个委员会成立于 1939 年年底，它正式确定了财政部长、"航空沙皇"摩根索拥有掌控所有外国军事飞机订单的特别权力。格林立即为中国人安排了与联络委员会主席柯林斯 (Collins) 的会面。[5]那天早晨，这三名中国军官见到了柯林斯，但他们坚称"这次拜访并不是一次正式会面"。他们并没有在会谈中探讨中国购买飞机的需求，而是讨论了螺旋桨和机床的出口许可证问题。柯林斯又一次解释了外国采购代理商的采购流程：他们必须向联络委员会提交他们的采购意向，委员会决定是否可以出售这些飞机以及出售多少架。联络委员会负责处理采购订单，然后外国代理商和美方供应商向乔·格林的办公室申请出口许可证。[6]

自 5 月 4 日与乔·格林和柯林斯见过面后，接下去的几个月里，不论是王家骧、王承黻还是中国代表团里的其他人，似乎都没有与联络委员会联系，商讨购买飞机的事情。1940 年 10 月前，时任中国驻美大使胡适仅拜访过委员会的负责人几次，并没有讨论具体的需求。[7]考虑到白宫完全控制了飞机的供应，以及来自美军和英军方面的激烈竞争，中方采购代表如果想得到任何飞机，他们都需要得到来自美国政府内的支持者的全力帮助。然而，他们却忽视了外交礼节，他们决定直接和飞机制造商打交道，而不通过任何中间人，包括总统联络委员会。

就在 1940 年 5 月初王家骧和王承黻与乔·格林会面后不久，

希特勒入侵法国。美国政府采取了新的措施，确保武器和飞机不会落入德国人之手。7月2日，罗斯福发布了一项声明，授权其拥有全面掌管削减或限制任何被认为对国防至关重要的战略物资或装备（包括飞机）的出口权力。10月10日，美国国会通过所谓的《征用法案》（Requisition Act），进一步增强了总统的行政权力。[8] 无论何时，只要总统认为有必要，他都可以间接或直接地阻止军事装备或物资运输到任何国家，无论这个国家对于美国及其盟友而言是一个真实的敌人，还是潜在的敌人。[9] 罗斯福不仅是三军总司令，他还是所有战略物资的总管。

1940年春天，蒋介石决定派遣他的妻舅宋子文前往美国，寻求美方的资金援助。6月27日，宋子文抵达华盛顿，陪同他一起来的有中国银行的同事，以及一位受雇于国民政府财政部的美籍金融专家杨格（Arthur Nichols Young）。[10] 7月7日，蒋介石命令宋子文与王承黻担任飞机采购联络人，并要求宋子文转告罗斯福：鉴于法国刚成立了维希傀儡政权，美国政府应当将所有原本要发往法国的飞机重新分配给中国。蒋介石还指出，如果中国能得到"只要十分之一"美国已经运往法国的军事装备，它就能赢得抗日战争。[11] 然而中国人并不知道，就在6月16日贝当元帅成为法国总理的那一天，英法采购委员会的负责人亚瑟·珀维斯（Arthur Purvis）已经与委员会里的法国人商定，将所有的法方采购合同转给英国采购委员会（the British Purchasing Commission）。[12] 英法采购委员会随即解散，英国采购委员会接管了法国全部的采购合同。在丘吉尔的支持下，英国采购委员会还雇用了法国最杰出的采购代理人、银行家让·莫内（Jean Monnet），其后来被称为"欧盟之父"。[13]

1940 年，宋子文还是像 1938 年时那样对军事航空不感兴趣。1938 年，宋子文担任中华民国航空委员会主席，他将中国空军部队的所有问题都授权给苏联空军代表团处理。[14]与蒋介石的指令相反，宋子文将大量的精力投入在对美高层外交上，而让杨格和王承黻一起寻找可供采购的飞机。

由于无法得到法国采购订单中的柯蒂斯－莱特 P－40 战斗机，王承黻和杨格只好寻找其他替代机型。[15]他们向老朋友朱厄特上校寻求帮助，1932～1935 年，朱厄特曾担任美国援华空军代表团（the American air mission to China）负责人，现在是美国航空商会（the American Aeronautic Chamber of Commerce）主席。朱厄特提醒他们注意瑞典飞机订单中的大约 300 架飞机。瑞典订购了 144 架单价为 57000 美元的伏尔提"先锋"（Vanguard）战斗机。他们还向共和航空公司（Republic Aviation，前身是亚历山大·赛维尔斯基公司）订购了 112 架战斗机，其中有 60 架单价为 57000 美元的 EP－1 单座战斗机和 52 架单价为 67000 美元的 2－PA 双座轻型轰炸机。整个订单的总价，包括飞机上的武器装备，高达 2257 万美元。[16]共和航空公司还有可组装 36 架战斗机的零部件，那是瑞典政府原本订购了但最终决定不买所剩下的。根据朱厄特的说法，中国也能买到这些零部件。

尽管瑞典政府坚称他们购买这些飞机是为了自卫，美国政府还是害怕这些装备会落入德国人之手。当瑞典人意识到这个问题，他们只能迫于压力将这些飞机卖回给飞机制造商，飞机制造商随后再将这些飞机卖给美国军队或英国政府。[17]然而与此同时，瑞典采购代表雅各布森（Jacobson）上校还在为这些伏尔提公司和共和航空公司的飞机申请出口许可证。

1940年8月初，王承黻和杨格与雅各布森联系，询问中国是否能直接从瑞典政府手里买下全部的飞机。[18]但他们再一次被英国人抢占先机。1940年7月，亚瑟·珀维斯就表示英国想要接手所有瑞典订购的飞机。摩根索立即着手阻止为这些瑞典飞机发放出口许可证，首先从伏尔提"先锋"战斗机开始，当时这些战斗机尚未投入生产。[19]最终，美国政府阻止了这些伏尔提战斗机的出口，理由是它们需要用于西半球防御。[20]8月底，国务院也拒绝了瑞典人为共和航空公司的飞机申请的出口许可证。然而，共和航空公司已经开始生产这些飞机，到8月底的时候，已经有20架双座飞机和22架单座飞机备妥待运了。雅各布森向中国人建议，如果他们能得到一张出口许可证，或许他就可以在美国政府有时间扣押这些共和航空公司的飞机前，与他们协商这些飞机的出售事宜。[21]

这个共和航空公司的飞机订单中有一个问题让杨格很恼火。共和航空公司曾经授予鄱雷的美国联洲航空公司在中国出售该公司所生产装备的专营权，这个协议将于1940年10月17日失效，在此之前共和航空公司与中国签订的任何合约，鄱雷都有权得到一笔佣金。[22]杨格非常看不惯鄱雷。1940年夏秋，他曾向乔·格林抱怨"鄱雷的可耻行为"。在他看来，鄱雷蓄意破坏了1939年的帕特森合约，并且他应该为中国在欧战爆发前失去从美国进口飞机的机会承担全部责任。[23]

杨格希望能绕开共和航空公司对鄱雷的承诺。他向雅各布森建议说，如果瑞典重新签订一份购买这36架战斗机的合同——共和航空公司拥有这些飞机的零部件，那么两国政府就可以达成协议。然而，共和航空公司的董事觉得，如果在鄱雷的代理权失效前瑞典将这36架飞机卖给中国政府，他们可能要面临一些麻烦。杨格回复说："中国当然没有义务向鄱雷支付任何费用……如果瑞典人不同意，他们就不能被起诉。"[24]

王承黻和杨格并没有把精力只投入在这笔共和航空公司的交易上。他们制订了一份采购计划，目的是让中国空军部队的飞机总数在接下去的几年里保持稳定，即300架战斗机和100架轰炸机。由于每个月的飞机损耗率可能要占到全部飞机总数的四分之一，王承黻估计中国在接下来的两年里共需要2100架驱逐机和700架轰炸机，平均每个月的飞机交付量是117架。王承黻指出，由于滇缅公路存在运输问题，所有的飞机都只能依据各自的航程，从菲律宾或缅甸飞往中国。这恰恰是孔祥熙在1938年12月提出的观点：飞机能抵达中国的唯一方式是靠空运，而不是靠缅甸境内那个由水路、铁路和公路组成的运输网。王承黻这个为期两年的采购计划需要花费33900万美元，其中包括用于支付2000名中国飞行员在美国的交通费和培训费，合计大约1300万美元。[25]

这个采购计划完全是异想天开。由于他们在华盛顿缺乏资金和影响力，王承黻和杨格根本不可能实现这个雄心勃勃的计划，只能靠宋子文来撬开美国政府最高层的大门。然而在1940年夏天，宋子文的任务就像他下属的一样，看上去注定会失败。

6 宋子文在华盛顿的任务

1940 年 6 月 19 日，宋子文乘坐泛美航空公司的飞剪号（Clipper）飞机，抵达旧金山湾区的金银岛（Treasure Island）。这是自 1933 年以来，他首次前往美国。[1]1928 ~ 1933 年，宋子文担任国民政府首任财政部部长。1933 年，他成功地谈成了一笔总额5000 万美元的贷款，可用于向美国政府购买棉花和小麦。然而那年年底，宋子文与蒋介石发生了争吵，原因是宋子文认为蒋介石提出了过高的军费预算，这将有损经济发展。蒋介石开始怀疑宋子文的政治野心，并施加压力令其辞职。当年 10 月 31 日，宋子文辞职，接替他的是他那位对蒋介石更为顺从的姐夫——孔祥熙，孔祥熙担任财政部长一职直至 1944 年。

尽管如此，1939 年秋天，蒋介石和宋子文还是化解了他们之间长期存在的分歧。蒋介石不再信任孔祥熙，并考虑重新任命宋子文担任财政部长。美国财政部驻香港特工马丁·尼科尔森（Martin Nicholson）报告说，在让宋子文重新掌权之前，蒋介石希望他能够与罗斯福和摩根索举行高层会谈。会谈的重点将是美国的远东政策、1939 年 8 月 23 日签订的《苏德互不侵犯条约》对中美关系的影响，以及中国的经济问题。[2]

到 1940 年春天，由于苏联减少了对中国的军事援助，宋子文的任务范围更加复杂。当中国外交官在莫斯科努力恢复武器和飞机的重运时，宋子文的任务是以能够有利于中国的方式促进美苏关系。[3]那几乎是不可能的，因为在1939年年底，罗斯福政府谴责了苏联对波罗的海沿岸邻国的侵略，这是《苏德互不侵犯条约》中附加的秘密协定书导致的结果。首先是1939年9月苏联占领波兰，其次是在12月入侵芬兰。最后，斯大林在1940年春天向拉脱维亚、立陶宛和爱沙尼亚三国发出最后通牒：他们要么满足苏联的各种要求，要么面临军事占领。到了1940年6月中旬，这些波罗的海国家只能屈服，建立起亲苏联政权，美国政府拒绝承认他们为合法政府。[4]

在会见罗斯福前，宋子文打算先和当时华盛顿的第二号实权人物摩根索见面。宋子文不知道，在他抵达华盛顿之前，竟然已经触怒了摩根索。

1931年宋子文经历了一次刺杀事件，自此之后他就时刻担忧自己的人身安全。[5]1940年，他的妻子张乐怡和两个年幼的女儿宋瑞颐、宋曼颐比他先动身去美国。宋子文要求马丁·尼科尔森为她们安排特别保护，并向摩根索寻求帮助，以期对她们抵达美国的时间进行保密。摩根索在1940年5月27日的日常例会上大声宣读了尼科尔森发给他的一封"非常重要的……秘密的电报"，要求"谨慎处理"，电报内容是：宋子文一家将抵达华盛顿，对此必须保密。摩根索嘲讽地说："两个姓宋的能抵一个姓怀特的吗？"他显然是在对他的高级经济师哈里·怀特（Harry Dexter White）发表这番评论。[6]摩根索环顾了一圈，问道："说实在的，谁愿意照料这两个姓宋的小姑娘？"在场的人个个推卸责任。这是一个航运问题、外交问题，还是货币稳定问题？

宋子文原计划 6 月 27 日抵达华盛顿，然后直接去摩根索家里。然而，他却被安排到第二天早上在财政部会面。[7]6 月 28 日，宋子文在驻美大使胡适的陪同下见到了摩根索，摩根索一见面就问他是否见到了自己的老朋友陈光甫。1940 年春天，陈光甫完成了第二笔总额 2000 万美元的贷款谈判后返回了中国。这笔新的贷款是以中国向美国出口锡做担保。摩根索非常尊重陈光甫，称他为"一位了不起的人物。他完全就是故事书里面中国商人应该有的样子，而大部分中国商人都不是这样"。[8]宋子文找了个借口说，当陈光甫乘船从马尼拉到香港的时候，他正在从香港飞往美国的飞剪号飞机上。宋子文大概是在躲避陈光甫，因为陈光甫是孔祥熙的朋友。摩根索没再追问下去，而是问宋子文："好吧，先生，你想说什么？"

宋子文解释道，蒋介石想派人过来与罗斯福和其他内阁成员讨论中国的国内形势、它目前的军事实力以及它与苏联的关系，大致就是尼科尔森预测的那些事项。[9]摩根索立即问他苏联对中国的援助情况。宋子文的说法是中国与苏联之间一切正常：国民政府依旧能定期收到苏联的装备援助，特别是飞机，性能上可以匹敌那些日本飞机。尽管如此，中国人还是需要比苏联所能提供的更多的飞机。日本人正在对重庆狂轰滥炸，每次出动多达 150 架轰炸机，而中国空军部队通常只能派出最多 25 架飞机进行抵抗。摩根索想知道作为提供军事援助的回报，苏联提出的政治要求是什么。宋子文坚持说没有政治要求，那些条款完全是关于金融和商业的。摩根索询问了进出中国的交通状况，随后有点突然地结束了会谈。

摩根索对宋子文深怀戒心，就在宋子文 7 月 1 日访问白宫前，他向罗斯福表达了自己的疑虑。在摩根索看来，宋子文"不像陈光甫那样值得信赖"，甚至不清楚他是否支持继续抵抗日本。[10]摩根索确定宋子文还会再要求一笔贷款，但是建议罗斯福此时拒绝提供任何进一步的财政支持，中国的货币并不像中国金融家所称的那样疲软，没有必要再给蒋介石政权更多的钱，因为即使他们能用硬通货购买进口商品，日本人也会干扰运输路线，使得交货难以实现。日本人已经向法国人施压，要求他们中止从越南到云南的铁路运输，他们即将迫使英国在缅甸也这样做。

摩根索再也没有了他在1938年秋天所表示出的热情，当时他很乐意与陈光甫打交道，也乐于免除他打算借给中国的所有借款。如果这位罗斯福的得力助手对宋子文有疑虑，那么实际上确保罗斯福会用茶点和同情心招待宋子文，却不会给他任何钱。

然而，宋子文想要的并不是通常的救济品。他提出了一个宏图大计，意图在美国、中国与苏联间建立合作。[11]罗斯福似乎被宋子文的计划打动了，他要求摩根索想办法通过与苏联达成一个贸易安排来帮助中国获得援助。[12]罗斯福显然没有认真考虑这样一项协议，与国务院最近就斯大林对波罗的海邻国的侵略所发表的谴责之间的政策冲突。

1940年7月12日，宋子文向美国政府递交了一份蒋介石提出的一长串要求：5000万美元以稳定中国的货币；300架战斗机和100架轰炸机，总价大约4000万美元；其余价值3000万美元的军用物资，在美国或苏联采购都可以。蒋介石还要求美国提供资金和专业人士帮助改善中国的交通运输，其中当务之急是铺设滇缅公路。[13]

美国政府要是拒绝蒋介石的要求，就有打击中国人士气的风险。罗斯福希望与苏联达成某种交易，通过外交的途径摆脱这个困境。7月15日，哈里·怀特提出了三方交换的概念：美国政府预先向苏联支付1亿~2亿美元用于购买战略矿产（锰、铬铁、铁矿等），苏联要在接下去的四年里完成交货。为防止不能按期交货，苏联要为美国拨出一定数量的黄金。作为对这笔大额预付款的交换，苏联要立即向中国提供一笔等额贷款，让中国能向苏联购买更多的军用物资。根据宋子文的说法，苏联在1939年7月向中国批准了第三笔和第四笔贷款（1.5亿美元），其中还有5000万美元没给中国，而这笔新的贷款不包括这5000万美元。怀特断定，如果采纳这一方案，美国政府将从苏联那里得到急需的战略物资，并且在不引发与日本正面政治冲突的情况下，促进苏联对中国的援助。

到7月中旬，中国的交通情况使这样的交易根本难以实现。1940年6月，日本人向英国新任首相丘吉尔施压，要求他中止所有从香港和仰光的港口运输军用物资到中国，包括飞机。此时希特勒刚刚对英国发动大规模空袭，即日后所称的"不列颠之战"，丘吉尔无法再与日本发生冲突。为避免两线作战，丘吉尔下令从1940年7月18日起关闭滇缅公路三个月：英国海关人员拒绝让军用物资通过中缅边境进入中国，但可以继续运输非军用物资。

正如蒋介石向宋子文指出的那样，这个新的灾难使得中国更加迫切地需要美苏合作。如果美国和苏联能够对远东的形势负责，他们就能扭转局势。[14] 建立美－苏－中三国联盟对抗日本的希望很快就破灭了。1940年7月23日，美国国务院表达了对拉脱维亚、立陶宛和爱沙尼亚三国的支持，谴责"它们的一个强大邻国"用

"掠夺行为"破坏了它们的主权和领土完整。[15]摩根索和罗斯福暂时搁置了三边合作方案，也不再优先考虑美国向中国提供经济援助的问题。

毫无疑问，1940年夏天，宋子文在华盛顿的任务完全与中苏关系密切相关。他结交了苏联驻美大使康斯坦丁·犹曼斯基（Konstantin Oumansky）。犹曼斯基后来透露，在他们的每次谈话中，宋子文都表示希望美国与苏联间的糟糕关系能得到改善。[16]此外，正如宋子文与摩根索和罗斯福的谈话所揭示，美国政府只有在与苏联达成某种安排的框架下，才会考虑对中国的援助。然而，摩根索对任何通过双边或是三边交易向中国提供少量援助都没有兴趣，在他看来这都对日本没有影响。他想要对日本采取强硬手段，实施严厉的经济制裁，通过剥夺日本的原料资源来削弱它的战争行动，使其没有能力入侵中国的邻国，特别是盛产石油的荷属东印度群岛。[17]

1940年8月，摩根索告诉国务院远东事务部负责人亨贝克（Stanley Hornbeck），财政部不能再给中国提供任何援助了。他建议宋子文去别处寻求贷款，或许可以去找杰西·琼斯（Jesse Jones），他最近离开了复兴金融公司（the Reconstruction Finance Corporation），成为联邦贷款管理局（the Federal Loan Agency）的负责人。摩根索想知道琼斯是否能凭借自己的影响力，从美国政府两大贷款机构——复兴金融公司和进出口银行（the Export-Import Bank）获得帮助。[18]

宋子文在华盛顿逗留了三个月。摩根索的态度令他感到气馁，他想要放弃，返回中国。[19]蒋介石同意了。既然与苏联的三边合作注定会失败，蒋介石也准备放弃这个想法，召回宋子文并与苏联人一起制定一些别的策略。8月15日，蒋介石写信给宋子文，谈到了在国民政府内的一个新职位，一周后他要宋子文回国，在新成立的经济作战部（Ministry of Economic Warfare）任职。蒋介石认为，如果宋子文经苏联返回中国，并表示出"我们的一些善意"会是个好主意。[20]

9月5日，宋子文终于见到了杰西·琼斯，并表达了自己对摩根索的懊恼，称他让自己"四处奔波"。琼斯对他表示同情，但除了一笔500万美元的小额贷款"表明此时我们对中国人民的关心"[21]，再没有给出什么建议。不过，在继续下一步行动之前，琼斯还要和国务院商量。

多年来，国务卿赫尔（Cordell Hull）在处理远东危机时都表现得极为谨慎。他始终坚持"不挑衅"日本的政策，避免对中国表示公开的支持。他对日本的绥靖政策惹恼了内阁中的鹰派人士，比如摩根索和哈罗德·伊克斯。1938年，在与中国进行桐油贷款谈判时，摩根索反对赫尔通过他那"坚决不做任何可能被侵略者反对的事情的政策"，[22]来阻挠帮助中国的努力。不过，两年之后赫尔终于强硬了起来。日本威胁要占领法属印度支那部分领土，并与德国、意大利组成正式同盟，他被激怒了。在9月6日的内阁会议上，赫尔警告说，如果日本人不能"停下来"，美国应该禁止从日本进口丝绸，对日本实行经济禁运并且向中国提供2000万~2500万美元的贷款。摩根索听到赫尔这番慷慨陈词，大吃一惊。[23]

罗斯福平息了赫尔要求对日本实施严厉经济制裁的愤怒情绪，但支持他提出的向中国提供一笔新的大额贷款的主意。随后，赫尔又开

始重新考虑这个问题。原则上，他支持向中国投入资金，但是像
1938 年时那样，他担心这样一笔"政治"贷款会对日本产生的影
响。为了使其"去政治化"，他和罗斯福决定让国务院站在幕后，
让杰西·琼斯负责处理对外宣传。琼斯将其描述为一个纯粹的商业
安排，目的是购买美国政府战略物资储备中所需的钨。与此同时，
琼斯在私下向宋子文保证，一旦中国花光了这笔钱，他还能再得到
一笔贷款。[24] 既然摩根索让琼斯来处理贷款事宜，罗斯福就没再让
他参与之后关于中国借贷问题的讨论，至少暂时是这样。[25]

美国政府还在寻找一个能够狠狠敲打日本的机会。作为最后的
手段，罗斯福要求摩根索重启美 – 中 – 苏贸易合作的讨论。1940
年 9 月 19 日，当赫尔第一次在内阁会议上听到这个方案时，他惊
呆了。[26] 他立即警告摩根索，这个"苏联机构"能为中国提供的并
不会比现在更多，美国也不应该通过发起这个三边贸易协定而使中
国继续保持对苏联军事援助的依赖。他提出了一个计划，以替代这
个"苏联方案"：让中国用这笔 2500 万美元的贷款在美国购买任
何他们想要的武器装备，即使这意味着对禁止将美国政府贷款用于
军事采购的法令视而不见。[27] 赫尔很少这么冲动，他准备废除存在
已久的限制利用外国贷款进行军事采购的规定。他的提议很激进，
并且严格来说是违法的，但是在他看来，怎么样都比在中国关注的
地方加强苏联的力量好。

9 月 20 日，摩根索与杰西·琼斯、苏联驻美大使康斯坦丁·
犹曼斯基见面。琼斯试图概括宋子文对于三边协议的想法：如果美
国能够从苏联那里购买更多的金属，诸如锰或其他商品，那么中国
就能从苏联那里获得更多帮助。犹曼斯基回复说，在他和宋子文的

多次会谈中，他从未听后者谈论过以这种方式增加美苏贸易。他理解宋子文对于三边合作的渴望，但希望立刻说清楚"这样一个三边关系要求三边中的每个双边关系都很好。我们与中国的关系非常密切，非常友好。你们和中国的关系也非常密切，非常友好。很遗憾我们两国之间的关系并没有达到这个程度"。[28]

康斯坦丁·犹曼斯基推翻了这个提议：摩根索是怎么设想苏联的锰和其他金属能够运到美国的？因为两国间大部分的贸易路线都穿越战区，目前已经中断了。只要美国还维持对苏联道义上和实际上的禁运，使其不能收到早先向美国订购的商品，他就怀疑美苏贸易是否能得到令人满意的发展。

一旦康斯坦丁·犹曼斯基指出这个三边方案中所有的隐患，罗斯福就彻底抛弃了它。苏联希望保持它与美国和中国各自双边关系的独立性，也不愿意被禁锢在任何一个会给其他国家而不是它自己带来更多好处的协议里。在这一时期，斯大林也回绝了英国提出的相似提议，即英苏两国建立更紧密的贸易和战略关系。他认为这些不能提供他通过与希特勒签署的互不侵犯条约所涵盖的某些商业安排所享有的利益。[29]蒋介石被迫接受这一不可避免的结局。10月初，他警告宋子文说，斯大林想独占中国，如果中国试图与美国甚至英国建立关系，苏联将"不愿助华"。[30]

建立三边合作的交易流产后，罗斯福政府重新开始制定新的对付日本的经济措施。在赫尔看来，日本将很快占领法属印度支那，这是意料之中的事。因此，当务之急是如何阻止他们进一步入侵马来半岛，并从那里入侵新加坡，新加坡是英国重要的远东海军基地。他们的下一个目标就是荷属东印度群岛。9月20日，他构思着一个用词恰当的新方案，使得美国能够"尽快在日本占领印度支那以后，尽可能地向中国提供贷款，并对日本实行废铁禁运。问题是，我们能进行到什么程度，而不冒太大的与日本发生军事冲突的风险"。[31]内政部长哈罗德·伊克斯称赫尔的方案是无意义的。9月15日，他在自己的"秘密日记"中写道，即使赫尔害怕日本会进攻法属印度支那和荷属东印度群岛，"他的政策似乎就是等着日本一步步向前推进，而他自己预先不采取任何行动"。[32]摩根索也这么认为，一旦日本占领了法属印度支那，"他们还会在乎我们对他们禁运这个或那个或其他东西？时机已经错过了"。[33]

1940年9月22日，亲维希政权的法国驻印度支那总督最终向日本屈服，允许其在这块法国殖民地上驻扎2.5万人的军队和建立4个空军基地。26日，杰西·琼斯宣布美国向中国提供一笔新的总额2500万美元的贷款，以中国向美国出售钨作为担保。毫无疑问，"钨王"李国钦将得到很大一笔生意。琼斯尽力将其描述为并非针对日本最近侵略行为的回应：这纯粹是美国为了购买国防所需的战略商品而做出的商业安排，因此主要受益的是美国人民。美国政府打算从中国购买价值3000万美元的钨，而只提供总额2500万美元的直接信贷，以满足中国的外汇需求。[34]

琼斯隐瞒了关于这笔贷款的一项关键信息：有史以来第一次，美国政府没有在贷款中设置明确的条款和条件，只是要求中国靠钨的出口偿还贷款。因此，国民政府可以不受限制地用这笔贷款购买任何他们需要的商品，包括武器和飞机。罗斯福采纳了赫尔的意见，现在如果中国用这笔新的贷款进行军事采购，美国政府将视而不见。知道这个实情的人不多，包括摩根索，他直到12月初才发现这一情况。[35]

第二天，罗斯福宣布禁止所有钢和废铁出口，尽管这项禁运政策没有明确针对具体国家，但被认为对日本的影响最大。摩根索对这项新的钢和废铁的出口禁令和对中国的新贷款都不以为然。他对同事哈里·怀特说，美国政府为帮助中国和惩罚日本所做的努力，都太少太迟了，向日本施压的时机应该在几个月以前。[36]蒋介石也有类似的反应。他在一封9月26日发给宋子文的电报中，对这笔新的"钨贷款"明褒暗贬，因为觉得这笔贷款还不够大。蒋介石和他的顾问希望得到一笔至少1亿美元的贷款，能给他们本国民众、国际借贷机构和敌人都留下深刻印象。奇怪的是，蒋介石错将贷款的金额当作5000万美元而不是2500万美元，但即使这样，他还是抱怨5000万美元不够满足中国的需要。不过他总结说，即使是这样不能令人满意的贷款也能对中国有所帮助，因此拒绝它是"不礼貌的"。[37]

9月28日，蒋介石给宋子文发去了第二封电报，他强调中国需要美国的经济援助以增强士气，维持为战争所做的努力。如果美国政府愿意在军事援助方面展开合作，中国唯一需要的武器是飞机。[38]宋子文在不带任何附加条件的情况下获得了一笔新的贷款，现在他面临的压力是要把钱花在购买军事装备上。他手上有王承黻所做的采购计划。9月27日，他给蒋介石发去电报，建议"如果发给你的采购计划能得到陈纳德上校的支持，将有利于说服这里的当权者"。[39]10月4日，蒋介石发给宋子文一张长长的航空需求清单，要求他交给美国政府。现在，对中国的未来至关重要的是他能"切实洽商，早日决定为要"。[40]

几天后，蒋介石召唤陈纳德前往重庆，讨论让他前往美国帮助宋子文采购飞机的可能性。[41]那时，陈纳德驻扎在昆明，负责中国空军部队的高级培训课程。正如他在日记中所写，这似乎是八个月以来他第一次收到蒋介石的书信。[42]陈纳德已经彻底厌倦了在中国空军部队担任飞行教官的生活，也放弃了中国空军部队能接近西方空军部队标准的全部希望。就在离开昆明前，他告诉美国海军助理武官、海军陆战队上校弗朗西斯·麦奎兰（Francis J. McQuillan），要解决中国目前"如何对抗日本空军"问题的唯一方法是将整支空军部队"全部"移交给外国人。陈纳德说如果他有 400 名外国飞行员和最新款的飞机——100 架轰炸机、100 架远程驱逐机（战斗机）以及 100 架拦截机（短程战斗机），他就可以"很好地组织一支部队，保护中国未被日本占领的地区免受日军突袭，并对在华日军造成重创"。[43]简而言之，这就是陈纳德为未来的飞虎队设计的蓝图。这与雷顿在 1940 年年初向美国海军提出的设想并没有太大区别。

尽管瑞典合同存在不确定性，共和航空公司还是按计划行事，到 1940 年 10 月中旬，已经有至少 60 架战斗机准备好运往中国了。[44]现在看来，美国政府的干预似乎是不可避免的，特别是在《征用法案》通过之后。1940 年 10 月 17 日，瑞典代表正式提出了一个"一箭双雕的备案"，规定飞机只能交给美国政府，不能交给其他客户。[45]就在同一天，杨格向美国副国务卿萨姆纳·威尔斯（Sumner Welles）发出最后请求。杨格建议，一旦美国政府正式接管了瑞典合同，就应该将这些飞机转卖给中国。他说中国人会用这些飞机来对付日本人，而英国或美国军方只会用它们进行训练。[46]

不过，蒋介石已经放弃了这些原本卖给瑞典的飞机。10 月 18 日，他对詹森说："故向厂家订购时间已不许可，必须于美国已经制成或美国军部现有之飞机分拨来华，方可鼓励军民继续抗战。"[47] 他给詹森的印象是宋子文已经在向美国政府提出购买飞机的请愿。实际上，宋子文还在故意拖延购买飞机，而致力于获得美方的巨额贷款。在得到总额 2500 万美元的钨贷款后，他计划再获得一笔总额至少 5000 万美元的贷款用于稳定中国的货币。[48]

鉴于他们对国家主权的敏感，中国人竭尽全力控制军事采购，这是可以理解的。甚至连英国驻美大使洛锡安勋爵（Lord Lothian）也抱怨罗斯福政府对英国购买武器和飞机合同的干预。他对摩根索说，欧洲的战争实际上是美国的战争，因为美国人决定了英国能拥有什么、不能拥有什么。[49]不过，经过了几个月的徒劳无功，中国人终于明白了"要饭的哪能挑肥拣瘦"的道理。他们曾试图用中国人做生意的方式行事，现在他们必须采用美国人做生意的方式。

7　少数给中国的飞机

在美、中、苏三边合作的交易流产后，罗斯福政府试图想出其他经济措施，来阻止日本的侵略。私下里，罗斯福与国务卿赫尔一样，对东京最近发布的声明感到愤怒。1940 年 10 月 4 日，日本首相宣布他的国家会将美国给予日本敌人的任何援助或安慰视作战争行为。一台白宫的秘密录音机捕捉到了罗斯福当时的反应。他砰砰敲打着桌子，坚定地说：仅仅因为根据美国的中立法，任何交战国都可以从美国购买军事装备，这并不使美国成为交战国。如果日本因为美国向英国出售武器而将美国视为交战国、向美国宣战，那么美国会捍卫自己。[1]

10 月 8 日，这台录音机记录下了罗斯福的其他评论。一名日本的新闻官员宣布，如果美国承认亚洲的新秩序，并且从美国在太平洋的全部军事基地，包括夏威夷撤军，那么日本政府将不会对美国宣战。罗斯福勃然大怒，他说："上帝啊，这是该死的日本佬第一次叫我们离开夏威夷，这比世界上其他任何事情都更令我担心。"[2] 罗斯福非常担忧英国重新开放滇缅公路后会发生什么样的情况，因为在日本人看来，这是一个"相当明确的挑战"。过去的五年里，德国、日本和意大利"玩得很聪明"，但如果他们最后做了些"蠢事"，美国就会被卷入。[3]

那天，赫尔命令在中国和日本的领事撤离当地的美国妇女和儿童。他同时计划撤离全部的美国军队，否则他们可能会受到日本人的冒犯。赫尔从蒋介石那里得到消息，日本计划通过法属印度支那向南推进到新加坡，这使他更为焦虑。赫尔希望日本人知道"美国说到做到"，如果日本太过分，它会发现自己将与美国作战。

与此同时，英国也正在新加坡组织防务会议，出席人员是它在太平洋地区各自治领的军事代表。[4]英国希望尽最大可能与美国协调他们的远东政策。赫尔过去倾向于避免可能引起日本怀疑民主国家联合起来反对它的国际磋商。现在他的紧迫感如此强烈，他主动推动美国、英国、英联邦自治领和荷属东印度群岛当局的代表举行会谈，探讨在太平洋地区进行防务合作。[5]

蒋介石抓住机会向英国和美国发去了完全相同的警告，告诉他们如果援助不到位，中国的抵抗将会崩溃。[6]英国驻华大使卡尔将蒋介石的信息传递回伦敦后，英国空军部建议运送一些"英国皇家空军不需要的过时飞机"去中国的可能性。[7]这可不是蒋介石所设想的。几个星期以来，他一直在给留在华盛顿的宋子文发送采购飞机的电报。[8]宋子文打算和罗斯福说，苏联飞机无法与日本新型战斗机抗衡，除非中国从美国这里拿到最新型的飞机来对付敌人，否则中国军队和民众的士气支撑不了太久。

此外，蒋介石提醒宋子文，如果美国没有采取积极援助国民政府的政策，苏联可能开始支持中共。[9]10月18日，蒋介石在与詹森大使的谈话中提起了类似的恐惧。他已经指示宋子文催促美方在三个月之内交付500架飞机，在一年之内交付另外的500架，更不用说"美国志愿者……帮助我们作战"。[10]这些志愿者具体做什么还有待确定。

罗斯福和赫尔不可能不受到蒋介石请求购买飞机的影响。不过，他们不想提供 500 架飞机。尽管如此，赫尔认为美国政府至少应该卖给蒋介石一些飞机，以鼓舞中国人的士气。

1940 年 10 月 23 日，新任战争部长史汀生（Henry Stimson）在与赫尔谈话后，打电话给摩根索。正如史汀生所说，赫尔"破天荒第一次"看起来急于帮助中国，这一进展"正如你我所愿"。[11]史汀生想知道有没有什么办法可以弄到那些已经卖给泰国的飞机，那些飞机现在正积压在菲律宾的码头上，将它们卖给中国，最好是将这些当前运往泰国的新飞机卖给中国，而不是"一些旧垃圾……对中国佬没什么帮助……还很有可能让他们的一些飞行员因此送命"。除了这些泰国飞机，史汀生还想知道摩根索能不能弄到别的装备——瑞典政府从伏尔提公司和共和航空公司订购的那些飞机。史汀生推测，飞机零部件可以经由英国刚刚重新开放的滇缅公路运往中国，尽管在他看来，如果飞机能从菲律宾飞往中国就更好了。摩根索回复说："他很乐意就此展开工作。"[12]

在史汀生的要求下，总统联络委员会主席菲利普·杨（Philip Young）征求罗斯福的批准，将这些泰国飞机转给中国，其中 10 架北美俯冲轰炸机已经在菲律宾，另外 6 架仍在制造商手里。摩根索将这一建议称为赫尔的"设想"，因此，一旦赫尔表示赞同，"这件事就会顺利进行下去"。[13]实际上，这很可能是罗斯福本人的想法。[14]正如菲利普·杨指出，整个流程至少涉及四个方面的官僚体制：出口管制、与美国军方磋商、就征用这些飞机向泰国做出补偿、中国政府完成付款。[15]尽管如此，菲利普·杨觉得没有问题，这套流程以前都操作过，这些泰国飞机也可以按这些流程再操作一遍。

10月24日，赫尔指示詹森该如何回复蒋介石对于援助的请求：他应该强调美国的政策是除了战争时期，"避免结盟或卷入纠缠不清的承诺"。尽管如此，官员会与宋子文和中国驻美大使胡适商量蒋介石提出的购买飞机请求，在现行的法律和政策框架下，国务院会尽其所能帮助中国。[16]

10月31日上午，赫尔向摩根索证实，前一天他已经下令解禁那些打算转卖给中国的泰国飞机。[17]然而在当天下午，国务院出口管制主管乔·格林就这些泰国飞机的事情打电话给菲利普·杨。他解释说，就在前一天，赫尔和史汀生又将整件事情彻底讨论了一遍，他们决定"航空队非常需要这些飞机，因此不能把它们给中国人"。史汀生向摩根索保证"这里面没一句真话"。他们两人都对此大吃一惊，他们为这笔交易付出了相当大的努力。摩根索说："我希望中国人能拿到这些飞机。"史汀生笑着回答说："我也是。我想，我是第一个提出这个倡议的人。"[18]

11月1日，菲利普·杨在一封写给摩根索的备忘录中详细记述了他与乔·格林的对话。格林不仅声明史汀生和赫尔放弃了这个转卖飞机的想法，还一上来就"指责杨想出了这个好主意"。杨告诉他："好吧，你可能很想知道这是谁的主意。这是赫尔想出来的，而不是我。"杨格进一步写道："这让格林目瞪口呆。"摩根索将杨的备忘录和"关于乔·格林的内部消息"转交给史汀生，史汀生"被激怒了，他直接前往国务院，并把这份文件放在赫尔的办公桌上"。当赫尔意识到格林已经否决了他将泰国飞机转卖中国的命令，气得"火冒三丈"。[19]

对飞机的争夺已经开始了。最可能的解释是，将这些俯冲轰炸机转交给中国的建议与战争部最近做出的升级在菲律宾的空中防御的决定发生了冲突。这个美国在远东的利益前哨站长期以来都得不到现代飞机和其他资源。战争部正开始改变它对菲律宾的态度，理由是他们的增援可能有助于威慑日本。[20]从这一刻开始，中国想要获得飞机的雄心将受挫，因为美国政府不仅将飞机分配给英国，还越来越多地分配给菲律宾。在接下去的七个月里，战争部逐渐形成了一个观点：这个在美国管理之下的殖民地（位于日本大约2000英里以南）是一个比任何中国境内非日军占领区的空军基地都更安全更有利的轰炸东京的平台。

10月18日，参谋长马歇尔（George Marshall）将军出面介入，要求确保那些中国人渴望得到的共和航空公司的飞机能转而交给菲律宾。他要求罗斯福批准将这60架共和航空公司EP-1飞机中的48架调派给菲律宾。10月23日，罗斯福授权战争部扣押这批飞机。共和航空公司立即着手将这些飞机装上平板卡车运往菲律宾。[21]最终，陆军航空队将这些飞机命名为P-35A。

很有可能马歇尔一听说要将泰国的俯冲轰炸机转给中国的计划，他或者哈普·阿诺德就告诉乔·格林陆军需要这些飞机，以及共和航空公司的战斗机，把它们交给菲律宾。相反，史汀生似乎完全肯定航空队没有打这些泰国飞机的主意，即使他知道陆军航空队挪用了共和航空公司的飞机。因此，看起来好像是马歇尔或者阿诺德在国务卿的背后捣鬼。乔·格林可能谨慎地遵照马歇尔的指示行事，因为他也认为将这些俯冲战斗机交给中国人是一种浪费。这可以解释他随后在 10 月 31 日至 11 月 7 日与中国代表会晤时讲话的语气。

未能通过自己的手段获得任何飞机后，中国代表团中的一些人最终毕恭毕敬地向美国官员请求帮助。10 月 31 日，乔·格林接待了胡适并回顾了中国代表团最近为购买飞机所做的努力。胡适同意格林的说法，他的同事采取"错误的政策"试图获得那些小订单，以便能够立即交付，然而这些订单并没有产生什么"实际效果"。尽管胡适试图劝阻他们，他的同事还是坚持以自己的方式做生意。胡适只好听之任之，因为他推测他们比他更知道该如何购买飞机。

乔·格林建议中国人立即与总统联络委员会联系，委员会会建议他们先弄到一些 25 ~ 50 架飞机的小订单，这些小订单"可以被加进那些英国、加拿大和美国政府已经订购的类似机型飞机的大订单"。格林向他保证，菲利普·杨知道国务院的愿望是中国人"能够尽快地获得尽可能多的飞机"。[22]

11 月 5 日，杨格也对乔·格林表达了自己的歉意，他已经再三告诫他的中国同事必须尽快向美国飞机制造商下订单。他再次表达了自己对中国政府放弃帕特森合约的遗憾，但他向格林保证，中国政府很快会命令它的代表与总统联络委员会商议。[23]第二天，国务院远东事务专家亨贝克给了格林一张便笺，便笺的内容是赫尔希望"立即向中国提供一些飞机，在一定范围内，越多越好"，最好是从那些政府已经扣留的飞机库存中分配。[24]他特别提到那 16 架从泰国政府征用的飞机应该卖给中国人。格林故意拖延交易。11 月 7 日，杨格向摩根索报告说："根据格林的意见，这一交易仍不能达成。"[25]

乔·格林这样做的目的是为战争部保留这些泰国俯冲轰炸机，这一目的在他 11 月 7 日与宋子文的会面中变得明显了，那天宋子文终于来到格林的办公室。宋子文解释说他的政府委托他立即买到至少几架飞机。到那时为止，中国人一直避免这样做，因为他们依赖于苏联提供飞机，但最近苏联只提供了少量飞机，他们对此感到失望。宋子文随后问起了这些泰国飞机。格林警告他说这些是非常强大的俯冲轰炸机，出于种种原因，中国人最好购买其他型号的飞机。[26]宋子文请格林为他安排与菲利普·杨会面。格林向他保证，杨知道国务院希望他"在不久的将来安排至少几架飞机交付给中国政府"。[27]

赫尔和摩根索被乔·格林弄得灰心丧气，这已经够糟糕了，史汀生还被自己的部下挫败。在格林的合谋下，马歇尔和哈普·阿诺德设法打败了他。11 月 7 日，摩根索弄清了发生的事情，他讥讽地说："乔·格林最好当心点。"[28]摩根索不喜欢输给任何人，特别是国务院里比他级别低的某个人。

经过了 5 个月的努力后，中国代表团没有什么拿得出手的成果。没买到任何飞机，只有一笔新的贷款，但蒋介石和宋子文都认为这笔贷款无论从购买力还是政治影响的角度看都是不够的。在美国总统大选期间，罗斯福政府不愿意改变处理国际关系的方式。1940 年的大部分时间，罗斯福和赫尔都遵循传统的对华政策。他们偶尔提供一下财政援助，这在他们看来可以鼓舞蒋介石的士气，并增强中国人民的抵抗力。但一旦罗斯福赢得了自己的第三个任期，他和他那些最亲密的顾问似乎就准备改变美国在远东的策略。蒋介石和宋子文看到了实施新的外交策略的机会，这一策略可以让他们从美国政府手里获得贷款和飞机。

蒋介石 10 月就已经决定派遣增援人员前往华盛顿。11 月 11 日，陈纳德和毛邦初搭乘泛美航空公司的飞剪号飞机从香港出发前往美国。他们 14 日飞抵加利福尼亚，并于 18 日抵达华盛顿。[29]杨格、陈纳德和毛邦初着手制订一份详细的计划，准备交给总统联络委员会。他们想从 5 家合适的飞机制造商那里购买 350 架战斗机，柯蒂斯 - 莱特 P-40 战斗机也在名单上，但他们对这款飞机持保留意见，因为他们认为它速度太慢，不适合在中国西部高海拔地区飞行。[30]

11 月 21 日，杨格、毛邦初和陈纳德与总统联络委员会的成员会面。第二天，菲利普·杨的同事詹姆斯·巴克利（James C. Buckley）就和乔·格林一起仔细研究了会议记录。令巴克利吃惊的是，中国人没有兴趣购买 50 架 P-40 战斗机，而这些原本是委员会打算分配给他们的。他推测他们一定对 P-40 的规格有一些"误解"。如果中国人坚持这种态度，他们将使委员会的工作变得"困难得多"。[31]胡适和宋子文迅速采取行动控制事态。他们坚持说杨格、毛邦初和陈纳德对 P-40 战斗机非常有兴趣。11 月 22 日，巴克利向格林报告说中国人正在订购可以在 1941 年 7 月或 8 月完成交付的 P-40 战斗机。[32]

11 月 26 日，宋子文和胡适拜访了赫尔。宋子文强调说，由于中国空军没有战斗机去抵抗日本人"压倒性的制空权"，中国人民越来越气馁。苏联卖了一些飞机给中国，但这些完全不够。由于英国要全力满足自己的需要，中国别无选择，只能求助于美国。除了这些飞机，宋子文还转达了蒋介石想要获得 2 亿～3 亿美元来稳定中国的货币，从而使其政权有能力购买武器和飞机的请求。最后，宋子文表示他坚信日本人正在从中国撤军，目的是向中国以南的邻国发动进攻。[33]

2 天后，11 月 28 日，宋子文向赫尔提交了一份蒋介石的备忘录，通过他转交给罗斯福。备忘录中关于飞机的部分很可能是由陈纳德和杨格负责起草的，剩下的部分则由宋子文负责起草。[34]令摩根索愤怒的是，国务院的官员没有告知他这一重要信息。摩根索要求赫尔以后将所有与财政部有关事务的外交文件都发给他过目。[35]

蒋介石强调，中国的抵抗正日渐虚弱，而敌人对中国周边英国和其他欧洲国家殖民地的威胁正日益上升。日本人已经意识到，既然不能主宰全中国，他们不妨从中国撤军，调动兵力入侵法属印度支那、马来亚和荷属东印度群岛。蒋介石声明，中国没有资源，无法长期将这些日本军队困在中国境内。苏联已经停止提供飞机，从9 月起，日本的新型战斗机比任何中国人能驾驶升空的飞机都先进。要迫使日军滞留在中国，蒋介石需要飞机，而且是很多的飞机。他说，"经验表明"，一支 500 架飞机的突击部队可以遏制四倍于己的敌人空军力量。[36]有人可能会问这个比例从何而来？这可能来源于陈纳德，但他是根据谁的经验、在什么战场而得出这个判断？在两次世界大战期间，那些狂热推崇空军力量的人没有确凿的证据能支持他们的理论。

蒋介石希望美国和英国政府能提供飞行员和飞机，组成一支"特别空军部队"，阻止敌人对新加坡发动春季攻势。[37]中国可以将这支特别部队的基地设在沿海，以威胁日本、台湾和 1939 年被日本人占领的海南。如果这样驻扎的话，空军部队就可以"最有效地威慑日本对新加坡和荷属东印度群岛的进攻"。[38]但是，通过什么方式呢？是攻击日本空军还是像稻草人一样立在那里？似乎一旦蒋介石有了足够的资源，他就会想出如何使用它们。

尽管中国飞行员和机械师在全国各地待命，这支特别空军部队的人员将全部由英国和美国军人组成。至于物流问题，飞机可以在仰光或者印度完成组装，再飞往中国境内的空军基地。蒋介石的备忘录中没有提到需要英国批准允许武装飞机飞越他们的领土进入中国，尽管这绝非已然确定的。替代方案是将飞机部件用船从仰光运往滇缅边境，在那里完成组装。在关于这个问题的另外一份备忘录中，陈纳德说战斗机可以通过水路"轻而易举地装运"到八莫，然后通过公路运到垒允。[39]然而，陈纳德与他的中国同行一样，几乎肯定知道美国联洲航空公司/中央飞机制造厂长期面临将飞机部件从八莫运往垒允的物流困难。

通过强调大英帝国所面临的威胁，蒋介石为自己的需求想出了一个比他原先想到的更有效的理由。他不可能预料到他的策略会引起罗斯福的共鸣，当情报显示日本准备攻击新加坡时，罗斯福越来越为自己承诺过要在远东帮助英国人而担心。

8　罗斯福的困境

自从中日战争全面爆发以来，罗斯福和赫尔始终拒绝被日本的侵略行为激怒，不管这种行为是威胁性的还是已经实施了的。1937年12月，日本人击沉了美国军舰帕奈号（Panay），罗斯福和赫尔拒绝进行反击，他们等待着日本人道歉并给予赔偿。1938年，汉口和广州沦陷后，关于蒋介石政权濒临崩溃的传闻不胫而走。如果中国的抵抗溃败，日本就将向中国周边的英国殖民地推进。尽管如此，罗斯福政府还是作壁上观，任由事态一步步发展。1938年12月，杰西·琼斯宣布2500万美元的桐油贷款，这一时机让记者觉得这笔贷款是对日本侵略做出的反应。然而，陈光甫与摩根索的谈判是从9月就开始进行的：罗斯福希望通过这笔贷款鼓舞蒋介石的士气，促使其继续战斗，但也算计好这不构成对日本的猛烈攻击。

1940年5月荷兰和法国向德国投降，日本人宣布他们将占领法属印度支那、荷属东印度群岛、英国在远东的属地，或者"全部这些地区"。[1]罗斯福和赫尔急事缓办：他们考虑的是对日本实施贸易制裁，以及如何诱导苏联恢复对中国的军事援助。9月，日本加入轴心国，随后入侵法属印度支那北部地区。正如哈罗德·伊克斯当时所指出的，赫尔的政策似乎就是等待日本采取行动而事先什么都不做，但摩根索觉得等赫尔做出反应的时候为时已晚。[2]第二天，罗斯福政府对外宣传将向中国提供 2500 万美元的钨贷款。

1940 年 9 月，媒体再次暗示这笔给中国的新贷款表明某种对日本入侵法属印度支那的警告。实际上，它的条款和内容与那场危机没有直接关系。赫尔是如此急于使中国摆脱斯大林的控制，以至于他允许这笔钨贷款在没有遇到任何"妨碍"的情况下就蒙混过关了。中国人获准用这笔贷款购买武器和飞机，而美国政府则佯装不知。[3]

在总统大选期间，赫尔和罗斯福决定不给外界留下任何他们担心会与日本开战的印象，以免让选民认为罗斯福会让这个国家卷入远东战争。然而在他再次当选后，罗斯福开始密切关注日本的侵略。美国驻泰国大使休·格兰特（Hugh Grant）发来泰日"合作"的情报，随后又有其他情报表明日本将在 1941 年春天向新加坡发起进攻。罗斯福和赫尔确信需要采取先发制人的措施。罗斯福有史以来第一次认真考虑对日本采取军事行动，这完全不同于之前对日本威胁的认识。

11 月 29 日，一个周五的早上，罗斯福打电话给摩根索，告诉他自己为中国感到担心，"蒋与汪之间发生了一些事情"。罗斯福"极其机密地"提到他将命令部分美国舰队前往菲律宾南部。尽管这一命令从未付诸实施，他想这么做这一事实本身已经表明他大幅度改变了过去长期执行的政策。几十年来，战争部一直认为菲律宾是无法防御的，因此拒绝了要将美国舰队中的驱逐舰部署在那里的提议，更别提地面部队和现代战斗机。

罗斯福坚持立即宣布向中国提供有史以来最大的一笔贷款，总额为 1 亿美元。他希望摩根索从美国平准贷款（the US Currency

Stabilization Loan）中提供5000万美元（摩根索以前抵制过这样的做法），杰西·琼斯则从联邦贷款管理局里提供剩下的部分。[4]罗斯福希望在24小时内就这笔巨额贷款发表声明，即1940年11月30日，周六，日本与汪伪政权原本预定在这一天签署《日本国与中华民国关于基本关系的条约》。[5]罗斯福强调，选择那天宣布这笔新贷款对他而言是一件"生死攸关"的大事，因为再耽搁下去"可能意味着在远东开战"。[6]

罗斯福和他最主要的外交政策亲信萨姆纳·威尔斯相信这份声明的宣传价值。如果美国总统能在恰当的时候表明他对蒋介石政权的信心，那他将对中国和日本都产生巨大的心理和政治影响。两个人都觉得通过宣布这笔有史以来最大的对华贷款，可以鼓舞中国人的士气，激励中国军人加倍努力抗击日军。深陷中国抗战泥沼的日本人就不能再调动军队，向马来亚和荷属东印度群岛发动攻势了。[7]

摩根索不能理解，为什么总统的新闻稿不能等到12月2日（周一）发表，因此他打电话给赫尔，想知道发生了什么事。赫尔证实"远东发生了紧急情况"，所以罗斯福才"这么着急"。[8]他没有进一步说明这一紧急事件的确切情况。摩根索说他会在每周的内阁例会上提出整个问题，也就是他俩在当天下午2点要参加的那次会议。

第一项议程就是蒋介石的备忘录，尽管除了罗斯福和赫尔，谁也没见过这份备忘录。[9]正如哈罗德·伊克斯在他的日记中所写的，罗斯福希望"立刻"向中国提供1亿美元的贷款：他似乎准备在中国人交付钨和其他商品之前预付货款，而这些货物可能永远都不会送达。[10]罗斯福再次强调，这笔巨额贷款中的一半资金将出自联邦贷款管理局，剩下的则出自平准基金。他希望摩根索立即着手处理并安排贷款，不必咨询国会的银行和货币委员会。

这一要求使摩根索左右为难。他曾承诺，如果总统想利用平准基金来支持一个处于战争状态的国家，要是没有得到国会的实际许可，那他将向国会寻求指导。[11]正如伊克斯写道，摩根索试图说服罗斯福推迟宣布，这样他就有时间咨询国会。摩根索害怕如果他没有履行自己的承诺，没有在动用平准基金帮助中国前咨询相关的国会委员会，这将会"毁了他，并使他不可能再在其他问题上与国会接洽"。[12]伊克斯记录到，眼看着自己与国会的关系将遭到破坏，摩根索处于如此"悲伤的精神状态"，因此他一回办公室就"用双手撑着脑袋"坐在办公桌旁，随后就回家睡觉了。伊克斯评论说，摩根索几乎完全依赖于总统，总是想要取悦他。[13]

伊克斯也记述了他们在向中国出售飞机的问题上达成的共识。由于中国在可打击日本的范围内建有机场，如果出动足够数量的飞机，他们就可以让燃烧弹"像雨点般落在"那些日本城市的木房子上。那么，日本人就能最明确地知道战争意味着什么。此外，每个人都"相当明白"日本人"天生就不是当飞行员的料"……并且"不能对付其他国家的飞行员，当时的观点是中国可以得到所有它用得上的美国飞行员……看起来好像我们终于到了真正帮助中国的地步，甚至可能给他们提供一些轰炸机"。[14]直到珍珠港事件爆发前，罗斯福政府的对日空军战略就是建立在这些偏见和假定之上的。

不仅情报的内容有所变化，罗斯福对这些情报的理解也发生了变化。首先，与过去相比，这些报告的内容似乎更令人恐慌。1940

年11月28日，休·格兰特再次引用了一个可靠的消息来源，称泰日之间将建立一个符合日本东亚"新秩序"的秘密军事同盟。如果日本能在泰国随心所欲，那么他们的坦克就能不费吹灰之力进入马来亚。格兰特暗示，泰国政府在与法属印度支那的边界争端中得到了日本的援助，从此它就受日本支配。格兰特的警告和宋子文曾说过敌人正在从中国撤军，以便向中国的南部邻国发起进攻的情况是一致的。[15]

据说德国也在幕后活动。11月30日，萨姆纳·威尔斯把他对罗斯福说的话告诉了摩根索：德国正在向蒋介石施压，要求他顺从日本；由于日本正式承认了汪伪政权，中国人濒临"真正的心理和精神沦丧"的边缘。因此，罗斯福宣布这笔大额贷款可以起到"立竿见影的反作用"，关键是要尽快这样做，因为推迟几天就会削弱这种影响。[16]

在与摩根索的对话中，宋子文重复了萨姆纳·威尔斯的观点。他坚持说汪日条约造成了非常严重的局势，给蒋介石政权施加了前所未有的压力。根据宋子文的说法，德国外交部长里宾特洛甫曾经告诉中国驻德国大使，德苏和解能使前者腾出手来打败英国，这样中国就不能向英国或美国寻求帮助了。在其他轴心国被迫承认汪伪政权前，蒋介石最好先与日本达成和解。如果蒋介石这么做，德国能确保日本不会违反它的条款，这样德国就能保证中国的生存，以及蒋介石的领导权。[17]出于以上这些原因，宋子文赞成罗斯福应该在11月30日——日本与汪精卫傀儡政府签署新协议的那一天宣布向中国提供1亿美元的贷款，"（美国）现在给予的任何援助都能在政治上和心理上产生很好的效果"。[18]

11 月 30 日，周六早上，摩根索在他的幕僚面前评论起了罗斯福异乎寻常的紧迫感。他指出："这样的事情以前也发生过，但没人料到美国会这么快采取行动。"哈里·怀特也认为蒋介石和中国人"让局势看起来比实际情况更糟糕"。[19]在场的每个人都希望罗斯福能让杰西·琼斯的联邦贷款管理局负担全部 1 亿美元。原则上，平准基金的作用是在动荡时期扶持美元，而不是在战争时期援助失败的盟友。另一位同事，梅尔·柯克伦（Merle Cochran）指出，中国的货币相当稳定，因此没有必要借给中国人资金去支撑他们的货币或从美国购买更多的商品。实际上，由于日本人封锁了从中国和法属印度支那到中国西部的铁路运输，中国人甚至都不能收到那些已经运输在途的军用物资。[20]最后，摩根索指出，尽管宋子文将日本对汪伪政权的承认视为严重的状况，他决不会坚称蒋介石会因为这个原因而威胁要与日本人和解。[21]他显然怀疑罗斯福出了什么事，但不能确切地指出到底发生了什么。

摩根索还不知道那些罗斯福大概已经透露给赫尔和萨姆纳·威尔斯的情况，他在新加坡问题上面临着严重的困境。他的大部分顾问都知道英国首相丘吉尔希望美国将大部分美军舰队驻扎在新加坡，以便威慑日本，使其不敢入侵马来亚和荷属东印度群岛。丘吉尔认为，如果美国能在新加坡和夏威夷驻扎一些驱逐舰，他就不必将皇家海军从大西洋和地中海的主战场调拨过来。

然而，美国参谋长联席会议却坚决反对派遣任何军舰前往新加坡。1940 年 11 月，海军上将哈罗德·斯塔克在"D 计划"（Plan Dog）备忘录中概述了自己的"欧洲优先"战略。他主张美国和英国应当集中全力击败德国和确保英国的生存。斯塔克坚称，即使日本进攻美国或同盟国在远东的属地，比如菲律宾和新加坡，美国也必须等到欧洲战场取得胜利后才在太平洋上与日本开战，夺回失去的地盘。[22]

陆军完全同意哈罗德·斯塔克的看法。11月29日，马歇尔在评论"D计划"时说得更直白：政府应当集中全力确保英国的生存、打败德国和在大西洋上采取有效行动，"就马来西亚而言，我们应当避免让我们的兵力分散到那个战场"。[23]

然而，罗斯福似乎准备否决他的军事顾问提出的这一战略并派遣驱逐舰前往新加坡。在克制了这么多年后，究竟是什么促使他考虑采取这种有可能导致与日本开战的行动？

美国历史学家弗雷德里克·马克斯（Frederick Marks）在英联邦领导人和其他政客的私人文件里发现了一些证据。在滇缅公路危机期间，罗斯福曾秘密向丘吉尔保证，如果新加坡或英国在远东的其他殖民地受到日本攻击的严重威胁，他将部署美国海军保护这些英国属地，特别是新加坡。[24]10月的第一个星期，罗斯福在说到日本时显得异常激动：白宫内的秘密录音机录到他一边敲桌子一边威胁说如果日本做出任何"蠢事"，他就要反击。[25]10月10日，海军上将詹姆斯·理查森（James Richardson）提醒海军部长诺克斯，说总统准备把国家拖入战争，尽管海军还没有准备好战斗。[26]罗斯福咄咄逼人的态度和其他的言论表明，丘吉尔已经准备好在1940年10月18日重新开放滇缅公路后直面日本的报复行动，因为他有信心会得到美国海军的支持，阻止敌人对新加坡发动可能的攻击。[27]

在一封由英国驻美大使洛锡安勋爵起草，以丘吉尔的名义写给

罗斯福的至关重要的信中，可以看到更明确的证据，表明丘吉尔从
罗斯福那里得到了这样的保证。丘吉尔指出，远东地区"已经在
你们防御极权主义侵略的区域内了"。[28]"已经"暗指他与罗斯福达
成的协议：由美国军队负责抵抗日本对英国及美国在远东领地的进
攻。然而，美国的参谋长们曾明确表示：如果菲律宾落入敌手，在
欧洲战场获胜前美国都不会去夺回它。只有在欧洲战场获胜之后，
同盟国才会集中全力击败日本。

尽管如此，如果日本真的调集军队向南进攻马来亚，那么对罗
斯福而言，政治和战略风险都会高到危险的程度。首先，如果他让
海军卷入与日本的正面冲突，他就打破了自己对美国选民做出的竞
选承诺，即他不会将年轻人派往战场。其次，如果他派遣军舰帮助
英国保卫新加坡，就与自己宣称的只有出于自卫时美国才会与日本
开战的说法相矛盾。再次，他将违背他的那些高级军事顾问的建
议，他们认为美国应该先集中全力帮助英国打败德国和意大利，然
后再对付日本。最后，那些军事顾问没有把握美国军队目前有能力
赢得对日战争。

这个时候最重要的是罗斯福本人的看法。如果他认为存在一个
对新加坡的真正威胁，那么它实际上就存在，这一威胁会迫使他兑
现对丘吉尔的承诺。因此，他必须找到一个威慑物以减轻自己的负
担。起初，他和顾问们希望那笔迄今为止数额最大的贷款或许能发
出一个强有力的信号，足以增强中国的抵抗力并阻止日本进一步侵
略。然而，蒋介石使他相信，要破坏敌人入侵新加坡的计划，需要
的不仅仅是贷款。

1940 年 12 月 1 日，罗斯福收到了蒋介石发来的备忘录，备忘

录里提到了以下情况：日本人已经意识到他们永远不能征服中国，因此他们决定逃离中国，开始向亚洲其余地方扩张。[29]在蒋介石看来，唯一能阻止日本入侵英国和欧洲大陆国家在亚洲的殖民地的方法是部署一支能对抗他们的强大空军。罗斯福和赫尔也正在改变观点，认为飞机能以某种方式阻止日本推进，尽管不是以蒋介石所设想的那种方式。11 月 30 日，罗斯福和内阁成员讨论了用燃烧弹轰炸日本的可能性。摩根索一贯急于取悦总统，他主动提出由他来解决罗斯福的困境。他想出了一个以轰炸迫使日本投降的方案，这样就能打乱敌人在新加坡的计划，也不需要派遣美国海军去那里了。

9　轰炸日本

1940 年 12 月 2 日，星期一，罗斯福从华盛顿出发，登上塔斯卡卢萨号（Tuscaloosa）军舰，开始了他准备已久的海上航行。一方面是为了从总统竞选的劳累中恢复过来，另一方面是为了视察美国在加勒比海地区的海军设施。他满脑子想的都是西半球的安全问题，而把远东问题丢给了他的内阁成员。出发前，他几乎肯定让摩根索了解了他们面临着被迫要派遣美国驱逐舰阻止日本进攻新加坡的风险。

那天下午，摩根索接待了来访的英国驻美大使。一星期前，洛锡安勋爵自伦敦返美，他对着一大群记者宣布英国需要船只、飞机和军火，以及"或许还需要少量的财政援助"。美国媒体看穿了英国人轻描淡写的说辞，头条新闻都宣布英国破产了：英国财政部为了支付购买美国军备的费用，几乎用尽了他们所有的现金储备。现行的美国法律禁止英国政府通过贷款购买武器。如果金钱对战争的影响像武器一样大，那么英国即将输掉战争。[1]摩根索听着英国大使悲观的言论，随后突然改变了话题。他透露计划卖给蒋介石 300 ~ 400 架远程轰炸机，并让中国飞行员在美国接受驾驶这些飞机的训练，条件是中国轰炸日本。洛锡安勋爵似乎非常感兴趣，并说自己会和宋子文商量一下，然而他却把这件事上报给了伦敦。[2]

12 月 7 日，洛锡安勋爵告诉摩根索，英国外交部认为轰炸日本的想法不切实际并且具有挑衅性，理由是如果日本受到攻击，它一定会更强硬地反击。[3] 第二天，摩根索向宋子文提出了自己的想法。他告诉宋子文"要求 500 架飞机就像要求 500 颗星星一样"。尽管如此，倒是有可能卖给中国 300～400 架远程轰炸机，在他看来所产生的影响是与提供蒋介石要求的全部飞机一样大的。摩根索将让中国飞行员在美国接受训练，前提是中国用这些飞机"轰炸东京和其他大城市"。他记着洛锡安勋爵的评论，询问宋子文是否担心会遭到日本的报复。宋子文回答说反正日本一直都在轰炸中国，轰炸东京正好给了中国一个"反击"的机会。[4]

这就是摩根索轰炸东京方案的奥妙之处。美国提供航空武器，而由中国承担责任。摩根索和其他内阁成员从来没想过，帮助中国人轰炸东京可能不会导致日本人崩溃。他们从来没有想过轰炸行动可能会失败，或者即使成功了，敌人也可能同时对美国和中国实施反击。

12 月 8 日，摩根索已经意识到训练中国飞行员需要花费太长的时间，因此他向宋子文保证他会找到美国飞行员来担此重任。他要求宋子文以绝对保密的方式让蒋介石知晓美国正准备提供给他一些远程轰炸机。如果中国人轰炸了日本，"这将改变远东的整体局势"。[5]

尽管摩根索宣称他并没有与罗斯福讨论过这个方案，但他"暗示"这是总统的主意。正如他在一份档案的备注中所写，罗斯福曾经提到"如果中国人能轰炸日本的话就太好了"。[6] 11 月 30 日，内阁会议曾经讨论过使用燃烧弹轰炸日本，以及向中国提供的大额贷款。看来很有可能罗斯福在会议上提出了让中国去轰炸日本的想法，希望在他度假的时候他的属下能制定出一个能实现这个目的的方案。

之后几天，摩根索认为他是唯一一个为此事奔波的人。然而，12月10日早上他拜访了赫尔，让他高兴的是，赫尔主动提出应该以空军实力来吓跑日本人：要么派500架美国飞机组成机群从阿留申群岛起飞，飞越日本上空；要么让中国人在东京投下一些炸弹。摩根索承认他已经许诺要给宋子文和蒋介石一些远程轰炸机。

他们讨论的这款轰炸机就是波音B-17，也被称作"空中堡垒"（Flying Fortress）。赫尔想知道这些飞机怎么交付。摩根索推测说它们可以先飞到夏威夷，随后飞到菲律宾，再继续飞往中国。[7]他俩都对陆军航空队在部署B-17轰炸机时面临的问题一无所知。理论上它的空载航程大约是3000英里，但装载6000磅的炸弹后只能飞行2000英里。1941年1月初，一架轰炸机以190英里的平均时速飞越了美国。然而，由于遭遇强风和冰冻，它不得不下降到大约7000英尺的高度，而不是保持在15000英尺的预期高度。如果将它部署在战区，这样的性能不太理想。[8]陆军航空队甚至没有尝试过让B-17轰炸机飞越太平洋，他们只有在1941年春天战争部决定加强菲律宾的防御力量后才进行了这一试验。

当摩根索在推动轰炸方案的时候，中国代表团催促要更多的战斗机。到目前为止，总统联络委员会只能拿出20架P-40战斗机卖给中国政府。12月5日，杨格与乔·格林讨论了这个问题，并提醒格林中国人更希望直接与飞机制造商打交道，而不通过中间商，比如美国联洲航空公司的鄙雷。当着杨格的面，格林打电话给柯蒂斯－莱特公司的总裁盖伊·沃恩（Guy Vaughan），讨论杨格担心的飞机经纪人问题。沃恩直截了当地说联洲航空公司拥有一份独家代理他的公司在华业务的长期协议。以这种方式在中国做生意是很有必要的，"这样他的公司就不必因为支付小费和佣金而玷污自己的双手，而不这样做的话根本不能和中国政府做成任何生意"。尽管他很愿意和杨格洽谈，但是中国政府必须与联洲航空公司签订合同。[9]

中国人很快得知他们能得到 50 架 P－40 战斗机，这个数目仅为蒋介石要求数量的 1/10。[10]12 月 13 日，蒋介石起草了一封长信，通过宋子文转交给罗斯福。蒋介石坚持说他需要一支庞大的空军部队对敌人进行大规模反击。在他看来，500 架新型的美国战斗机可以摧毁 1500 架敌机——约占整个日本机群的一半，"故目前消除日本在太平洋上侵略之祸患，根本之计无逾于此"。[11]

这个比例从何而来？它很可能又是来自陈纳德，但没有事实根据。对于空军力量的推崇者而言，就像大卫对抗歌利亚，如果他们拥有合适的武器、技能和勇气，少数就能创造奇迹战胜多数。

12 月 16 日，罗斯福从加勒比回来了，他精神焕发并且满怀热情地期待一个具有开创性的新方案。他在船上时就收到了丘吉尔发来的一封重要书信，这封信的内容与洛锡安勋爵 1940 年 11 月起草的那封信几乎完全一样。丘吉尔明确表示英国已经用光了所有的现金，除非能够防止近在眼前的财政危机，否则一切战争努力都将注定失败。罗斯福对此苦思冥想了很久。12 月 17 日，他在与摩根索共进午餐时建议说美国政府应该"不拘泥于美元"而让英国得到他们需要的一切，他们可以在战胜德国后以实物偿还。[12]那天下午，他召开新闻发布会概述了租借（lend-lease）或是借贷（lease-lend）方案的原则，当时这一方案尚未正式命名。这一新的法案可以推翻先前所有禁止英国用贷款购买美国军火的法律。摩根索的任务是尽快起草一份议案并提交国会讨论。

12月16日，预料到罗斯福将回到华盛顿，战争部长史汀生、海军部长诺克斯，以及两位参谋长马歇尔和哈罗德·斯塔克在一起详细讨论了"在近期确保英国生存"的政策。[13]毫无疑问，他们都认为日本想要向新加坡推进。为了阻止敌人，他们提出了一些有点相互矛盾的建议。一方面，英国人应该在新加坡部署更多的飞机和船只；另一方面，他们应该在1941年的1月和2月给中国一些飞机。在马歇尔看来，让中国人拥有一些轰炸机和战斗机，"对于阻止日本陆军为了在马来亚采取可能的行动而从中国撤军有非常重要的作用"。[14]

中国人也继续强调英国所面临的明确而紧迫的危险。12月16日，宋子文将另外两封蒋介石的备忘录交给了摩根索。蒋介石警告说，轴心国将同时对直布罗陀、苏伊士和新加坡发起进攻，因此，"为了应对新加坡面临的威胁，我们有必要使战火延伸到日本本土。为了这个目的，我非常渴望能够得到您能拨出的尽可能多的最新型'空中堡垒'轰炸机，它们可以从我们的空军基地起飞，有效地轰炸日本所有的重要中心，骚扰他们的舰队和交通工具。这对已经非常分裂和沮丧的日本人所产生的影响肯定是深远的"。[15]

蒋介石轻而易举地利用了眼前的局势，因为美国政府内的每一个人似乎都确信这一次狼真的来了。他们都赞同为了阻止日本进攻新加坡，蒋介石应该拥有战斗机，但它们不能来自美国陆军航空队。12 月 16 日，马歇尔决定给中国的飞机必须从分配给英国的飞机中拨出。现在唯一的问题就是提供多少架、什么类型的飞机。

12 月 18 日，摩根索打电话到白宫，要求安排与罗斯福见面，商谈蒋介石发给他的"绝密信息"。让他大吃一惊的是，罗斯福亲自接了电话。他告诉罗斯福，蒋介石想要轰炸日本，罗斯福回答说："太好了，那就是我这四年来一直在念叨的事情。"[16] 第二天，摩根索又与罗斯福仔细讨论了一遍"整个中国问题"，两个人都非常兴奋。摩根索认为，相比于目前希腊和英国军队在地中海东部地区的对德战争，轰炸东京对国际局势的影响要大得多。罗斯福赞同地说："大得多，大得多。"[17]

在 12 月 20 日星期五召开的每周内阁例会后，罗斯福与"附加的四人"（Plus Four）史汀生、诺克斯、赫尔和摩根索讨论了轰炸方案。他要求他们"制定出一个方案"，且不必等待进一步的授权。[18] 这一点很关键：罗斯福仅仅希望由他们去完成任务，而不是被迫执行他制定好的方案。这样一种总统与他的内阁成员间的工作安排，与罗斯福的管理风格是一致的。相比于探究具体细节，他更喜欢讨论大局问题，他不喜欢那些正式的协商过程。[19] 史汀生认为他对于临时措施和非正式协商的喜爱"让政府疲于奔命"。[20]

罗斯福问诺克斯他是否有大型的四引擎"水上飞机"，能代替"空中堡垒"执行轰炸任务。[21] 这一询问显示罗斯福没什么兴趣从陆军那里调拨轰炸机。一个月后，罗斯福还是认为应该由海军，而不是陆军来领导制定将来轰炸日本的方案。[22]

那天晚些时候，摩根索给宋子文带去了好消息：他已经把蒋介石的信交给了罗斯福。总统"真的很高兴，特别是关于轰炸机的部分……总统说这正是他四年来一直梦想的事情"。所以，罗斯福已经同意了摩根索提出的利用中国的空军基地对东京进行轰炸的主意。

12月21日（星期六）晚上，摩根索邀请宋子文、毛邦初和陈纳德一起讨论这个方案。摩根索向他们保证，尽管陆军反对，罗斯福还是会想办法为中国弄到一些四引擎的轰炸机。[23]宋子文坚持说轰炸机比战斗机更重要，但陈纳德和毛邦初指出需要有战斗机来护卫轰炸机。他俩都强调需要至少130架战斗机来保卫中国境内那些可能的轰炸机基地，另外还需要100架战斗机保护滇缅公路，以免遭受日本可能从法属印度支那发起的空袭。摩根索同意最低限度是给100架轰炸机，"因为十到二十架战斗机没什么用"。[24]

中国人优先考虑的仍然是轰炸机，摩根索也一样，他建议陆军航空队必须为这项任务提供一些机务人员，每人每月大概得到按汇率计算1000美元的报酬。随后，陈纳德提出了航程的问题。理论上，这些轰炸机应该驻扎在中国非沦陷区的机场（靠近东南沿海），以便对东京发动突袭并安全返回基地。然而诸如洛克希德·哈德逊（Lockheed Hudson）这样的轻型轰炸机航程只有1100英里。正如陈纳德所指出，从中国东南沿海到东京的距离是1200英里，这样就无法对东京发起空袭。尽管如此，中型轰炸机或许可以飞到长崎、神户或大阪。摩根索忽然问陈纳德，他是不是在做"白日梦"：在中国非沦陷区的不同机场间转移这些大型轰炸机怎么能瞒得过日本人？陈纳德坚称它们可以到处转移并在敌人发现并在停机坪上摧毁它们之前就造成大面积破坏。

蒋介石完全明白在那个时期从中国向日本发起进攻是不可能

的。在一封写明 1940 年 12 月 23 日发给宋子文的电报中，蒋介石指出：第一，除非"空中堡垒"轰炸机有战斗机护航，否则敌人很容易就能将这些轰炸机击落。他也可能早知道 P - 40 战斗机的航程只有 650 英里，远远不够飞到东京。第二，正如他向宋子文所指出的，中国空军部队还没有在沿海附近建造一个能支撑得了"空中堡垒"重量的机场。他估计最早在 1941 年 3 月底方能建成一个这样的机场。

中国代表团不想改变摩根索或其他美国官员，关于轰炸日本以阻止它入侵新加坡的想法。这个轰炸日本本土的设想所产生的奇妙作用在于，让国民党人第一次真正有机会从美国政府手中得到轰炸机，用于轰炸在华日军，甚至很有可能轰炸共产党军队。

最终是史汀生唤醒了摩根索和其他人的白日梦。12 月 22 日（星期日），他在日记中写道，宋子文和他的同胞希望策划一次对日牵制行动，以此帮助中国并"可能阻止日本进攻新加坡。摩根索和赫尔对此很积极。总统前几天也提到了，就在周四的会议后"。史汀生首要的考虑是，这个方案对他所在部门的影响。若执行此方案，将从陆军航空队中调拨走宝贵的轰炸机。在 12 月 19 日的内阁会议讨论这个轰炸方案时，史汀生认为它"不完善，没有考虑周到。这是中国战略家的计谋，而不是深思熟虑的美国策略"。这就是为什么他要召集一次会议，"在我们被卷入其中之前，让一些头脑成熟的人参与进来"。[25] 史汀生选择性地忘记了这恰恰是一个由美国总统及其内阁成员策划的考虑不周的美国策略。

12 月 22 日晚上，摩根索、马歇尔和诺克斯抵达史汀生位于华盛顿西北部伍德利（Woodley）的宅邸。史汀生让马歇尔发言，后者历数了将轰炸机浪费在中国人身上的所有弊端，并称英国人能更好地利用这些轰炸机。马歇尔提出了一个替代方案，即让英国让出一部分战斗机给中国。摩根索同意与马歇尔一起制定一个新的方案，在卖给中国战斗机而不是轰炸机的基础上，实现阻止日本"南进"的目的。[26]只要这些飞机是从英国的储备而不是陆军航空队中调拨，马歇尔就非常愿意制定一个新的方案，破坏日本进攻新加坡的图谋。

10 给中国的 "战斧" 战斗机

马歇尔想要调拨给中国的战斗机是 P - 40 战斗机的出口版，型号为 H - 81A。这款战斗机是 1940 年 12 月柯蒂斯－莱特公司在其位于纽约州布法罗（Buffalo）的工厂严格按照英国的规格要求生产的。那时，该公司的管理人员和英国人都将其命名为 "战斧"（Tomahawk），或者更精确地说，是 "战斧 II"（Tomahawk II）。这样的命名显示这是一款特殊的战斗机。

1939 年 4 月，陆军航空队签订了一份采购 P - 40 战斗机的大合同，柯蒂斯－莱特公司于 1940 年春天开始生产这些战斗机。根据常规，该公司应当按照先来先得的原则，为陆军航空队生产完全部的 524 架飞机。然而，1940 年 4 月，战争部遵从了罗斯福的飞机援助政策。因此，陆军航空队同意 1940 年他们只提取 200 架 P - 40 战斗机，与此同时，柯蒂斯－莱特公司将设立一条装配线，专门为同盟国生产改进版的 H - 81A 战斗机。[1]

1940 年 5 月 12 日，为陆军航空队生产的第四架 P - 40 战斗机驶下装配线，四天后它就在从布法罗到纽约世界博览会的示范飞行上亮相了。它的飞行速度大约是每小时 270 英里，但是理论上它的最高时速可以达到 367 英里，至少和英国皇家空军的 "喷火"（Spitfire）战斗机一样快。[2]这款战斗机的生产速度很慢。5 月，陆军航空队收到了 25 架 P - 40 战斗机，6 月收到了 46 架，7 月收到了 40 架。³到 1940 年 10 月初，柯蒂斯 - 莱特公司完成了 200 架 P - 40 战斗机的生产，那一年它没有再为陆军生产更多的飞机。⁴

1940 年 5 月，柯蒂斯 - 莱特公司在布法罗的工厂也开始生产 H - 81A 战斗机。由于法国是第一个签订采购合同的，该公司 1939 年 10 月开始按照法国规格生产 315 架 H - 81A 战斗机。该公司将 H - 81A 战斗机和 P - 40 战斗机描述成完全相同的飞机，机身和动力装置（艾利森液冷发动机）相同。⁵法国版飞机用的是 V - 1710 - 33 型，美国陆军版飞机用的是 V - 1710 - C15 型，以其简称 C 发动机而闻名于世。这两个型号战斗机的机首都安装了两挺 .50 口径的机枪。不过，它们在其他方面有区别。法国版 H - 81A 战斗机驾驶座上的装甲钢板更重，油箱外部覆盖有橡胶保护层，以防子弹击穿，另外还在两个机翼上各装有两挺勃朗宁（Browning）.303 口径的机枪，因此共有 4 挺机枪。陆军航空队版的 P - 40 战斗机只有两挺机枪，即在两侧机翼各装有一挺 .30 口径的机枪。因此，陆军版的 P - 40 战斗机与法国版的 H - 81A 战斗机相比，稍微轻些，速度也更快些。⁶

1940 年 5 月法国沦陷后，英国人迅速采取行动，以免法国在美国订购的所有飞机落入维希政权之手。英法采购委员会解散了，英国采购委员会接管了所有的法国合同并雇用了让·莫内。⁷从那时起，柯蒂斯 - 莱特公司为法国生产的全部飞机都将运往英国。

整个 1940 年的夏天，柯蒂斯 - 莱特公司都在继续按照法国的规格生产 H - 81A 战斗机。8 月 6 日，英国采购委员会将第一架法国版飞机运往英国，随后运走了更多的飞机。英国空军部很快发现，要将这些法国版的飞机改造成英国皇家空军能使用的飞机非常耗费时间，其中最大的一个区别就是武器。英国皇家空军要求在机翼上安装四挺柯尔特（Colt）.30 口径机枪，而不是法国空军所使用的勃朗宁.303 口径机枪。几个星期后，英国采购委员会才将这个缺陷反馈给柯蒂斯－莱特公司。在此期间，布法罗工厂已经生产了 140 架法国版 H－81A 战斗机，随后英国采购委员会叫停了这条飞机装配线。

1940 年 10 月中旬之后，柯蒂斯－莱特公司按照英国皇家空军的规格生产了剩余的 175 架"原属法国的"H－81A 战斗机，这些飞机机身上标注有从 141 到 315 的序列号。[8]到 11 月中旬，布法罗工厂完成了全部 315 架原由法国 1939～1940 年订购的 H－81A 战斗机的生产。从第 316 架飞机开始，就是严格按照英国合同生产的，需要再生产 765 架"鹰式"战斗机。[9]

直到 1940 年 11 月初，柯蒂斯－莱特公司与英国采购委员会一直都将 H－81A 战斗机称为"战斧"。[10]然而，英国采购委员会根据自己的登记规则进一步改进了命名方式。它决定将全部根据法国订单生产的 315 架飞机称为"战斧 I"，即使第 141 号到 315 号 H－81A 战斗机实际上是根据英国皇家空军的规格生产的，但它还是这么命名了。[11]第 316 号及之后编号的所有"战斧"战斗机都被命名为"战斧 II"，因为它们此前一直是属于一批严格分配给英国的飞机。英国采购委员会将这些名称缩写为"战斧 I"和"战斧 II"。[12]美国工程师在提到"战斧 II"时，称其为 H－81A－2。[13]

1940 年 9 月，柯蒂斯－莱特公司增加了"战斧"战斗机装配线的产能，以便用完全部库存的艾利森 C 型液冷发动机，研发动力更强的艾利森 F 型发动机所需的时间比预期长。1940 年夏天时，这条装配线的生产率是每天 6 架；到了 1940 年 11 月至 1941 年 1 月，生产率已经提高到平均每天 8~10 架。总统联络委员会经战争部同意，允许英国买走所有这些额外的产量。然而在 1940 年 12 月，柯蒂斯－莱特公司已经向总统联络委员会和英国采购委员会保证，它可以额外生产 300 架"战斧"战斗机，提货时间为 1941 年 5 月至 6 月。英国采购委员会立刻希望独占之后生产的全部飞机，以便为英国皇家空军提供总计 1180 架 H－81A 战斗机，其中 880 架完工于 1941 年 3 月前，300 架完工于 1941 年夏天。[14]

要将这些装备完整、功能齐全的"战斧"战斗机运往英国，柯蒂斯－莱特公司面临着数不清的困难。第一，当时各种物资都严重短缺。1940~1941 年的冬天，运到英国的飞机机体（包括机翼和机身）缺少螺旋桨或没有正确数量的工具包和枪支。从长远来看，最严重的短缺是没法运输备用部件。[15]第二，H－81A 战斗机还没有完全实现标准化生产。从某种程度上说，每架飞机都是单独生产的，有些部件甚至不可互换。比如，安装在机翼与机身连接处的整流片就不是以完全相同的式样钻孔的。[16]

每架飞机都进行了大量的测试，结果显示存在一系列缺陷。一些缺陷很容易纠正，另一些则很难处理。英国皇家空军和美国陆军航空队发现 H－81A/P－40 战斗机着陆时很容易发生打地转（ground－looping），即使飞行员是在近乎完美的天气状况下降落飞机，也会发生这种情况。[17]另外，碰撞事故频发。到 1941 年 2 月，陆军航空队预测在其剩余的 175 架 P－40 战斗机中，有很多将因为缺少备用部件而不能使用。[18]

柯蒂斯－莱特公司试图找出导致这款战斗机难以着陆的原因。根据该公司的资料，飞行员发展出一种新的着陆技巧，解决了打地转这个问题。以前驱逐机着陆时，飞行员会习惯于在下降过程中让发动机熄火并依靠重力作用使飞机降落。后来，飞行员发现让 P－40 战斗机在飞行状态下降落，依靠前两个轮子着陆，随后让机尾缓慢落下，这样的方式更安全。[19] 一位陆军航空队的飞行员这样描述自己避免飞机打地转的方法：让飞机以每小时 110 英里的速度滑翔，保持向前推进操纵杆，用飞机的前轮高速着陆，同时机尾高高翘起。[20]

1941 年 3 月初，柯蒂斯－莱特公司的布法罗工厂完成了英国订购的 880 架"战斧"战斗机的生产。后来飞虎队驾驶的 P－40 战斗机都是"战斧 II"（H－81A－2S）战斗机。最后一架驶下装配线的飞机的序列号是 MSN 15972。从 1941 年 1 月到 3 月初，柯蒂斯－莱特公司每天都拨出几架"战斧"，以便运往中国。[21]

在为英国生产完最后一批"战斧"后，柯蒂斯公司重新开始生产陆军航空队之前订购的 P－40 战斗机。[22] 在接下去的两个月左右时间里，分两批共生产了 324 架 P－40 战斗机。第一批 131 架战斗机，它们的序列号紧跟在"战斧 II"之后，即从 MSN 15973 号到 16103 号。第二批 193 架战斗机，序列号为 MSN 16104 号到 16296 号。[23] 柯蒂斯－莱特公司的工程师将所有对英国版"战斧 II"所做的改进都加入为陆军航空队生产的新 P－40 战斗机中。这些改进非常显著，陆军因此重新命名了最新生产的 P－40 战斗机：第一批称为 P－40B，第二批称为 P－40C。

1940 年和 1941 年，柯蒂斯－莱特公司竭力保持能按计划将

"战斧"运往英国。1941年1月初，英国采购委员会了解到布法罗工厂已经安排了大约500架"战斧"战斗机运往英国：全部315架"战斧I"战斗机和至少185架"战斧II"战斗机。[25]然而到1941年1月10日为止，英国空军部只收到了301架"战斧I"战斗机，1架"战斧II"战斗机也没收到，据说有158架飞机还在运输途中，另外34架则掉到海里了。[26]当时，数百架英国订购的飞机被存放在美国的工厂或港口，在那里等待船只将它们运往英国的情况并不罕见。这都是由于运输物资到英国的货轮短缺而引起的。这些飞机堆积在美国仓库里，一方面导致英国皇家空军缺少飞机；另一方面，正如后来披露的，也对罗斯福政府产生了诱惑，后者希望能从中攫取一些为己所用。

英国可以指望美国以"除了战争以外的一切援助"而给予他们优先于美国军方采购飞机的日子接近尾声了。美国战争部对屈从于英国之下正变得越来越不耐烦，这是可以理解的。在1940年的最后一个季度，陆军航空队收到66架战斗机，海军收到148架，而英帝国收到了675架。[27]美国政府内的另外一些人看到存放在美国港口或工厂里的飞机数量，想着英国已经有了这么多飞机，他们肯定可以匀出一部分给其他更需要的盟友。[28]美国国务院和白宫并不太关心"战斧"是否是一款适合提供给中国或希腊的战斗机。飞机只是他们的工具，以此来鼓舞那些与美国友好但实力软弱国家的士气。

1940年12月初，罗斯福向国务院发出了"强制性指示"，要求向希腊总理梅塔克萨斯（Metaxas）提供一些P-40战斗机，以表示美国对希腊抵抗意大利的支持。[29]在美国政府内部，官员都认为英国应该支持罗斯福的外交政策目标，因为英国已经得到了那么多援助。英国采购委员会的一个成员提醒英国飞机生产部（MAP）："显然，罗斯福总统和国务院对发表一项声明所能起到的精神和心理作用有很大的信心，这项声明的内容是美国和英国正在以下列方式援助希腊：前者加大飞机产量，后者推迟提取已经到了交货时间的飞机。"[30]

摩根索向英国人施压，要求他们在华盛顿广交朋友，屈服于现状并让出 30~50 架"战斧"给希腊。他几乎不假思索地问英国航空委员会（BAC）主席亨利·舍尔夫爵士（Sir Henry Self），什么样的跑道能让一架 P-40 战斗机着陆？舍尔夫回答说这款战斗机非常重，压力很大，因此需要"坚硬的混凝土跑道"。他建议最好还是给希腊一些"霍克飓风"（Hawker Hurricane）战斗机，他们已经知道怎样驾驭这款战斗机了。他说道："'飓风'战斗机可以在奶牛牧场上起飞，P-40 战斗机不行。"[31]

美国陆军断然拒绝把他们剩余的 P-40 战斗机让给希腊。陆军航空队高级军官乔治·布雷特（George H. Brett）向菲利普·杨透露，陆军航空队实际上根本没有"适合作战的"P-40 战斗机。[32]但是，英国的"战斧"战斗机就比陆军航空队的 P-40 更适合实现美国的意图吗？1940~1941 年冬天，没有一架"战斧"战斗机经历过实战的检验。

1941 年 1 月，英国空军部决定将第一批 315 架法国版"战斧Ⅰ"战斗机留在英国，而将所有的"战斧Ⅱ"战斗机运往中东或北非。为了完成这个计划，英国空军部希望柯蒂斯-莱特公司直接将全部的"战斧Ⅱ"战斗机从美国东海岸运往巴西东海岸的某个港口，随后再运往加纳的塔科拉迪港（Takoradi）。[33] 一旦这些飞机在塔科拉迪港组装好，英国皇家空军就将它们运往战区。在 1941 年春天的某个时候，英国皇家空军将组建"战斧"中队，在地中海东部地区作战。[34]

因此，1940 年年底的时候，"战斧"更像是一款样机，而不是一个标准化的武器装备。它还没有在欧洲实战过，竟然就要到中东和北非气候严酷的地带作战。这款新的战斗机在性能和维护方面仍然存在着初始阶段的许多麻烦。如果希腊的机场设施不能满足"战斧"战斗机，那么中国以及诸如马来亚和缅甸这些英帝国偏远殖民地的机场同样不能满足。不过，华盛顿的政策制定者并不关心"战斧"战斗机的技术问题。如果一些"战斧"战斗机转到那些不那么重要的盟友手中，他们也不太担心这会对英军作战产生影响。在横跨 1940 年和 1941 年的那个冬天，罗斯福政府做好了减少对英国的援助，转而帮助希腊和中国的准备。

11 劫英济蒋

1940 年 12 月 23 日，在史汀生家会谈后的第二天上午，马歇尔与他在陆军航空队的同事哈普·阿诺德和乔治·布雷特会面。他们将要审查摩根索的轰炸方案，以及其他能引导日本远离新加坡的替代计划。然而，首先他们必须盘点一下他们手头可用的飞机。马歇尔一开始就声明，战争部支持总统联络委员会，但是曾经分配给英国采购委员会 300 架"超额的"P－40 战斗机，他现在想拿回来一些。[1] 这 300 架额外的 P－40 战斗机是柯蒂斯－莱特公司计划在 1941 年夏天生产的。在马歇尔看来，只能给英国 120 架 P－40，或许可以给巴西 30 架，给中国 150 架。根据马歇尔的判断："驱逐舰（战斗机）在中国的行动将在新加坡附近造成重大影响。"[2] 到底战斗机在中国如何才能做到阻止日本入侵新加坡还尚未可知。马歇尔倾向于这样的看法。

马歇尔概述了赫尔和摩根索提出的中国轰炸方案。如果真的要实施这个方案，英国必须让出 24 架四引擎轰炸机，因为陆军没有多余的轰炸机。他指出，这个方案的支持者认为这些飞机的部件可以先运到菲律宾，在那里组装成飞机，随后再从菲律宾飞往中国。到时将由美国的飞行员和机组人员驾驶这些轰炸机。

哈普·阿诺德和乔治·布雷特认为这个方案意味着浪费轰炸

机，英国人可以比中国人更好地利用这些飞机。哈普·阿诺德指出，几年前中国人曾得到过一批大型的马丁（Martin）轰炸机，但它很快就被日本人在停机坪上击毁了，这次日本人很可能还会这么干。[3]此外，相信一支临时拼凑的机组队伍能驾驶这些大型远程轰炸机是不现实的，因为只有最有经验的飞行员能操控它们。最后，轰炸行动还需要飞机护航，但是没有战斗机或轻型轰炸机能从中国飞往东京。

鉴于此，哈普·阿诺德想要和英国人重新商量这件事，但马歇尔表示反对："这肯定很困难。英国人是古怪的民族。"他列举了从第一次世界大战到目前冲突的许多例子，说明英国人是多么不情愿和盟友合作，特别是当它要与他国分享武器装备和接受除了他们自己以外的战略优先时。此外，马歇尔和罗斯福政府里的其他人担心南美洲可能会出现"第五纵队的情况"①，而英国人对那里毫无兴趣。

马歇尔决定逼英国交出一些飞机。由于没收他们的 P - 40 战斗机可能是违法的，他说："我们必须和英国人讨价还价。如果能解决合法性方面的问题，我想卖给英国人大型轰炸机，换来一些驱逐机给中国。"将原本要给英国的驱逐机转交给中国的根本原因很清楚："我……想要帮助新加坡的局势，是为了避免要将我们的海军分散到那个地方去的压力。他们（英国人）希望我们派遣 9 艘战列舰去新加坡。我希望英国人派一些驱逐舰（战斗机）去那里，干扰日本军队从中国撤军的行动。"[4]当史汀生加入会议时，每个人

---

① 第五纵队，指二战前夕西班牙叛军在纳粹德国的支持下进攻马德里。

都同意从中国出发轰炸日本的方案不能成为一个选项。中国人从错误的角度出发，提出想要轰炸机，他们一开始就应该要战斗机。[5]另外，战争部里没有一个人想承认，这实际上又是一个出自美国总统及其内阁成员"考虑不周"的美国战略。

史汀生和马歇尔立即前往国务院与赫尔、诺克斯和哈罗德·斯塔克会面，商讨如何分配300架"超额的"P–40战斗机。赫尔仍然希望给希腊30架，给南美洲各国120架，其余的给中国。然而，马歇尔认为最好以一种能"起到最好心理效果"[6]的方式分配它们。诺克斯认为既然战争仍然只在欧洲和远东进行，就没有必要提供飞机给南美洲国家。最终，他们将这批P–40战斗机均分给英国和中国，中国将能在1941年第一季度从布法罗工厂提走属于他们份额的飞机。

随后，他们又重新考虑了一下，决定以合二为一的方式提高对英国人的补偿：如果英国立即从他们将在第一季度提走的P–40战斗机中让出100架给中国，那么他们就可以独享将在1941年夏天生产的全部300架超额P–40战斗机的购买权利。这样，从长远来看英国最终将得到300架飞机，尽管从短期来看它损失了100架飞机。[7]

那天稍晚的时候，摩根索会见了英国航空委员会主席亨利·舍尔夫爵士。舍尔夫随后向英国飞机生产部报告，摩根索"强烈要求"英国立即订购全部300架超额的P–40战斗机，因为陆军航空队没有钱订购。[8]更糟糕的还在后头。在那天与"附加的四人"——摩根索、史汀生、诺克斯和赫尔的第二次会谈中，舍尔夫爵士发现作为对在夏天采购全部300架P–40战斗机的回报，他必须立即将100架P–40战斗机转交给中国：1月交50架，2月交

25 架，3 月交 25 架。[9]

当天，菲利普·杨在与舍尔夫的最后一次会谈中解释说，从长远来看，英国"每让出一架飞机，就将收到两架飞机"。舍尔夫对此回复道："这真是令人愉快的声明。"[10]然而，这是一道伪数学题：英国人期望的是得到 400 架"战斧"战斗机，1941 年第一季度收到 100 架以及计划 1941 年夏天生产的全部 300 架"超额"的"战斧"战斗机。这次讨价还价的结果是，他们立刻就要用手头的现款支付 300 架他们在 1941 年夏天或更晚的时候都不能到手的飞机的费用，并且缺少了根据他们的提货计划应该在 1941 年第一季度得到的 100 架飞机。所以从英国人的立场来看，他们根本什么也没得到。

舍尔夫需要以伦敦的上级为掩护，特别是英国飞机生产大臣比弗布鲁克勋爵（Lord Beaverbrook）。他想要三份公开的声明：第一，英国采购委员会仍然需要得到英国飞机生产部的授权才能转交飞机；第二，摩根索应当承认此事需要得到伦敦方面的批准；第三，摩根索是为了中国政府的利益而做出这项安排的。如果伦敦的官员不批准这笔交易，那么罗斯福政府就必须重新制定方案。[11]摩根索觉得这听起来还不错。用他的话来说，不需要在电报中注明"有一个像新加坡这样的地方"的字样。他认为这个观点早已经反复灌输给英国人并被他们接受了。英国必须让出一些飞机给中国，这样的牺牲是为了拯救他们自己的殖民地。[12]

1941 年元旦，摩根索和菲利普·杨与中国代表团再次会面，向他们解释说不能给他们远程重型轰炸机，但是可以给一些 P - 40 战斗机。摩根索小心地探询毛邦初和陈纳德他们可能需要多少架战斗机。[13]毛邦初说需要36架战斗机,足够组成三个飞行中队,每个中队9架飞机,外加备用机。[14]毛邦初想要用这些战斗机保护滇缅公路,免受日军的空袭。[15]

在这次会谈中,摩根索强调此事必须严格保密:"如果我现在对你们说的任何话出现在报纸上,或者你们说出曾经和我讨论过这件事,我就会说我从来没有见过你们。"[16]碰巧,摩根索错过了《纽约论坛报》(New York Tribune)和《纽约时报》(New York Times)上午版刊登的一个故事:一位在华盛顿的中国军方发言人称,即使有点儿过时的机型也能"满足要求",并且"只要多得到一点帮助,中国人或许就可以消除日本对法属印度支那、新加坡、缅甸和富饶的荷属东印度群岛日益增加的威胁"。[17]这个故事就来源于毛邦初。[18]正如陈纳德随后告诉摩根索的那样,当宋子文发现毛邦初"说漏了嘴",他交给毛邦初一把手枪并且说:"你是一名军人……你知道该怎么做。"[19]

蒋介石难以相信毛邦初竟然把消息透露给了媒体,他向宋子文强调说这样的事情绝不能再次发生。[20]两周后,毛邦初就乘飞机返回了中国。[21]不过,摩根索被"他的中国故事"逗乐了,将其复述给他的英国同行和财政部的同事。[22]然而,毛邦初的行为恰恰证明了中国人不可信任、不能告以敏感信息。英国人早已经意识到这个问题,但美国人才刚刚开始明白。

与此同时,英国采购人员正在等待伦敦批准拨出100架P-40战斗机给中国。然而,英国飞机生产部拒绝这么做,因为这将对从1941年1月中旬开始运往英国的飞机产生影响。1月3日,英国采购委员会的阿瑟·珀维斯和英国航空委员会的莫里斯·威尔逊

（Morris Wilson）强烈敦促摩根索收回转让飞机的要求，但后者很坚决：总统和"附加的四人"承诺要给中国人 100 架 P－40 战斗机，"必须履行承诺"。[23] 此外，罗斯福还将自己许诺给希腊的 P－40 战斗机从 30 架增加到 60 架。珀维斯和威尔逊强调，如果美国政府指望英国来兑现他们自己对希腊的承诺，这将是"非常令人不安的"。

珀维斯"确实在私底下"解释说，英国人正在储备"战斧"战斗机，以便春季时在中东和北非发起行动。第一批 50 架飞机已经在运往加纳的塔科拉迪港途中，它们将在那里完成组装，再飞往喀土穆。珀维斯希望能说服摩根索，在 1941 年 1~3 月这关键的三个月中如果骤减运往英国的飞机数量，将妨碍英国对德春季攻势的准备工作。[24]

摩根索根本不知道塔科拉迪港在哪里，不管怎样，在北非和中东的战斗与传闻中日本对新加坡的进攻相比，对美国利益的威胁要小得多，特别是与罗斯福有关的那些利益。他提醒珀维斯说，对于罗斯福而言"远东事务"是关键，因此他"非常急切地"要给中国人 100 架 P－40 战斗机。[25] 正如摩根索所说，"整件事始于罗斯福总统"，并且这个决定不是"随随便便做出的……总统决定要让中国在这个时候得到一些东西，而且他得到了军事顾问的全力支持"。[26] 这番声明的潜台词就是派遣飞机去中国是唯一可以替代派遣美国战舰去新加坡的方式，某些驻扎在中国的飞机能阻止日本进攻英国的海军要塞，使得美国不必派遣驱逐舰去保卫它。

接着，摩根索第一次提出了需要"战斧"战斗机开展战术行动的一些想法。中国人需要"足够的飞机……在滇缅公路上有所行动。他们要去那里，确保滇缅公路开放……并把日本人困在中国"。[27]摩根索回想起他与毛邦初的对话，强调说中国人需要36架飞机，组成三个飞行中队，每个飞行中队9架飞机（外加备用机），"他们准备用这些飞机保卫滇缅公路"。摩根索把一切都计算好了：为了让英国人能立即交付36架P-40战斗机给中国，柯蒂斯-莱特公司将在接下来的18天每天留出2架飞机；然后，柯蒂斯的工厂在十个星期内每天要拿出一架飞机，因此总共需要花13个星期的时间才能"完成整件事情"。

莫里斯·威尔逊想知道为什么这次飞机转交行动不能推迟一个月，但是摩根索语无伦次、含糊不清地说："日本人正在向南推进。中国人唯一可以运输物品进入中国的方式就是通过滇缅公路，但是他们没法使滇缅公路保持开放。有了这些飞机，他们就能保卫滇缅公路并把日本人困在中国境内，我们认为这对于整个远东的局势具有巨大的影响，香港和新加坡都危如累卵。"[28]

摩根索随后描述了一下运输飞机去中国的物流问题：中国人会把这些飞机部件用船运往缅甸，再沿着伊洛瓦底江而上将它们运到中国人开办的一处工厂，他们在那里还有飞行员。[29]他怀疑英国人并不明白目前的局势对英国而言比对美国更危险。他继续说："这不是一个毫无意义的姿态。这个飞机转移行动是日本人所担忧的。我不能估量它的军事意义，但是我知道罗斯福总统经过非常非常仔细地考虑而做出了这个决定，这是他想要的，并且得到了国务卿和陆军、海军的全力支持。"[30]

这是唯一一次明确的提及马歇尔或其军事规划者想出的通过分散日军注意力的方式使其远离新加坡。中国空军部队将驾驶P-40

战斗机在滇缅公路云南一侧巡逻，不仅是为了保持其交通运输的畅通，还为了诱使敌人进攻这条路线及其防御者。摩根索暗示说，在滇缅公路上空展示新型的 P－40 战斗机会引诱日本人像一群鹅那样"跟随"过来，而不再前往新加坡。由于他和其他的内阁成员都认为日本人"不是天生的飞行员"，他们认为中国的飞行员如果在美国的飞行教官指导下训练，可能更有机会在与缺乏深谋远虑的敌人的近距离空战中获得一线生机。

摩根索如此急不可待地执行罗斯福的命令，以至于他忘记了计算将这些 P－40 战斗机运往远东所需要的时间。如果需要十个星期的时间从装配线上留出 100 架飞机，那么这个任务在 2 月底就能完成了。接下来需要再有三个月的时间将它们全部运往远东，如果实际上 100 架飞机全部装上同一艘货轮的话，但这是不可能的。最早，有些会在 5 月底运抵仰光，它们会经由滇缅公路运到位于云南垒允的中央飞机制造厂，在那里完成组装和测试。这要花费多少时间？一个月？两个月？一旦那里有了一些飞机，美国的飞行教官就需要教导中国空军部队的飞行员学会驾驶它们。但这些是快速单座飞机，第一次飞行会有多少架损毁？马歇尔的方案比摩根索的轰炸计划更没有希望，当中国人在滇缅公路开展"分散注意力行动"时，日本人早已轻而易举地攻占新加坡。

珀维斯和威尔逊回复得很谨慎。他们不能提供任何关于日本进攻香港或新加坡的意见，因为他们没有机会接触到英国总参谋部准备的对远东最新局势的判断。在与珀维斯和威尔逊会谈后，摩根索命令菲利普·杨确保从 1 月 6 日周一起，柯蒂斯工厂每天为中国留出两架 P－40 战斗机。接着，他告诉宋子文这个提议已经成为

"事实"。[31]

1月6日，蒋介石礼貌地感谢摩根索提供了100架飞机，同时也提醒摩根索，要对敌人开展大规模反攻和轰炸日本，他需要的远不止这些飞机。[32]在这段时间的公开电报中，蒋介石和宋子文都没有提到过滇缅公路，他们始终强调的是拥有远程轰炸机去轰炸敌人在华或在日军事目标的必要性，而不是用于在云南开展战术演习的少数几架战斗机。

对于英国人而言，他们此时正全神贯注于在地中海东部和北非地区面临的战略挑战，为此他们迫切想要战斗机。当考虑到新加坡时，远东总司令、空军少将罗伯特·布鲁克－波帕姆（Robert Brooke－Popham）对那里防御能力很乐观，如果日本进攻新加坡，英国将有5天的警告期。布鲁克－波帕姆向伦敦的参谋长委员会报告说，在新加坡的安全受到严重威胁之前，日本将面临强烈反抗。[33]无论如何，丘吉尔已经决定英国军队不能在远东开展任何行动，因为他们正忙于在欧洲和北非作战。在他看来，新加坡已经是罗斯福的责任了。他期望罗斯福向马来亚半岛派遣至少9艘驱逐舰，来处理这一地区面临的任何紧急威胁。

然而，马歇尔计划把这个责任重新转移给英国和中国。为了阻止美国海军派往新加坡，马歇尔和他的团队想出了在滇缅公路上空尽快开展一次空中行动的主意，意图分散日军的注意力。这就是当时美国联洲航空公司的主管郦雷和雷顿卷入对华空军计划时的情况。

12　私人军事承包商

　　1941 年 1 月，美国政府将一项战术行动外包给一家私人军事承包商，尽管当时这个术语还没有出现。美国联洲航空公司卷入对华空军计划有几方面的原因。第一，雷顿已经说服他在海军部的朋友，他的公司可以组建一支航空游击队，不需要政府任何直接参与。第二，海军部长和他的首席军事顾问可能已经意识到，不管是他们还是陆军都没有物流方面的经验，可以在中国这样一个困难和偏远的环境中开展半秘密的外国空军行动，只有联洲公司有地面设施，因而可以做到。第三，由于联洲公司拥有在中国销售柯蒂斯飞机的专营权，每签署一笔合同就能得到 10% 的佣金，因此它必然在柯蒂斯公司向中国出售飞机的业务中占有一席之地。

　　看来从 1940 年 10 月开始，美国联洲航空公司积极参与对华空军计划。前半个月，郜雷人在美国，而他的律师陆赉德（George Sellett）正在印度处理新的生意。正如雷顿后来回忆的那样，郜雷在动身前往拉丁美洲销售伏尔提飞机前与诺克斯会面并讨论了在中国组建一支航空游击队的建议。[1]这次对话可能促使诺克斯向赫尔征求意见，关于"一件引起我注意的事情，我对此也赞同"。诺克斯明白，如果在中国志愿服务不会面临处罚的话，许多美国飞行员将很愿意这么做，或许美国政府可以像处理在英国的志愿者那样，处理在华飞行志愿者。[2]

10 月 23 日，赫尔向诺克斯说明了可能影响飞行志愿者法律身份的规章制度。新的《国籍法》（Nationality Act，1940 年 10 月 14 日生效）规定，如果一位美国公民宣誓效忠外国，在它的军队中服役（除非得到美国政府批准），或为外国履行通常是其本国国民应该承担的职责，那么他将失去美国公民权。[3]根据其他法规，明确将在美国领土或司法管辖区招募人员为外国军队服役视为违法。不过根据其他现行法律，没有什么能阻止美国公民前往他国及加入他国军队。比如，想要为英国效力的美国志愿者可以不用护照直接前往加拿大，在那里入伍。赫尔指出，拒绝向任何声明想要在外国军队服役的人发放护照是国务院的政策规定，但如果有合理的理由，他可以运用自己的决定权重新评估这一护照政策。[4]对于任何想要为英国或中国效力的人来说，这都是一个混乱的状态。但是，如果招聘者得到了美国政府的批准，在美国领土雇用飞行员前往中国开展行动，那么原则上应聘者和招聘者都不违法。

大概在 1940 年 11 月底的某个时候，海军部长把雷顿叫到他的办公室。[5]诺克斯告诉他："我已经安排了 1 亿美元的贷款，着手准备将飞机运往那里。"他问雷顿是否有可能在垒允生产飞机，雷顿回答说："不行，必须从装配线上运走。"诺克斯随后让他联系宋子文。大约在那个时候，很可能是 1940 年 12 月，雷顿也与陈纳德"长谈了一次"。[6]

1941 年元旦，鄱雷回到美国，很快就卷入了将英国"战斧"战斗机转交给中国的行动。[7]财政部的官员曾建议英国航空委员会将这 100 架"战斧"卖回给柯蒂斯－莱特公司，后者再将他们卖给环球贸易公司（Universal Trading Corporation）。环球贸易公司是摩根索和陈光甫在1938年12月建立的，目的是处理在"桐油贷款"资助下严格的非军事采购。然而在当时的情况下，它成了中国政府的军事采购代理。

不过菲利普·杨在1月10日发现，如果柯蒂斯－莱特将P－40战斗机卖给环球贸易公司，它就要履行自己与联洲航空公司的约定，向该公司支付其向中国出售飞机的部分收入。1941年1月16日，柯蒂斯－莱特公司向联洲航空公司确认了自己的合约义务。为了反对财政部干涉这些商业约定，郡雷的律师团指出存在某种虚伪：政府怨恨的是联洲航空公司得到的销售佣金，而不是飞机制造商得到的利润。[8]

菲利普·杨对将飞机运往中国的事情是如此焦虑，以至于他要求柯蒂斯－莱特公司"不管与联洲航空公司的佣金谈判是否取得满意的结果"，都开始准备飞机装运。[9]1月15日，亨贝克写道，"特别重要的是"，不能出现任何事情打乱在1941年1～3月从为英国生产的飞机中拿出100架给中国的计划。[10]这些飞机必须抢先在敌人据称的对新加坡发动春季攻势前及时运抵远东。因此，关于联洲航空公司销售佣金的谈判，绝不能耽搁运输P－40战斗机前往中国。

1941年1月6日，柯蒂斯－莱特公司和英国采购委员会同意每天从装配线上留出几架飞机。[11]13日，该公司开始每天专门为中国生产2～3架"战斧"战斗机。[12]到了2月5日，工厂已经发出了34架飞机，序列号的范围是626～736。6日，柯蒂斯－莱特公司又重新这样操作了一次，到20日时它又为中国留出了另外17架"战斧"战斗机，序列号的范围是742~839。工厂继续以每天2~3架的频率从装配线上留出飞机，直到3月初从英国的订单中拿出了最后11架飞机（序列号的范围是869~880）。

1941年1月6日，莫顿·迪约上校从海军部长诺克斯的办公室打电话给雷顿，指示他"开始实施""讨论过的"整个空军计划。雷顿承诺不会留下任何关于其明确目的的书面文件。他写信给鄯雷说这个计划包括私人雇用飞行人员和运输当前生产的物资。美国军队将会批准飞行教官提出的辞职。不过，迪约强调说海军部长希望雷顿能够"亲自处理人员挑选工作"，并且要求他尽快来华盛顿商讨细节问题。[13]就雷顿而言，迪约提及飞行教官表明他将要负责组织一支训练团，原则上将由新招募来的人员教中国飞行员如何驾驶新的"战斧"战斗机。

1月18日，迪约给雷顿打电话解释说，诺克斯和中国代表团反对为这笔P-40战斗机的合同向他的公司支付销售佣金。迪约解释说，一开始每个人都认可应当给予联洲航空公司应得权利的原则，尽管诺克斯认为10%的佣金比例"高得离谱"。[14]后来发现宋子文甚至不承认佣金的原则。雷顿告诉迪约，如果官员原则上同意联洲航空公司应当得到销售佣金的话，他和鄯雷愿意讨论数额问题。

当时关于销售佣金的僵局几乎和几个月前因瑞典合同而产生的争议完全相同。那时，杨格曾希望通过安排瑞典政府与中国政府达成协议的方式，避免支付给鄯雷他向中国销售共和航空公司飞机应得的佣金。诺克斯和财政部的官员支持中国人，因为他们也希望能够降低成本。

尽管这次争吵并没有耽搁从柯蒂斯－莱特公司的装配线转移飞机的行动，但它造成了潜在的麻烦。还有其他的阴影盘旋在这个计划的上空，至少有一个是从白宫的方向飘来的。在这个时候，没有一方知道罗斯福正开始重新思考美国对日政策。无论何时，只要罗斯福对世界局势的看法发生了改变，他的顾问都必须放下他们手头正在做的事情，以便与总统保持一致。忽然间，对华空军计划与罗斯福对远东危机的最新看法不一致了。

13　外交冲突

1941 年 1 月 16 日，罗斯福把他的高级军事顾问都召集到白宫，目的是对手头的政策选项做一次重点评估，以便为突然爆发战争做好准备。马歇尔在这次重要的对话中提出了陆军的观点。[1]罗斯福一开场就概述了战争爆发的风险和概率。他认为，德国和日本对美国发起一次协调一致行动的概率是 20%，这样的行动任何时候都可能发生。如果这样的话，他就不得不向丘吉尔保证，英国收到的物资还是会保持在先前那样的水平。他预计英国在现有的储备下可以抵抗 6 个月，另外在轴心国对西半球发动战争前可能还有整整两个月的时间。因此，罗斯福推断美国还有大概 8 个月的时间为战争做准备。

根据这些假设，罗斯福认为："如果没有做好充分的准备，陆军不能贸然采取进攻性行动。在我们的军事实力进一步提升之前，我们必须采取非常保守的军事方针。"至于海军，罗斯福重申了哈罗德·斯塔克在"D 计划"备忘录中提出的观点：美国军队应当在太平洋上保持防御姿态；美国的舰队应该驻扎在夏威夷且不为菲律宾提供增援。不过，在紧急情况下亚洲舰队的司令能自由决定在什么时候、是否有必要从菲律宾撤军。尽管如此，罗斯福还是建议诺克斯和斯塔克，海军应当继续考虑对日本本土城市发动轰炸的可能性。不过在这次讨论的语境下，这样的指示听上去更像一种补充而不是一项紧急的任务。

罗斯福建议史汀生和马歇尔将注意力集中在将空军和陆军的作战能力提升到标准水平。诺克斯和斯塔克应当继续为太平洋战争制订综合的战略计划。海军作为"橙色计划"的倡导者，将全面负责对日空中行动，这些行动最有可能从海军的航空母舰上发动，但也相当有可能是从中国的空军基地上发动。没有迹象表明将要在远东发动任何进攻性行动，当务之急是保持谨慎。这是一次重大、彻底的转变。仅仅几个星期前，罗斯福和他的顾问还差一点就让中国人轰炸东京，随后又帮助中国空军部队驾驶战斗机在滇缅公路上空开展干扰行动。是什么导致了罗斯福态度的转变？

答案就是1941年1月10日白宫向国会提交的《租借法案》（Land-Lease bill）。罗斯福希望在远东和欧洲能避免发生任何妨碍其顺利通过的国际事件。[2]像往常一样，每当美国政府想要避免刺激日本，它就会公开地疏远中国。[3]这种突然的政策反转肯定让对华空军计划的组织者陷入了进退两难的境地。摩根索已经安排向蒋介石政权出售飞机；柯蒂斯－莱特公司已经开始预留出运往中国的飞机；诺克斯已经与雷顿商量招募一些美国飞行员作为中国空军部队的飞行教官。

一方面，这项计划不可能在不对中国人造成强烈冒犯的情况下取消。另一方面，它和罗斯福政府新的政策重点不一致。罗斯福坚持美国政府在这一时期应当避免任何可能刺激日本的行动，以便能在国会顺利通过《租借法案》。任何关于美国为中国提供战斗机在滇缅公路上空对抗日本的消息泄露，对这两方面都将是灾难。

考虑到这些问题，似乎没有人在这次白宫会议上提出对华空军计划。不过，从这一刻起，诺克斯可能已经意识到这个计划已经成了他个人的责任，同时他的助手莫顿·迪约也将不得不处理大部分随之而来的棘手问题。诺克斯可能也意识到他必须将这个计划的势头维持在足够让中国人高兴的程度，但他也必须对此严加保密，以免任何与此有关的消息泄露出去，会破坏总统的议程。这是一个既要对日本人保密，也要对美国公众保密的事情。

在这次白宫会议（1941年1月16日）之后的一周，联洲航空公司的销售佣金问题和雷顿在招募行动中的角色问题困扰着对华空军计划。雷顿和莫顿·迪约进一步讨论了这个计划。1941年1月20日，雷顿写了一封长长的反驳信给迪约。[4]他已经从他们的对话中推断出，让中国拥有一支有效的空军部队事关美国政府的切身利益。由于美国政府不能直接卷入该计划，行政部门希望通过"商业渠道"处理。他明白宋子文曾要求雷顿"以个人名义"雇用志愿者，因为宋子文不想通过联洲航空公司处理此事，另外中国人也不想为购买飞机向联洲航空公司支付任何佣金。

雷顿很高兴宋子文信任他的工作能力，但他强调没有任何一个人能承担这么重大、这么复杂的任务。他曾亲眼见过，以前中国空军部队是怎样试图管理类似的外国空军代表团，但最终都失败了。他特别援引了1937~1938年在中国成立的雇佣兵轰炸中队这段非常"令人不快的经历"。当前的新方案需要的是一个能管理物流、运输和人员的组织（而不是一个单独的组织者），能提供薪金、保险以及应对来自"焦虑亲属的询问"。联洲航空公司和中央飞机制造厂的独特之处就在于他们能提供这样的经验和服务，这一切多亏了"鄱雷出色的组织和管理能力"，尽管面临巨大的财务风险和其他不利条件，他仍维持了联洲航空公司的运营。雷顿提醒迪约，为了支付成本，联洲航空公司只能依靠唯一的收入来源——销售佣金。如果没有佣金，这家公司会因为资金不足而停止运营。[5]

雷顿认为宋子文的建议是为了"贬低联洲航空公司的价值"，并破坏其与柯蒂斯－莱特公司长期以来的关系。他说这个计划没有联洲航空公司的参与所造成的损失要超过支付给它的销售佣金，因为如果作为一个单独的个人要处理这项对华空军计划，他注定会失败。在这种情况下，雷顿将拒绝参与这项计划。[6]

就在双方讨论雷顿未来在这一计划中所扮演的角色时，关于联洲航空公司销售佣金的争论也在继续着。莫顿·迪约已经向雷顿表明，中国人不愿意向联洲航空公司支付购买这100架"战斧"战斗机10%的销售佣金。为了解决这个问题，美国财政部的官员1月22日询问了英国人，他们是否有可能将这些飞机直接卖给中国采购代理——环球贸易公司，而不是柯蒂斯－莱特公司。他们并没有解释说，只要柯蒂斯－莱特公司处理这笔业务，就必须支付一笔佣金给联洲航空公司。财政部的官员在向英国人提出这个新的要求时，仅仅提到存在"行政上的技术困难"。[7]

英国外交部立即拒绝了，说直接把飞机卖给中国采购代理可能会引起日本的异议。[8]英国空军部认为，"考虑到美国政府官员是为了实现自己的公共政策而坚持进行这次飞机转交行动，他们却不能解决自己政府的困难"，这是令人难以理解的。原本将飞机重新卖给柯蒂斯－莱特公司的合同已经签订好了，然而美国财政部"认为我们可以撤销已经完成的那些操作"。[9]这一切"让美国人非常令人讨厌，还有点儿神秘"，因为没有人肯透露"行政上的技术困难"到底是什么。[10]

在英国外交部，阿什利·克拉克（Ashley Clarke）在会议记录中写道，只要中国人为英国人在这次转交飞机行动中做出的牺牲给予一些贷款，他们就不反对撤销与柯蒂斯－莱特公司的交易，转而与中国采购代理直接打交道。英国外交大臣安东尼·艾登（Anthony Eden）不同意，他说："现在，看起来是我们在向中国政府出售飞机，实际上是美国政府坚持要求我们提供给中国的，这笔交易对我们是不利的。为什么？因为美国政府不想以那种形式出现在这样的局面中？但我们就想吗？如果我们有办法，我们就会自己买下这些飞机，我看不出我们为什么要为美国政府掩饰这一非同寻常的行动。"[11]美国财政部的官员拒绝承认"行政上的技术困难"的真实含义，即宋子文拒绝让中间商从这笔销售中获利。对于中国人而言，在他们先前的采购工作中，这个问题已经成为一个普遍的症结。

1月27日，安东尼·艾登向战时内阁总结了他反对美国政府对华飞机交易的全部理由：美国人的行为是"非同寻常的"；他们是在用英国的配给来履行对中国的飞机承诺，即使他们很清楚英国对飞机的需求多么迫切，也很明白中国人在军事航空方面是多么无能。[12]他推测，唯一可能的解释是害怕美国的公众舆论，要是他们向中国出售飞机，似乎给了日本一个对美国采取敌对行动的借口。然而，美国人却在要求英国人在他们与日本的关系中冒这种风险。艾登最后总结说："在做出决定之前，我们应该至少向美国政府指出，他们一步步把我们推入困境，并规定如果按照他们提议的方式进行交易而被日本人发现了的话，我们希望能清楚表明我们是在美国政府的要求下行事的。我不相信罗斯福总统或赫尔国务卿会批准这种处理事情的方式，如果将这些实际情况直接提交给他们任何一人的话。除非你们拒绝，否则我希望你们照这种方式操作。"[13]

1月29日，英国内阁一致认为新任英国驻美大使哈利法克斯勋爵应当向美国政府最高层提出交涉。英国人是如此愤怒，他们甚至愿意与罗斯福大吵一架，尽管在《租借法案》国会辩论的时候这样做会有打乱计划的政治风险。然而，艾登坚决认为罗斯福政府必须在外交上吸取教训。

美国财政部很可能已经从英国采购委员会那里得知，英国外交部正打算为此对美国政府发难。1月29日，菲利普·杨召集有关各方开了一整天的会议，最后落实柯蒂斯－莱特公司向环球贸易公司出售"战斧"战斗机事宜。尽管违背自己的意愿，柯蒂斯－莱特公司的总裁盖伊·沃恩还是大幅降低了飞机价格。环球贸易公司购买100架"战斧"战斗机的价格是450万美元。中国人很可能是凭借1940年9月联邦贷款管理局根据"钨贷款"提供的资金来购买这些飞机。与此同时，柯蒂斯－莱特公司和环球贸易公司同意分摊一笔支付给联洲航空公司的费用（以替代佣金），前者拿出10万美元，后者拿出15万美元。[14]正如菲利普·杨所说，25万美元足够支付"这个家伙（鄱雷）在中国组装和运输飞机以及诸如此类的事情的费用"。[15]摩根索很高兴，忍不住说了一句双关语：他代表宋氏三姐妹向杨表示感谢，她们应该唱一首"六便士之歌"（Sing a Soong of Sixpence）。[16]在此期间，雷顿也因为在给莫顿·迪约的信中为联洲航空公司和鄱雷做了强有力的辩护，确保了他们在对华空军计划中占有一席之地。

1941 年 1 月 25 日，宋子文请蒋介石批准以下提议：联洲航空公司/中央飞机制造厂将以雇用自己员工类似的方式，雇用来华志愿者并与他们签订合同；"根据美国的法律"，这些任务将通过"口头解释"并且在他们到达中国后才详细阐述。此外，鉴于他们"身份特殊"，所有美国部队都将由蒋介石"全权负责"，并通过他们的指挥官陈纳德接收蒋介石的指示，因为"不得划分指挥或战术责任及管辖权"。宋子文牢记着过去的派系斗争，坚决要求中国军队必须"全力配合美国人员"，如果中国人"没有阻碍或蓄意破坏"，就有希望"在保卫这些通过缅甸的关键交通要道和打击日本目标方面取得令人满意的结果"。不过，宋子文希望一旦美国志愿者教会了中国飞行员和机械师如何驾驶和维护这些新装备，中国人能够"在行动中承担更多的任务"。[17] 1 月 27 日，蒋介石回复宋子文，他同意宋子文电报中提到的一切，但建议他确认合同中关于雇用志愿者的条款必须表明需要"绝对服从"命令。[18]

很难想象，"附加的四人"打算组建一支这样的空军代表团，让美国军人听命于蒋介石个人并且让他们与日本人作战。马歇尔设想的制空权威慑以及诺克斯和摩根索希望实施的计划，仅仅要求美国飞行员训练中国飞行员。在此基础上莫顿·迪约才和雷顿联系，让他雇用飞行教官和在垒允组装"战斧"战斗机。

这些协议达成后不久，鄱雷、雷顿、陈纳德和杨格就开始一起合作招募人员。1941 年 2 月 3 日，鄱雷和陈纳德在海军部长的办公室向莫顿·迪约简要介绍了联洲航空公司与中国政府在处理人事关系方面达成的协议：这项计划需要 100 名飞行员和 150 名应征入伍的地勤人员。在这个阶段，他们的任务和目标都还不明确，至少在纸面上如此。正如迪约所指出，这些招募人员了解"低调行事的必要性，会采取适当的预防措施"。[19]

美国国务院同意为所有应聘人员签发护照，他们的身份是中央飞机制造厂的合法员工。诺克斯将允许鄱雷、雷顿和陈纳德前往美国海军航空基地进行招募，尽管众所周知海军航空局局长、海军上将约翰·塔沃斯（John Towers）"对这个主意不太感兴趣"。[20]到目前为止，还没有人与战争部（史汀生、马歇尔和阿诺德）接洽关于进入陆军航空基地进行招募的事宜。不过，杨格很乐观。1941年1月13日，他写信给詹姆斯·麦克休说，"最大的善意"占了上风，他和陈纳德正在与鄱雷、雷顿一起实施一项"很好的计划"，尽管没有新的立法，他们所能做的有限。[21]

完成了对华销售飞机的事情后，摩根索离开了华盛顿，前往西部的一个农场短暂度假。他不在的时候，海军部长诺克斯发现自己被一个老问题拖入了困境。1940年秋天，罗斯福曾向希腊总理梅塔克萨斯许诺，会提供给他一些 P-40 战斗机以鼓舞士气，增强希腊对意大利的抵抗。美国陆军和英国人都拒绝把他们手头上的任何 P-40 战斗机转交给希腊。作为替代，诺克斯向希腊提供了一些老式的格鲁曼（Grumman）飞机。梅塔克萨斯被激怒了，罗斯福许诺给他的是最新型的飞机，而不是这些即将淘汰的机型。

2月5日，诺克斯召开新闻发布会，解释这一尴尬的结局。他顺便提到了向中国出售 P-40 战斗机。《纽约时报》的报道是："诺克斯先生说，这些飞机的谈判是在中国政府与英国政府间进行的，美国政府很少，甚至几乎没有参与其中。"[22]这是一个彻头彻尾的谎言。同一天，英国航空委员会的莫里斯·威尔逊向英国驻美大使建议，没有必要就美国政府处理转交飞机给中国的方式提出抗议，这件事情已经盖棺定论了。[23]

英国人原本极力避免让日本人认为他们正在给中国提供飞机，现在这一切恰恰变成了现实。此外，宣扬英中飞机交易使得希腊人很难堪，他们必定会责备英国给中国提供 P-40 战斗机，而不是给他们。[24]J. 贝内特（J. C. Sterndale Bennett）哀叹道："美国人在这次对华飞机交易中让我们大失所望。除了他们先前的过失……现在还要加上诺克斯上校非同寻常的、虚伪的声明。"尽管英国现在依靠美国供应战时物资，贝内特还是希望能对罗斯福政府的"不明智行为"采取更强硬的立场。[25]

这种采取似是而非否认的做法源于罗斯福在 1 月 16 日白宫会议上概述的新战略。诺克斯把这个棘手问题丢给英国人，是为了避免美国被认为正在给中国提供军事援助。再一次，每当美国政府认为需要小心处理与日本的关系时，它就会疏远中国。

接下来的几个月里，罗斯福和赫尔重新采取传统的遏制日本侵略的外交方式。他们曾一度支持一个由两位常驻东京、人脉很广的天主教神父——德劳特神父（Father Drought）和沃尔什主教（Bishop Walsh）发起的私人倡议。这两位传教士组成了约翰·多伊协会（the John Doe Associates），他们正与一些著名的日本非军方人士讨论和平解决的方案，他们相信这些日方人士能说服日本政府接受与中国停战的条件。[26]1941 年 1~3 月，罗斯福和赫尔给了约翰·多伊协会相当大的自由行动权，同时赫尔还与日本驻美大使野村吉三郎举行了官方会谈。通过这些谨慎的渠道，罗斯福政府希望在国会通过《租借法案》的时候，能与日本保持稳定的关系。

不过，罗斯福肯定还是很担心日本进攻新加坡的传闻。只要他和他的顾问认为这是一个真实的威胁，他就不得不派遣一部分美国军舰去增援新加坡。在这个阶段，军事威慑已经被排除在外，但或许外交可以使他从对丘吉尔的繁重承诺中解脱出来。

尤金·多曼（Eugene Dooman）是美国驻日大使馆的参赞，他终身都在研究日本，大部分的外交生涯在日本度过。美国驻日大使约瑟夫·格鲁（Joseph Grew）将他视为自己的"联合大使"，就像埃涅阿斯（Aeneas）的忠实伴侣阿凯提斯（Achates）那样。[27]在返回美国休完一段时间的探亲假，包括前往国务院接受咨询后，多曼回到了东京。1941年2月14日，在格鲁大使的许可下，他召见了自己的日方对接人、日本外务副大臣大桥忠一。多曼明确表示美国远东政策与优先向英国提供除战争以外的一切援助直接相关。罗斯福政府决心，不仅要保证能顺利向英国提供美国的武器和飞机，还要确保英国和荷兰在远东殖民地的原材料能运往英国。最近有迹象表明日本正在向新加坡和荷属东印度群岛推进，美国不禁为此感到担心。如果日本要威胁英国与其海外领地间的补给线，那么正如多曼所说，"它必须预料到将与美国发生冲突"，日本人不能"改变东南亚的现状，而不引起造成非常严重情况的风险"。[28]

大桥忠一说，他怀疑美国驻日大使馆和英国驻日大使馆正在日本进入泰国和法属印度支那的问题上发出危言耸听的报道。他已经向英国驻日大使保证，"日本不打算对新加坡和荷属东印度群岛采取任何动作"，除非"其他国家通过美国对日实施禁运或是派遣美国舰队前往新加坡来对日本施加压力"。多曼指出，美国无意介入日本的和平贸易活动，但当日本在这一地区的经济关系伴随着威胁和炮艇，那就很难称得上是"一般的贸易安排"。因此，美国关于日本对邻国政策的焦虑是完全合理的。

正如格鲁大使随后报告的那样，大桥忠一在与多曼会面时变得"非常焦虑和心不在焉"。在格鲁对于这次对话的印象中，大桥先是安静地听着，然后忽然问道："你的意思是说如果日本进攻新加坡，就将和美国作战？"多曼回答说："在逻辑上，此种情形将不可避免地引出这个问题。"[29]那个月月底，就在日本外务大臣松冈洋右从英国返回日本后不久，格鲁告诉松冈洋右，说他"完全赞同并认可多曼对大桥所说的话"。令他吃惊的是，松冈洋右也表示他完全同意多曼的观点。[30]

多曼最后通牒中的要旨几乎可以肯定是来自罗斯福或赫尔，即使不一定是他们的原话。[31]它产生了预期的效果，松冈洋右向英国和美国保证，日军没有入侵新加坡的计划。这些保证驱散了罗斯福对被迫要派遣驱逐舰去保护英国殖民地的焦虑。这种宽慰作用是很明显的。罗斯福似乎因这个措辞强烈的口头警告所产生的作用而深受鼓舞，他决定再发出一个。日本新任驻美大使野村吉三郎刚抵达华盛顿，罗斯福就告诉他，美国将非常严肃对待任何可能使"美国对战争发起者的看法"发生转变的进一步侵略行为。[32]在遏制日本方面，外交依然能起作用。

到2月中旬，美国官员很可能已经意识到对华空军计划的愚蠢。1941年1月初，他们曾设想第一批36架"战斧"战斗机及美国的飞行教官可以抵达远东，正好赶上中国空军部队的飞行员在滇缅公路中国一侧发动空中干扰行动，打乱日本进攻新加坡的计划。

但考虑到这三个月的海上航行，这些飞机最早也不能在 4 月底之前运抵仰光。这些飞机还在仰光卸货的时候，日本人早已经席卷新加坡，并推进到荷属东印度群岛。

派美国飞行教官前往中国的计划同样经不起推敲。从一开始，海军就牵头了招募工作。讽刺的是，摩根索和总统联络委员会提供给中国的 P－40 和 B－17 飞机原本是为陆军航空队设计和生产的。由于海军的机群里没有 P－40 战斗机，它根本没有飞行员有能力教授中国飞行员如何驾驶这种机型。诺克斯和迪约原本可能希望战争部最终会支持对华空军计划，但在白宫会议后，这似乎不可能。马歇尔、史汀生和陆军航空队司令哈普·阿诺德打算集中精力使他们的力量达到防御美国的标准，他们不打算考虑任何进攻性行动。然而，本着防御美国的职责，他们开始重新考虑最容易受到日本攻击的美国领土——夏威夷和菲律宾的防御。

陆军和海军共同分担防御夏威夷的责任，但是菲律宾，包括它的海军基地则完全是陆军的地盘。自 1941 年 1 月底以来，马歇尔重新制定了美国对这个遥远殖民地的战略。他决定让菲律宾成为将来陆军航空队轰炸日本的基地，而不是中国。

14 增援菲律宾

菲律宾位于日本最南端以南大约 1700 英里处。美西战争（1898～1900）后，它成为美国的殖民地，战争部负责守卫所属岛屿，包括海军亚洲舰队的港口。到了 1941 年，战争部在菲律宾面临着一个指挥权和忠诚度分裂的问题。1935 年，菲律宾总统曼努埃尔·奎松（Manuel L. Quezon）任命美国陆军前参谋长道格拉斯·麦克阿瑟（Douglas MacArthur）为菲律宾陆军元帅。麦克阿瑟早已和菲律宾建立了密切联系，他的父亲曾经在麦金莱总统时期担任菲律宾总督。1938 年麦克阿瑟从陆军退役，他留在那担任菲律宾政府的军事顾问。然而在同一时期，乔治·格鲁纳特（George Grunert）将军主管美军菲律宾指挥部（the Philippines Department），该部门隶属战争部。美军菲律宾指挥部由美国陆军部队和菲律宾侦察军（the Philippines Scouts）组成，菲律宾青年军的成员为本土菲律宾裔美国士兵。

战争部在菲律宾管理着一支小规模空军部队，名为第四特混大队（the Fourth Composite Group）。这支队伍是由一堆陈旧战斗机和轰炸机混合拼凑起来的，这些飞机大部分是从陆军航空队另一支分队——夏威夷空军部队（the Hawaiian Air Force）退役的。[1]1940 年之前，第四特混大队有 3 个战斗机中队，它们共用 28 架过时的

P-26波音"玩具枪"（Peashooter）战斗机，但是机组人员不够，一次最多只能驾驶 21 架飞机升空。[2]1940 年 11 月，大队收到了 52 架共和航空公司 EP-1（命名为 P-35A）飞机。这就是当时中国人希望从瑞典政府手里买下来但最终被罗斯福政府据为己有的那批飞机。[3]为了驾驶这些飞机，1940 年 10 月阿诺德将军同意派出 2 个中队驻扎菲律宾。这两个中队分别来自密歇根州塞尔弗里奇空军基地（Selfridge Field）的第 17 中队和来自加利福尼亚州汉密尔顿空军基地（Hamilton Field）的第 20 中队。他们于 1941 年春天抵达菲律宾，两支中队共 350 人，比当时驻扎在菲律宾的陆军航空队全部人员多了不止一倍。[4]因此到 1941 年年初，菲律宾已经有了 5 支战斗机中队、1 支侦察机中队和 1 支轰炸机中队。不过，第四特混大队还是面临长期缺少现代战斗机和训练机的问题。在这 100 多架军用飞机中，一半的机型是已经被淘汰的（比如 B-10 轰炸机），另一半机型则是即将要淘汰的（比如 P-35 战斗机）。

如果说这些装备不能胜任其用途，那么菲律宾的地面设施就更糟糕了。没有高射炮，也几乎没有空中预警系统。菲律宾很少有机场能够承受一架现代轰炸机或战斗机的重量。在吕宋岛北部，尼科尔斯空军基地（Nichols Field）有一条适合战斗机中队的沥青跑道；克拉克空军基地（Clark Field）内驻扎着旧的轰炸机，它有一条经常被暴雨淹没的草皮跑道。[5]吕宋机场以南 800 英里处是棉兰老岛（Mindanao）附近的德尔蒙特（Del Monte）水果种植园。德尔蒙特有一处自然形成的平地，可以改造成适合诸如 B-17"空中堡垒"这样的重型轰炸机使用的机场。[6]考虑到机场数量很少，又都被沼泽地或无保护地带环绕，当空中预警系统启动时，几乎不可能疏散和掩护飞机。[7]尼科尔斯空军基地第 17 战斗机中队的指挥官科特利·格雷格（Kirtley Gregg）少校私下评论说，一群放风筝的童子军就可以徒手空拳占领这些岛。[8]这是马歇尔的糟糕空军。

考虑到自己对菲律宾的责任，战争部觉得必须制订一个防御菲律宾的计划，不管这个计划是多么难以实现。卡尔·斯帕兹（Carl Spaatz）中校是航空队的战争规划处主管，他的助手霍伊特·范登堡（Hoyt Vandenberg）少校是航空队战术学校前校长。1939 年，斯帕兹曾经让范登堡思考如何防御那些不可防御的地方。后者提出了一个激进的计划，即依靠美国的空中力量，不仅要保护菲律宾本土安全，还要将吕宋岛北部变为一个轰炸日本的平台。

在阐明自己的计划时，范登堡首先分析了防御菲律宾的三种路径：海防、陆防和空防。他认为依靠海上封锁与大型地面部队联合作战并不能阻止日本攻下菲律宾。他的观点是仅凭空中力量就能有效地威慑敌人。纯粹从防御作战而言，陆军航空队需要一支由 565 架飞机组成的机群，其中至少包括 64 架重型轰炸机、200 架中型轰炸机、150 架拦截战斗机和 75 架侦察机。[9]

范登堡同时建议，对日本发动先发制人的空袭或许将被证明是保护菲律宾群岛免受敌人入侵的最有效策略。他预计远东有三个地方可供远程轰炸机起飞并飞抵日本，那些地方分别是关岛、中国东南非沦陷区的机场和菲律宾部分地区。他首先排除了关岛，因为它太小，极易受到日本攻击。接着他排除了中国，这反映出美国陆军情报官员对中国的一贯态度，他们认为中国人在军事上无能，不能信任中国的政客。相比于陆军情报官员，包括 1930 年代的史迪威（Joseph Stilwell），海军和海军陆战队的情报官员，诸如詹姆斯·麦克休和埃文斯·卡尔逊（Evans Carlson）则从一种更具同情心的角度出发，向他们华盛顿的上级汇报中国的情况。[10]这样，留给范登堡的选择只有吕宋岛的克拉克空军基地。要从菲律宾起飞轰炸日本，陆军航空队需要至少200架B-17轰炸机和150架侦察机。[11]因此，范登堡雄心勃勃的建议需要总共为菲律宾提供915架飞机。相比之下，蒋介石提出要一支500多架飞机组成的大机群显得并不过分。

1939年和1940年，战争部拒绝了范登堡的这个建议及其后续版本，理由是出于战略考虑以及缺少资金和飞机。长期以来美国都认为菲律宾是不可防御的，因此拒绝投入物力和财力建设其陆军和空军及相关设施。此外，陆军航空队当时只有17架B-17"空中堡垒"，其他都已经卖给了英国。[12]将菲律宾的防御能力增强到范登堡提议的程度，所要付出的代价被认为高得令人难以承受，战争部把所有小幅度改进的投资都视为浪费资金。

范登堡没有放弃说服上级将菲律宾视为威慑日本的战略要地而非军事累赘的希望。1941年，他似乎受到英国皇家空军在"不列颠之战"中取胜的鼓舞，在他看来这为菲律宾的空中防御提供了经验。[13]正如丘吉尔那句名言所说："从来没有这么多的人如此感激这么少的人。"人们普遍认为尽管英国皇家空军战斗机飞行员的人数远远少于纳粹德国空军，但是"喷火"战斗机的飞行员凭借高超的战术和出色的飞行技能战胜了敌人。或许菲律宾也能实现同样的战绩。

1940年秋天，摩根索要求一位英国航空专家前往华盛顿，就英国和美国作战飞机的标准化问题向总统联络委员会及英国采购委员会提出建议。原则上两国都将采用一款单一型号的战斗机，这款战斗机将兼具先进的 P - 40 战斗机和"喷火"战斗机的特性。[14]比弗布鲁克勋爵派出了休·道丁爵士（Sir Hugh Dowding），他曾担任"不列颠之战"英国皇家空军战斗机司令部司令，刚刚退役。1941年1月，道丁抵达华盛顿，成为英国采购委员会技术部门负责人。战争部也邀请他向陆军航空队的军官做了一系列关于少数战胜多数的战术报告。

霍伊特·范登堡是听了道丁相关报告的军官之一。显然，道丁向他保证他提出的防御菲律宾的建议是可行的。[15]备受鼓舞之下，1941年1月，范登堡在原先为菲律宾设计的增强空中防御的计划中扩大了战斗机和拦截机的作用。他将"不列颠之战"作为菲律宾在空中防御日本的样板，推断说即使敌方人数超过己方一倍，菲律宾空军仍可抵挡住敌人的空中入侵。他估计，日本部署攻打菲律宾的空军力量大概是德国攻击英国空军力量的一半。因此，陆军航空队只需要英国皇家空军取胜所用兵力的一半。范登堡关于"不列颠之战"的数据可能大大低估了双方的实际空军力量，因为他计算出一支大约 300 架 P - 40 战斗机组成的机群就足以防御菲律宾并对日本发起攻势。[16]这意味着日本将部署大约 600 架飞机。

实际上，根据历史学家理查德·奥弗里（Richard Overy）的说法，1940 年 7 月战争初期，英国皇家空军有大约 3000 架作战飞机，其中 1500 架是战斗机。纳粹德国空军有大约 2500 架部署就绪的作战飞机，其中 1000 架单座飞机、250 架双引擎战斗机、1000 架轰炸机和 280 架俯冲轰炸机。[17]因此，如果这个 2 : 1 的比例如实地应用在菲律宾的防御上，陆军航空队很可能需要大约 600 架飞机才能遏止 1200 架敌方战斗机。事实上，实际的生产远远落后于这些雄心壮志和战术理论，柯蒂斯 - 莱特公司直到 1941 年秋天才开始为陆军航空队生产 P - 40E 战斗机。[18]

由于缺少飞机以及出于战略上的考虑，范登堡的上级再次拒绝了他的提议。不过，他们开始认为应当采取更多措施防御菲律宾。这种改变早在 1940 年 10 月美国将 48 架共和航空公司的飞机和 10 架北美航空公司的俯冲轰炸机分配给菲律宾第四特混大队时就开始了。1940 年 12 月 27 日，马歇尔批准将菲律宾侦察兵的人数扩大一倍（从 6000 人扩大到 12000 人），并且向菲律宾群岛上的基地派发高射炮。一个月后，他对该举措做出解释，理由是美国的海外领地（特别是夏威夷和菲律宾）可能"在短时间内将面临作战任务"，这呼应了罗斯福在 1 月 16 日白宫会议上的说辞。[19]在那次会议中，罗斯福曾命令陆军采取"非常保守的政策"，却建议海军考虑轰炸日本城市的可能性。[20]三个星期后，战争部开始稳扎稳打地实施针对菲律宾的新战略，包括就加强菲律宾群岛防御的高谈阔论和实际的小规模投入。

马歇尔与罗斯福以及他那些内阁同事一样，依靠宣传和虚张声势将美国的力量注入因军事装备严重短缺而造成的真空地带。从表面上看，一切都很好。1940 年 10 月，当诺克斯被问及美国是否能守住菲律宾时，他坚持说美国能够守住菲律宾的一切。[21]1941 年 1 月，马歇尔让乔治·格鲁纳特"证明"发展菲律宾侦察兵的兵力"具有国际影响"，这里他指的是对日本的影响。[22]马歇尔夸大了这些微不足道的措施所能产生的影响。比如，让 60 名原本应该回国休探亲假的美国官员留在菲律宾，马歇尔称这样做美国可以"让日本人明白我们是动真格的"。[23]马歇尔让自己和他的同事自欺欺人地相信,靠这样的举动就能吓住敌人。

2月8日,马歇尔告知格鲁纳特,后者马上就要收到一些P-40B战斗机,这些是柯蒂斯-莱特公司将于3月开始为陆军航空队生产的。与原来的P-40战斗机相比,这款新的机型带有一些英国版"战斧II"战斗机的特征。马歇尔向格鲁纳特吹嘘这款新型战斗机的优点,他说:P-40B就相当于日本的新型三菱"零式"战斗机,它的最高时速可以达到每小时360英里,带有自密封油箱,机首装有两挺.50口径机枪,机翼装有4挺.30口径机枪。[24]2月11日,乔治·布雷特提交了一份备忘录,呼吁不仅要给予菲律宾加强空中防御的装备,还要使其能成为一支"作战部队"。为了达到这个目的,菲律宾应当拥有一支远程轰炸机联队和现代化的战斗机大队,同时还要升级所有的设施,以支持这些作战行动。[25]

2月25日,罗斯福批准对菲律宾的机场进行扩建和改造,以便能容纳一支规模更大的空军。同一天,马歇尔批准31架P-40B战斗机一旦交付立即运往菲律宾。[26]但是就像战前常常发生的那样,由于缺少必要的配件,无法将飞机改装成空中武器。4月,25架用板条箱装运的P-40B战斗机运抵马尼拉港,但是这些飞机在组装完成后,一直等到艾利森发动机所需的百适通(Prestone)冷却液供应到位才能起飞。此外,由于弹药不足,直到珍珠港事件爆发之后,陆军航空队的飞行员才有机会使用该款飞机安装的机枪。[27]

1941年3月,乔治·格鲁纳特要求马歇尔将第四特混大队升级为正式的空军,并向其提供比已经收到的更多的资源。3月28日,马歇尔同意从此以后第四特混大队更名为菲律宾空军(the

Philippines Department Air Force），由经验丰富的陆军航空队军官亨
利·克拉格特（Henry Clagett）准将负责。[28]马歇尔同时告知格鲁纳
特这支新的菲律宾空军不仅将收到 31 架 P - 40B 战斗机，还将收到
从夏威夷运来的一中队 B - 18 中型轰炸机。B - 18 是一款已经淘汰
的机型，但比第 28 轰炸机中队目前使用的老式 B - 10 轰炸机还是
好得多。马歇尔沉湎于他自己的一句口头禅：如果日本人看到菲律
宾有了新型作战飞机，他们"就该好好想想了"。[29]

至少有一位历史学家指出，美国陆军改变对菲律宾态度的最重
要原因是它对"空中堡垒"和从克拉克空军基地部署其攻打日本
的诱人可能性抱有不切实际的信心。[30]但首先战争部必须将这个珍
贵的武器从加利福尼亚运往夏威夷和菲律宾。陆军航空队将这次跨
越太平洋的首航视作一次高风险的冒险，因为途中出现任何的失败
在盟友和敌人看来都是致命的。[31]不过，如果 B - 17 真的能抵达夏
威夷，它大概就能抵达菲律宾。1941 年 5 月，陆军飞行员驾驶 21
架 B - 17 从旧金山飞往檀香山。9 月，其中的 9 架飞往菲律宾；10
月，26 架 B - 17 从夏威夷飞往克拉克空军基地，最终共有 35 架
"空中堡垒"飞抵菲律宾。[32]

因此，1941 年陆军航空队对菲律宾的空中增援是基于两个主
要的理由：在菲律宾驻扎现代作战飞机将增强它的军事力量并阻止
日本侵入菲律宾；如果菲律宾遭到日本的进攻，战斗机将设法保卫
其免受敌人入侵，就像英国皇家空军在"不列颠之战"中所做的
那样。然而，战争部不知道这个新的空军战略在某种程度上是建立
在一个谬论之上。"不列颠之战"不是一场少数战胜多数的战争，
英国人高估了德国的空中力量，同时德国人低估了英国的飞机生产

力，这才是英国皇家空军能持续作战并赢得最终胜利的关键。[33]

与丘吉尔那支战胜德国的英国皇家空军相比，菲律宾空军与蒋介石那支糟糕的国民党空军有更多的相似之处。马歇尔认为派遣一些新型轰炸机和战斗机去菲律宾就足够了，不需要改善当地的机场设施、后勤保障和安全措施。菲律宾空军与中国空军部队一样，缺乏完善的地面组织，更不用说可以随时使用在其领土上或附近生产的飞机和武器。但是中国空军部队与菲律宾空军相比有一个很大的优势，它可以利用中国广阔的空间和地理范围疏散和隐藏飞机。在菲律宾，无处可藏，飞机像鸭子一样在简陋的机场一字排开。

1941 年的前 6 个月，由于马歇尔将陆军航空队的资源都调拨到菲律宾，他拒绝了所有要求调拨陆军飞机到中国的请求。他完全不受中国在白宫内外的盟友对他的部门所施加的压力。中国人在华盛顿结交的新朋友中，最重要的一位是罗斯福的行政助理居里（Lauchlin Currie）。宋子文和他的同事满怀信心地认为，凭借居里在白宫的特殊地位，一定能够兑现蒋介石要求的所有飞机和军火。然而，居里很快发现，即使他能够偶然从丘吉尔手中掠夺走一些飞机交给蒋介石，却不能从马歇尔手中压榨出一颗子弹。

15　巴结居里

　　1940 年 12 月 1 日，摩根索和宋子文讨论了美国进出口银行向中国发放 5000 万美元贷款的条款，这笔贷款是罗斯福不久前刚对外宣布的。摩根索坚持这笔贷款的使用应当在美国政府的监管之下，但宋子文断然拒绝。他认为，中国应该自由地使用这笔新的贷款，与 1940 年 9 月 2500 万美元"钨贷款"使用的方式完全相同。摩根索和他的顾问极力劝说宋子文，为确保资金的有效利用，美国政府的监管是必要的。宋子文反驳说，只要环球贸易公司处理采购事宜，财政部就不需要任何额外的监督，因为环球贸易公司的掌权者就是摩根索安插的老朋友，劳海（Archie Lochhead）是总经理，陈光甫是董事会成员。[1]摩根索坚持认为，除非有财政部的代表监管这笔新的 5000 万美元贷款，否则美国国会可能不会再向中国提供贷款。在这个敏感问题上，摩根索与宋子文陷入了僵局。

　　元旦那天（1941 年 1 月 1 日），宋子文使出了先发制人的一招。如果邀请罗斯福政府内部的一位重要成员指导他们如何使用这笔新贷款，那么美国政府就不能抱怨中国人反对他们对这笔贷款进行监管。宋子文认为居里是适合的人选，后者直接听命于罗斯福，并且在白宫有一间自己的办公室。1935 年，居里来到华盛顿为联邦储备委员会工作，他是哈佛大学的经济学博士。1939 年，居里成为有史以来美国总统第一位经济顾问。他的官方头衔是"行政助理",这掩饰了其实际的影响力。

居里的职责是为罗斯福分析一系列贸易、金融和财政问题。1940年12月4日,他提交了一份关于远东危机的备忘录,进一步增强了美国政府对日本进攻新加坡日益上升的焦虑感。他重复了蒋介石的论断,即如果日本占领新加坡,他们将很快控制印度洋大部分地区,危及英帝国的生存。[2]居里全力支持中国人提出的,要求一支大规模空军力量以阻止日本进攻新加坡的请求。1941年春天,他提出了一项短期中国空军计划,并将这份备忘录中的观点纳入其中。著名的"中国通"约翰·戴维斯(John Paton Davies)认为"奇怪"的是,居里应当被视为一名远东问题的速成专家,但他指出"涉足"其他人的领域是"乱哄哄的罗斯福政府的典型特征"。[3]

收到了宋子文的邀请后,居里认为有必要向摩根索澄清一下。1941年1月16日,他打电话给摩根索,讨论一下他即将对中国进行的"小访问"。他解释说这次访问有点疯狂和仓促,尤其是因为他想在3月1日前返回白宫。尽管如此,他还是很想访问中国,"因为这听起来是一次很好的公费旅游,我平时也没有机会去那里"。[4]他声明罗斯福"认为非常值得一去"。摩根索回复说,他"嫉妒得要命,但是很高兴"居里前往重庆。

1月18日,居里听从罗斯福的建议,与萨姆纳·威尔斯谈论了他的中国之行。威尔斯认为居里访问中国是一个很棒的主意,他觉得居里休假一段时间,由中国人支付费用前往中国没有什么不妥当。[5]此后,没有人知道居里此次中国之行的确切性质。1月24日,罗斯福宣布居里将"作为总统特使前往中国,调查中国的总体经济状况"。其他的消息来源则宣称，居里将指导中国人如何使用美国进出口银行和平准基金提供的贷款。[6]这样的情况简介给人留下的印象是，居里是作为美国政府的官方代表前往中国监督新贷款的使用，但事实上并非如此。他是受蒋介石邀请前往中国的，所有的费用由中国人负担。

时代不同，对相关问题的看法也不同了。罗斯福和威尔斯觉得，居里受国民党政权邀请并获得全额资助前往中国进行短期访问并无不妥。就摩根索而言，平心而论他当时似乎并未意识到中国人支付了费用。几个月后，当他发现中国人负担了居里的费用，他向罗斯福表达了深深的忧虑。[7]然而在 1941 年 1 月的时候，没有人想得到居里离开华盛顿时是一个美国利益的守护者，回城时却成了一位中国的游说者。

1 月 29 日，居里登上了飞往香港的中国飞剪号，他随身携带的公文包里装有三封信。[8]第一封是罗斯福给蒋介石的特别书信。第二封是诺克斯手写的、将居里介绍给海军助理武官詹姆斯·麦克休的介绍信。诺克斯将居里形容为罗斯福的一名行政人员，"在中国执行公务"。[9]第三封是宋子文写给麦克休的，宋子文在信中写道："华盛顿的事态发展对我们的事业越来越有利，几个月以前认为不可能的事情现在变得唾手可得。"[10]宋子文完全有理由感到乐观。第一，美国总统本人支持向中国提供新的大额贷款以及间接向中国出售 P‑40 战斗机。第二，罗斯福政府愿意让美国志愿飞行员前往中国。第三，宋子文现在在白宫内部有了一个新的盟友——居里，他相信罗斯福会听取居里的意见，来年对中国提供援助。

2 月初，居里抵达重庆。中国人使出浑身解数招待他和麦克休。原则上，居里此行的目的是指导中国领导层如何制定国家预算、稳定货币和明智地使用贷款。实际上，他收集证据以证明，美国应当大规模增加对中国的援助，以及应当将蒋介石提升为与丘吉尔地位相当的美国盟友。在构想这次美中关系的彻底改变时，他受到了海军最重要的"中国通"麦克休的影响。

詹姆斯·麦克休在1920年代和1930年代曾多次来到中国，在此期间他和蒋介石的亲密顾问端纳成为朋友，后者将麦克休带入了蒋介石的核心集团。因此，麦克休和蒋介石夫妇在一起的时间，比当时任何其他驻华外交官和武官都多。1940年11月，新任海军部长诺克斯直接写信给蒋介石，要求他让麦克休完全知晓中国人抗战的情况，麦克休将"亲自"报告给诺克斯。[11]这样，麦克休就能绕开海军情报局和国务院，直接让他的上司了解中国的最新情况。另一位海军陆战队的情报官员埃文斯·卡尔逊上校也享有这样的特权安排，直接向罗斯福汇报中国的情况。从这方面而言，海军与陆军大不相同。战争部里从来没有一个人，在官方渠道之外与蒋介石建立联系，或者向史汀生报告中国的情况。

鉴于麦克休与蒋介石和宋子文的家族有着独特的联系，他能够通过居里和诺克斯影响美国对华援助的讨论。1941年3月居里返回华盛顿后，他和麦克休定期就居里访华时出现的一系列问题进行沟通。比如，1941年4月，"麦克"① 写信给"劳克"② 说，中国人的士气就像气球一样上上下下，它可以因为美国突然表示出一些

---

① 詹姆斯·麦克休。
② 居里。

支持而高涨起来，也可以因为中国人将其解读为是一个消极的举动而瞬间低落下去。麦克休对居里建议说，美国政府应该充分利用这种趋势："哄哄他们，给他们一些即使我们可以肯定会浪费的东西，把他们笼络住。"他坚信美国"应该立即给中国飞机，让它们去和日机相撞，不要问任何问题，只要说'我们将和你们一起战斗到最后一刻，去吧。'"麦克休认为，与其坚持靠一个合理的军事计划来部署飞机，这种心理战术能更有效地为美国和中国的利益服务。[12]

居里 3 月 10 返回华盛顿，恰好是《租借法案》正式生效的那一天。15 日，他向罗斯福提交了一份秘密报告。居里将麦克休提出的用飞机援助中国的方法，作为新的对华政策的核心。通过向蒋介石出售飞机，美国政府能激发蒋介石对美国善意的信任，并使其战斗到最后一刻。

居里如实地转达了蒋介石在军事和航空领域的观点。其中包括当时为了证明美国应当为中国提供大量军事装备而提出的标准说辞，即如果中国人能在本土组织一次重大的军事行动转移日本人的注意力，或者从中国出发轰炸日本，这样的行动就能够阻止日本入侵欧洲国家在亚洲的殖民地。[13]蒋介石需要最新最强大的军用飞机，使威慑成为现实。

不久之前，中国人刚刚收到苏联提供的 50 架新战斗机和 50 架轰炸机，但他们想从美国人那里得到更多。在蒋介石和他的将领看来，最想要的是战斗机和一些远程轰炸机。尽管中程轰炸机也有用，但不是那么必需。正如居里所指出的，蒋介石期望的是摩根索在 1940 年 12 月曾许诺过的 B－17 "空中堡垒"，蒋介石还是相信这些轰炸机将在 3 月或 4 月交货。如果实际情况不是这样，美国政府应该澄清这个误解。[14]

居里说中国人在建造能够支撑起类似 B－17 这样的重型远程轰炸机重量的机场方面取得了很大的进步。他在成都看到 7.5 万名农民正在建造一条飞机跑道。尽管他们没有机械化的设备，但还是设法为机场建造了符合要求的地基和排水系统。居里确信中国人正在以同样的方式改造其他沿海附近的机场，以便能容纳"空中堡垒"。[15]

居里意识到自己对于航空事务一无所知，他建议由一位海军航空事务方面的高级军官前往中国，亲自视察中国空军部队的情况。开展一次这样的视察有三方面的理由：评估中国作为可能的空中作战基地的能力；更好地理解日本空军目前的状况和战术；最终给中国人留下"我们将他们视为重要的潜在盟友的印象"。[16]这样一次访华之行不仅将收集到有价值的信息，还会对中国和日本都造成"极好的心理影响"。应当由一位海军高级军官，而不是一位驻华使馆里年轻的空军武官来执行这次任务，以便最大限度地扩大它在中国和美国的影响。[17]

奇怪的是，居里建议由一位海军高级军官访华，而不是一个陆军－海军联合小组，或是一个由陆军航空队高级军官带领的代表团。毕竟，蒋介石想要的 B－17 轰炸机和 P－40 战斗机都在陆军航空队的机群里，而不在海军那里。然而，海军和陆军对中国的关注有着天壤之别。像海军上将哈里·亚纳尔这样在亚洲舰队上服役的军官都公开支持国民政府，诺克斯和詹姆斯·麦克休则费尽心思与蒋介石建立密切联系。相反，战争部从来没想过鼓动蒋介石及其支持者上门，寻求他们提供军用飞机及军火，他们把所有的人力、物力都集中在菲律宾。居里很快发现他再也不能从战争部手中为中国争取到装备。回到华盛顿后，居里将寻找飞机的事情放在一边，而是专注于替中国招募一些志愿飞行员。眼下，需要有一些人代替飞机维持蒋介石的士气，让他继续战斗，让他觉得罗斯福政府真的将他视为一个盟友。

16　雇佣兵合同

在尤金·多曼向日本外务大臣发出强硬的口头警告后，原本迫在眉睫的日本进攻新加坡的威胁消除了，罗斯福要将美国飞行员和飞机派往中国，帮助中国空军扰乱日本据称的春季攻势的紧迫感也随之消除。1941年2月3日，雷顿和陈纳德曾与莫顿·迪约见面，商讨招聘飞行员事宜，但几周之内招募工作就停了下来。这在21日摩根索与汤姆·科克伦（Tom Corcoran）的对话中就已经非常明显了。科克伦在华盛顿浸淫已久，是一位根基很深的"圈内人"。

科克伦是华盛顿著名的律师，也是"新政"最早的支持者之一。罗斯福非常喜爱并敬重他，昵称他为"汤米"。当科克伦的第一个孩子1941年1月出生时，罗斯福写了一封热情洋溢的信给他。罗斯福在信中强调，科克伦是仅有的几个他能信任的人之一。尽管有新的"家庭责任"，他建议科克伦还是应该继续把为公共服务置于家庭事务之上。罗斯福希望科克伦在他的政府内就职，大概是司法部，但这份工作从未落实过。[1]1941年2月，科克伦原本希望能被任命为海军部主管航空事务的助理部长，但与此同时他不得不赚钱养家。[2]

2月21日，科克伦打电话给摩根索，他想向后者澄清一下宋子文给他的一份工作邀请。宋子文打算开办一家新的军事采购公司，而不是通过环球贸易公司来购买"战斧"战斗机需要的材料，宋子文希望他及其兄弟大卫（当时还在远东）能管理这家新的公司。科克伦曾私下提及宋子文真正想要他做的事情是，"让他去与陆军和海军交涉，实际上让他们命令某些人加入中国空军"。[3]

多年来，摩根索对科克伦的看法一直有所保留。在他看来，科克伦是在利用罗斯福的庇佑，为自己谋取私利。[4]1938 年 12 月，摩根索曾直截了当地告诉科克伦，除非他说清楚询问的目的，否则不能接近财政部人员。摩根索对他的下属讥讽地说："如果他对总统有用，那是总统的事情。但当他开始试图让财政部长涉足纽约式的选区政治，我绝不会参与。"其他官员也同意摩根索的说法。美国国家税务局（Internal Revenue）局长盖伊·何弗灵（Guy Helvering）说："我绝不会让汤米插手我管辖的事务。"[5]

三年后，在他们 1941 年 2 月 21 日的会谈中，摩根索对科克伦的态度显得直率又不失友好。他同意环球贸易公司不应该参与人员招募和 P‑40 战斗机的采购工作，也认为科克伦为宋子文工作没什么问题。但是他提出一个忠告，科克伦应该向中国驻美大使胡适说清楚他的活动。宋子文与胡适关系很差，后者可能会试图以某种方式削弱科克伦。科克伦回答说："我一直都和他说清楚的。"鉴于他之前对摩根索说话的方式，这个回答或许是假心假意的。[6]

1941 年 2 月底到 3 月，科克伦显然没有说服美国军队让出一些飞行员给中国。3 月 5 日，蒋介石给宋子文发电报，询问美国空军志愿者何时能启程前往中国；13 日，蒋介石抱怨陈纳德招募志愿队的工作停滞不前，宋子文应当尽最大努力鼓动美国志愿者来中国。[7]

3 月 15 日，罗斯福对白宫记者协会说，中国曾向美国请求帮助，因此美国将帮助中国。然而在 1941 年上半年，罗斯福政府没有给中国人提供新的援助。罗斯福对于自己在圣诞节前草率地对中国做出的承诺后悔莫及。他的下属不得不兑现他的承诺，向中国提供资金、飞机和志愿飞行员。当摩根索与宋子文就平准基金贷款进行棘手的谈判时，居里正在筹划飞机援助。他 3 月 15 日上交的那份关于中国的特别报告，使得向中国提供飞行员和飞机，成为他要将蒋介石提升为与丘吉尔同等地位计划的基石。

1941 年 3 月，居里设法让志愿者的招募工作重回正轨。3 月 19 日，他与罗斯福会谈了大约 15 分钟，似乎有足够的时间得到罗斯福的口头同意，继续推进为中国招募飞行员的流程。[8]之所以推断居里得到了这个授权，是因为宋子文和联洲航空公司的负责人在 3 月 21 日起草了一份协议，协议的内容是关于中央飞机制造厂在招聘和管理中国政府打算组建的"三支高级教学和训练小队"人员中所扮演的角色。[9]这份协议明确规定，由这三支小队的主管向中央飞机制造厂说明所需招募人员的数量和应具备的资格；中央飞机制造厂将根据自身员工的标准惯例，招聘和管理这些新成员。联洲航空公司没有招募佣金，但是会得到一笔 40 万美元的特别周转基金，用于支付所有人员管理的费用，包括他们从美国前往中国的旅费和前两个月的工资。

根据其与中国政府现有合同的规定，中央飞机制造厂将负责组装新飞机和维护库存的零部件。当主管"不时"要求技术援助时，中央飞机制造厂将根据工厂的生产进度安排，在可行的范围内，对飞机进行维护、检查和维修，或提供任何其他服务，帮助这些小队进行"实地"作战。[10]

　　3月22日，居里和诺克斯，莫顿·迪约，海军情报局局长、海军上校艾伦·柯克（Alan Kirk）以及海军航空局局长、海军上将约翰·塔沃斯一起吃午饭，塔沃斯在2月初曾对派遣海军飞行员前往中国的计划不太感兴趣。正如诺克斯写信告知詹姆斯·麦克休的那样，他们决定根据居里的提议，派遣一位海军航空事务高级军官前往中国，视察中国空军部队的情况，并让他带上诺克斯交给蒋介石的"一个非常私人的凭证"。[11]居里、诺克斯与麦克休在向中国提供飞机援助的问题上看法一致，就给蒋介石一些飞行员和飞机以展示美国的善意，不要去考虑中国人是怎么使用这些援助的。

　　3月28日，招募工作取得重大突破。莫顿·迪约与陆军高级军官奥兰多·沃德（Orlando Ward）中校见面，沃德可能是迪约在战争部的对接人，担任马歇尔的秘书。迪约向沃德描述了他在2月与陈纳德、雷顿和杨格一起制定的程序：由于中央飞机制造厂将支付飞行员的工资，美国军方将"与中国政府没有任何的财务往来"。雷顿和陈纳德会收到交给海军航空基地的介绍信，"向海军预备役军官解释他们的任务"。这些应征者要向莫顿·迪约提交一封辞职信，随后与中央飞机制造厂签订一份为期一年的合约，任何一方都可以提前30天通知停止合同。一旦合同到期，这些志愿者就能恢复原职，他们在中央飞机制造厂的服务在最终晋升时也算作一年的服役期。[12]

　　迪约和沃德同意，为了给中国空军部队提供100名预备役军官飞行员，海军和陆军的航空部队要各出50名飞行员。他们还要找一些现役机械师和文职人员，一同前往中国。第二天，哈普·阿诺德写信给马歇尔，表示陆军在这些问题上将采用海军的程序。不久之后，马歇尔和史汀生批准陆军航空队参与志愿者计划。

陆军和海军同意出100名预备役军官，让他们为中央飞机制造厂工作一年，但是他们没有承诺为此制定一个具体的行动方案。哈普·阿诺德说，招募人员可以在美军基地向应征者介绍他们的任务。但是他们的任务到底是什么？1941年春天和夏初，对于这些志愿者应该为蒋介石和他的空军部队做些什么，仍然没有达成共识。美方招募人员与中国人对于这些应征者的权利和义务有着完全不同的看法。

当1941年1月莫顿·迪约向雷顿建议组建一支飞行教官队前往中国时，雷顿回忆起早期美国空军代表团在中国的"不愉快"经历，认为如果中国人坚持用与之前一样的方式做事，目前所做的努力最终仍旧会失败。远在重庆的詹姆斯·麦克休和雷顿想的几乎一样。麦克休曾在一份1941年1月11日写给海军情报局的报告中指出，蒋介石对于外国航空和运输顾问的请求，使得"外国警察在中国工作"的老问题又出现了。很多时候，中国人管理不好他们自己的事务，就转向那些他们"张开双臂"的外国顾问，"鼓励他们提出新的计划和方案，然后不仅……不接受这些建议，而且……允许不同的派系通过间接的抵抗和阴谋来破坏目标"。[13]

在一封1941年1月14日写给杨格的信中，麦克休也回顾了1937~1938年在中国服务的雇佣兵轰炸机中队，以及1933~1935年的朱厄特训练代表团。他认为现在这支新的志愿航空队应该效仿后者的模式，而不是前者。蒋介石"只谈论了500架飞机，还说他有很多飞行员，可以驾驶任何机型……除了'空中堡垒'"，但同时，他又希望有一支完全由美国人组成的空军部队，为中国人提供航空服务。[14]麦克休提醒杨格，在中国空军部队中强加进一支美国作战部队将是一个灾难，因为中国空军部队的军官会对这支新的美国代表团充满了愤恨，就像他们之前对 1937~1938 年冬天在汉口服务的外国轰炸机中队那样，也就是雷顿曾提到的那段不愉快经历。此外，与之前那支雇佣兵部队一样，我们将"很难管教和控制"这支新的美国作战部队，"他们的存在应当尽量低调，这是必要的，但我们无法保证，各种复杂的情况都会出现"。

麦克休更想要"一支完全由美国人做主的代表团，像朱厄特领导下的第一支空军代表团那样，在与中国人的合作中可以控制全局，还有充分的行事自由"。他认为应当允许这支新的朱厄特式的代表团，"非官方地……指导行动和协调基础工作"，"一些飞行员可能要先于美国代表团来华，为中国人提供航空服务"。[15]

麦克休眼中的朱厄特代表团带着玫瑰色的光环，实际上朱厄特从来没有全面负责过中国空军部队。1932 年，短暂而血腥的淞沪会战后，时任财政部长的宋子文通过美国商务部的官员安排，邀请朱厄特和一些飞行教官前往中国。他向朱厄特保证，后者在实现中国空军部队的现代化方面将享有充分的自主权。然而到了 1933 年年底，蒋介石对朱厄特不再抱有幻想，转而将希望寄托在意大利空军部派来的飞行员身上，意大利人愿意参与针对福建叛乱的轰炸行动。朱厄特拒绝了，因为这些飞行教官的合同规定，禁止他们参加战斗。随之而来的是激烈的派系斗争。从 1933 年到 1937 年，意大利空军代表团驻扎在蒋介石位于南昌的军事总部，在那里训练中国空军部队军官。美国空军代表团的飞行教官则在杭州，训练中国飞行员驾驶柯蒂斯"鹰式"战斗机或其他美国飞机，他们在地理上和政治上都被排除在蒋介石和南昌的中国空军部队之外。[16]

1941 年 1 月，蒋介石明确对宋子文提出，他希望美国志愿飞行员能完全服从他。[17]然而，以前援华的美国飞行员和飞行教官，不论是 1933 ~ 1935 年的朱厄特代表团，还是 1937 ~ 1938 年的雇佣兵轰炸中队，从来没有被强行要求过要这样服从于他。如果说诺克斯和莫顿·迪约脑海中有一个志愿队的范例，那就是朱厄特代表团。他们大概以为，这些志愿者在一年的合同到期后，要么可以重新回到美国陆军或海军服役，要么可以继续留在中国空军部队的飞行学校，训练中国飞行员驾驶美国飞机。他们没预料到这些中央飞机制造厂的雇佣者，可能被要求签署一份效忠蒋介石的誓约，服从他的命令，而且这样做的话，可能危及他们的美国公民身份。

蒋介石除了要求这些志愿飞行员服从他，似乎对于他们的职责没有固定的想法。1941 年 3 月，蒋介石认为美国飞行员或许能驾驶某些中国飞行员无法驾驭的苏联飞机；4 月，他似乎对他们的工作职责感到很困惑：是否让一组志愿飞行员在位于昆明的中华民国空军军官学校任教，另一组负责训练中国飞行员驾驶 P－40 战斗机？[18]1941 年 5 月 8 日，蒋介石告诉英国驻华大使这些志愿者将驾驶"战斧"战斗机，除了每个月 700 美元的工资，飞行员"每击落一架敌机，将得到 500 美元"。[19]这可能是目前所知最早提及这些志愿者每"击落一架敌机"，就能得到奖金。这也表明，蒋介石在5 月初时期望一些志愿者能担任战斗机飞行员，而不是飞行教官。

然而，6 月的时候出现了一个情况，促使宋子文改变主意，认为这些志愿飞行员还是应该组成一支训练团，而不是一支战斗团。

6月2日，15名中国飞行员抵达仰光，他们打算一旦第一批P-40
战斗机完成组装，就将他们运回云南。这一前景使英国官员大为惊
恐，他们认为中国人没有驾驶这种高速飞机的经验，会撞毁它
们。[20]宋子文意识到了这个风险。6月6日，他向蒋介石建议，应该
由美国志愿者保管这些飞机，训练中国空军部队的飞行员驾驶它
们，只有这样中国人才能最终从美国人手中完全接管它们。这曾是
他在1941年1月最初的提议。[21]

1941年上半年，关于美国志愿者到达中国后的权利和义务问
题，这些组织者始终未能达成共识。宋子文和蒋介石常常将他们视
为飞行教官，而不是战斗机飞行员。如果说中国人还没有决定这些
志愿者的职责是什么，那么招募人员、美国军方以及其他的美国政
府官员也一样。尽管蒋介石认为这些志愿者将只听命于他一个人，
美国官员却可能认为，作为一家美国公司——中央飞机制造厂的雇
员，他们的职责是临时顾问，而不是服从于外国政权的战斗机飞行
员。每个人都采取同样的方法，以人员和飞机的形式提供空中援
助，实现当前与中国的外交目标，不考虑这些人员和飞机的具体使
用方式。

在这个阶段，似乎很少有人怀疑美国志愿航空队是一次在心理
上比军事上更重要的飞机援助。正如居里、麦克休和诺克斯所设想
的那样，美国飞行员和飞机出现在中国将鼓舞蒋介石的士气，增强
他对美国的信任；对于这个罗斯福向他表示尊重的慷慨行为，蒋介
石必定心存感激并认为自己与丘吉尔平起平坐。通过在军事航空上
的合作，中美合作有望达到与美英特殊关系同等的地位。

迟早有人会发现，这些提议的根本问题就隐藏在细节里。摩根

索或许是华盛顿唯一一位有经验和洞察力去质疑居里在做什么的人。从1938年到1941年，摩根索曾将自己视为美国政府内部最重要的中国支持者。然而到了1941年春天，他已经对"中国游说集团"感到憎恨，即使这个标签还没有被贴到宋子文身上。

4月21日，罗斯福让摩根索"立刻"向中国发放5000万美元的平准基金贷款。美国政府曾经在1940年11月30日对外宣布了这笔巨额的援华贷款，但实际上从未真正执行。摩根索一提到这笔贷款就克制不住自己的愤怒之情，他告诉罗斯福，被像汤姆·科克伦这样的人施压，向中国提供帮助，这件事"触怒了他"。他随后揭露，中国人不仅向科克伦支付了3万美元的费用，让他为他们的利益游说，还曾经负担了居里访华的全部费用。罗斯福听后大为震惊，要求摩根索向宋子文提出这件事情。[22]

那天稍晚的时候，摩根索指责宋子文是"一个非常聪明的绅士"，即使他试图改变话题，也完全理解摩根索在说些什么。[23]摩根索专门提到了科克伦和居里，他尖刻地评论说很难分清谁是在为中国人服务，谁又是在为美国政府服务。[24]从此以后，摩根索开始与居里、宋子文和逐渐壮大的中国游说集团保持距离。

17 招募者和被招募者

1941 年 3 月 28 日，陆军航空队司令哈普·阿诺德交给马歇尔一份关于招募工作的备忘录。他在备忘录中表示，还没有讨论过要招募的飞行员应该具备怎样的具体飞行经验，尽管大家都知道中国人想要的是能驾驶 P-40 战斗机的飞行员。[1]阿诺德建议，应当将中国购买的 P-40 战斗机中的 10 架留在美国的某个民用机场，让志愿飞行员能在那里学会如何驾驶它们。[2]然而到了 3 月底，已经来不及留下任何一架"战斧"，这些战斗机早已经装上运往仰光的货船，开始为期三个月的航程了。这些志愿者只能等到他们抵达远东后才能驾驶 P-40，他们中的很多人还是第一次驾驶这款战斗机。

1941 年，P-40 战斗机仍是当时为止陆军航空队机群中速度最快、最有挑战的飞机。1942 年，当美国陆军还在将 P-40B 用于训练而不是战斗时，一份陆军航空手册写道："要驾驶 P-40 不是一件容易的事，它速度很快又难以操纵，对操纵装置的响应速度像闪电一样快。"陆军断定，如果一个飞行员能够学会驾驶 P-40，它就能够驾驭其他任何机型的战斗机。[3]

对于军事飞行员而言，在高级训练和作战训练之间接受转机型训练是惯例。从 1940 年到 1942 年，已经通过飞行资格考试的陆军航空队飞行员需要在经验丰富的飞行教官的指导下，完成 70 个小时的转机型训练,以便让他们熟悉新的战斗机。之后,他们还需要完成另外 40 个小时的作战训练。陆军航空队中的飞行教官和军事参谋在一个严格管制的环境中对飞行员进行密切监视,每天的日程安排得满满当当,包括飞行课程、体能训练和例行事务。[4]

由于美国海军没有 P - 40 战斗机,原则上海军航空兵部队提供的全部 50 名志愿飞行员都需要完成转机型训练。陆军的情况也好不了多少。到了 1941 年 3 月,由于飞行事故和维修困难,陆军航空队里的 P - 40 机群已经遭到严重损耗。柯蒂斯公司在 1941 年 3 月中旬才开始为陆军生产改进版的 P - 40 战斗机,而且这些战斗机中的大部分都将被运往夏威夷或菲律宾。[5]因此,1941 年春初,美国陆军基地中适航 P - 40 战斗机相对较少,而等待驾驶它们的陆军航空队飞行员却太多。正如一位飞虎队成员后来回忆的那样,大部分的陆军航空队志愿者甚至从来没有坐进过一架 P - 40 战斗机。[6]看来,很可能只有 14 名陆军志愿者在加入志愿队之前有驾驶 P - 40 战斗机的经验。[7]

陈纳德可能还不清楚这些志愿者将做些什么,但他确切地知道自己想要什么样的人。1941 年 4 月 1 日,在美国陆军和海军就招募问题达成一致后三天,他起草了一份详细的岗位说明和军事装备清单,宋子文批准了这份清单。[8]陈纳德在这份文件里组建了自己的"梦之队"。他估计,在中国组建和管理第 101、102、103 驱逐机中队共需要 264 名美国志愿者。[9]他在文件中描述了作战行动所需机械设备的类型(除了飞机),以及各种岗位的工作简介,不仅有飞行员和军械士,还有技术人员、文职人员和医务人员。[10]他要求招募100 名已经在驱逐机(战斗机)部队服役的飞行员,其中至少招募

8 名服现役超过 5 年的军官担任指挥官，招募 42 名服现役 3~5 年的军官担任飞行队长，另外招募 50 名服现役 1~3 年飞行员的担任僚机飞行员。[11]

陈纳德还希望中国政府额外提供 600 名人员，提升这些空军中队的"战斗力"。大部分中国人将作为非战斗支援人员，但有一些可能会担任军械士。[12] 因此，如果陈纳德能自主行事，他将拥有一支由他指挥、至少 800 人组成的航空队。

值得注意的是，这份备忘录中没有任何关于转机型训练的规定。不论是陈纳德本人，还是他在美国志愿航空队中担任副官的老朋友都没有驾驶过 P-40 战斗机，他们也不具备任何训练飞行员驾驶它的资格。陈纳德可能以为这些志愿者来中国前会在美国接受一些驾驶 P-40 战斗机的训练，毕竟这是哈普·阿诺德的主意。此后数月，英国人也以为这些飞行员在抵达远东前已经接受过充分的训练，可以驾驶他们的"战斧"战斗机。[13] 中央飞机制造厂的合同条款里也没有考虑到军事飞行训练中的标准程序，即如果飞行员在训练过程中"被淘汰"和撞毁飞机，他们有权解雇他。[14] 缺少转机型训练导致的后果是可以预见的：事故，有时候是致命的，使得志愿队在面对敌人之前就损失了一些飞机和飞行员。

4 月 15 日，宋子文与雷顿签署了中央飞机制造厂协议（未修改 3 月的协议草案）。[15] 同一天，联洲航空公司最终确定了与志愿者签署员工合同的措辞。[16] 在很大程度上，多亏了居里的决心，所有人都已经就位，开始了在美国空军基地的招募工作。

联洲航空公司雇用了一位退役的陆军航空队军官理查德·奥德沃思（Richard Aldworth）上校管理招聘人员团队。从 1941 年春天到秋天，奥德沃思几乎每周都向居里提交报告。在5月3日提交的第一份报告中，他记录了73份飞行员申请，其中有18份是他认可的，这证明了他们在招聘时有一个相对选择的过程。[17]这些招聘人员遵照"主管"陈纳德上校在一封信中的指示，决定所要雇用人员的类别和数量。[18]

同一天，居里起草了一份回复模版，以防记者打听到有关中国政府正在雇用飞行员的谣言：中央飞机制造厂正在为它在中国的组装和商业航线运营招聘人员，美国军方官员对此完全了解，没有一位受雇者将会为中国政府驾驶军用飞机。[19]

整个夏天，奥德沃思和他的同事继续收到应聘飞行员的申请，平均每个星期收到60份。到9月6日，中央飞机制造厂已经按照陈纳德的规定，聘用了100多名飞行员。最终，聘用了59名海军飞行员、43名陆军航空队飞行员、117名技术专家、55名行政管理人员和7名医务人员。到了10月18日，聘用名单上共有289名志愿者。[20]

正如陈纳德的传记作家玛莎·伯德（Martha Byrd）所指出，以及这些志愿者承认的那样，他们对于这个计划背后的政治所知甚少。[21]招聘人员对申请者说他们要去中国保卫滇缅公路或者一家中国飞机制造厂。他们偶尔表示这些志愿者要阻止日本轰炸机轰炸重庆。[22]这些年轻人很少关注这些宣传语。有些人报名参加是为了冒险，其他人欠了债，需要钱。这份工作的工资比美国军队工资至少高三倍：一名飞行员每个月从中央飞机制造厂得到的工资是600美元，相比之下，在陆军航空队每个月的工资只有210美元。[23]

斯基普·阿代尔（Skip Adair）后来担任美国志愿航空队的参谋，他招募了查克·贝斯登（Chuck Baisden），当时贝斯登在陆军航空队第 65 驱逐机中队担任军械士，第 65 驱逐机中队驻扎在长岛的米切尔空军基地（Mitchel Field）。阿代尔对他的中队成员说，中央飞机制造厂需要飞行员保卫一家中国飞机制造厂，每个月支付他 350 美元。相比之下，他在陆军航空队每个月的工资只有 72 美元。贝斯登对远东一无所知，但他猜想日本人是坏人，他很愿意赌一把。5 月 14 日，他收到了退伍证书，随后前往联洲航空公司纽约办事处，签订了一年的工作合同。

另一个从米切尔空军基地招募来的飞行员是第 33 驱逐机中队的罗伯特·布劳克（Robert Brouk），他在日记里记录了自己在美国志愿航空队里度过的时光。斯基普·阿代尔解释说，中央飞机制造厂需要飞行员保卫滇缅公路，布劳克的中队中有 11 个人报名参加。从陆军航空队退伍后，他们被告知 6 月 12 日前要去洛杉矶。原来，集合地点是位于洛杉矶西北部阿罕布拉（Alhambra）的哈洛航空公司（Harlow Aircraft）。布劳克大概不知道哈洛航空公司完全隶属联洲航空公司。当时它正在生产训练机，这些训练机都将被运往班加罗尔，供新组建的印度空军使用。这是郡雷最近与印度殖民当局谈妥的一项合同的全部内容。[24] 哈洛航空公司的负责人是厄内斯特·艾利森（Ernest Allison），他曾经是一名商业飞行员，担任过中国航空公司的运营主管。1919 年，艾利森曾教导陈纳德如何飞行，并且使他免于被航空队淘汰。

斯基普·阿代尔前往密歇根州的塞尔弗里奇空军基地，与第 41 驱逐机中队接触。海军上尉埃斯蒂斯·斯温德尔（Estes

Swindle）报名参加，就像罗伯特·布劳克一样，作为第二支小分队的成员，在8月中旬抵达仰光。8月16日上午，当他们在仰光下船时，没有人知道他们要去哪里。几个小时后，这些人乘坐火车前往位于仰光以北170英里的同古（Toungoo），他们宿营在同古城外一处英国皇家空军基地。1941年春天，英国皇家空军在同古西北9英里的凯多（Kyedaw）建了一个空军基地。这个空军基地有一条大约1500米长的沥青跑道。[25]

埃斯蒂斯·斯温德尔从斯基普·阿代尔那里了解到，在中国的工作就是在滇缅公路上空巡逻，既不会有夜间飞行，也不会有针对敌方战斗机部队的作战行动。斯温德尔认为，阿代尔并没有在这个问题上误导任何一名志愿者，因为当阿代尔面试他的时候，日本人还没有进入法属印度支那和泰国。此外，鉴于敌人的战斗机中队航程有限，他们还不能飞到缅甸或云南的目的地。[26]

1941年6月9日，查克·贝斯登和其他29名技术人员是第一批前往远东的志愿者。他们在旧金山登上了皮尔斯总统号（President Pierce）邮轮，在海上航行了大约5个星期，沿途停靠在夏威夷、澳大利亚、马尼拉和香港，他们在香港换乘一艘荷兰船，继续前往新加坡。他们在新加坡著名的莱佛士酒店（Raffles Hotel）住了10天，在此期间他们的荒唐行为让当地人大为不满。[27]最终，他们在7月29日抵达仰光。沃尔特·彭特科斯特（Walter Pentecost）是艾利森公司的发动机专家，他当时正在仰光组装"战斧"战斗机，他在自己的荷兰皇家邮政日历上将那一天标注"第一批美国志愿航空队抵达"。[28]

第一批志愿者离开旧金山后，居里很担心日本情报部门会弄清有关其他志愿者出发的情况，破坏他们乘坐的轮船。6月21日，他请求罗斯福命令哈罗德·斯塔克派遣一支海军护航队，为荷兰客轮亚格斯丰坦号（*Jagersfontein*）护航。26日，诺克斯同意，一旦亚格斯丰坦号抵达夏威夷，就派遣一些巡洋舰为它护航。[29]

7月6日，罗伯特·布劳克和其他30名志愿者离开洛杉矶，他们花了12个小时才抵达旧金山。7月10日，他们在旧金山和其他志愿者汇合，登上了亚格斯丰坦号。正如理查德·奥德沃思所说，这艘客轮是"核心"，船上共有50名飞行员和73名机械师，其中76名志愿者来自美国陆军，38名来自美国海军。[30]他们在海上航行了6个星期，8月11日抵达新加坡；16日，他们最终到达仰光。第三批飞行志愿者6月22日离开加利福尼亚，9月15日抵达仰光。[31]最后一批志愿者9月24日离开旧金山，11月12日抵达仰光。[32]

居里和詹姆斯·麦克休曾经预感到，一群意气风发的年轻人一起公费旅游，可能会引起关注。6月1日，《华盛顿邮报》（*Washington Post*）报道，美国海军和陆军正在允许飞行员和机械师在中国空军部队服役，一个总部设在华盛顿的中国招聘机构正忙于招聘他们。国务院立即否认了这篇报道，同时战争部和海军部宣称任何一位目前正在为中国战斗的美国人都"没有美国官方身份"。[33]

日本人完全有机会追踪志愿者的进展。1941年8月27日，哈罗德·斯塔克向居里抱怨，任何保密的概念都变成了"彻头彻尾的笑声"。斯塔克已经听说，这些年轻人在新加坡时住在最好的酒店，他们在那里公开谈论将要前往重庆，毫不顾忌有谁在听。他们都不知道自己最终有可能会成为"日本海军绝佳的战利品"。他指出，情况变得更糟了，因为美国总统轮船公司（the American President Lines，"皮尔斯总统号"的所有人）发布了关于他们乘客信息的简短公告，其中就包括这些前往中国的飞行员。[34]

最典型的是，1941年7月19日刊登在新加坡《海峡时报》（*Straits Times*）上的一则新闻，它让世界尽知"美国援华飞行员代表团领导人陈纳德上校今天离开［香港］，乘飞机前往中国首都。这支美国援华飞行员代表团将在重庆训练中国飞行员驾驶美国轰炸机和战斗机"。[35]在上海，《密勒氏评论报》（*China Weekly Review*）报道，"美国陆军航空队的陈纳德上校"于7月18日抵达香港，预计很快到达重庆，他将负责训练中国飞行员和管理最近从美国运往中国的新型战斗机和轰炸机。[36]

7月28日，当第一批30名志愿者在港口靠岸时，陈纳德与他们会面，当天晚上还和他们一起吃了晚饭。[37]后来担任美国志愿航空队秘书的奥尔加·格林劳（Olga Greenlaw）也在那里迎接他们。在仰光明拖大厦酒店（Minto Mansions Hotel）的大厅里，她注意到一队年轻人正在"尽情放松"。奥尔加问她的丈夫哈维（Harvey）他是否看到了这群人，他的回答让她大吃一惊，他说他们就是"我们一伙的"。奥尔加说："为什么？他们都还只是孩子！"哈维回答说："这是一场年轻人的战争。"[38]

另一位在仰光与志愿者会面的是博特纳·卡尼（Boatner Carney），他是陈纳德在昆明飞行学校的老同事。在《战士之路》里，陈纳德的说法是卡尼当时正在同古"匆忙地安营扎寨"，要赶在志愿者达到前准备好他们的宿营地。实际上，7月29日，卡尼在将志愿者送上开往同古的火车后，又留在仰光参加了一个派对。[39]整个秋天，卡尼断断续续地和美国志愿航空队在一起，有时也回到昆明飞行学校。他不是一个理想的军事参谋。最终，1943年他在昆明被判过失杀人罪，这是美国法官在中国审理的最后一起案件。[40]

由于陈纳德没有参谋人员能管理第一批和第二批志愿队，这些志愿者只能靠自己继续前进。查克·贝斯登从一个军械士那里收到了"老头子"陈纳德的命令，要求他将所有的行李送到同古附近的凯多基地。结果发现宿舍离跑道还有几英里远。当贝斯登抵达的时候，这些兵营完全是一副废弃的样子，他单独一人在那里"不舒服地"住了一晚。[41]第二天，他的同伴乘火车抵达。他们都认为这不是那种他们习惯的住处。[42]对于第二批志愿者来说，情况要好得多，罗伯特·布劳克和埃斯蒂斯·斯温德尔都认为缅甸的条件不太差。[43]

几乎所有的人都被告知他们要去中国，他们要在那里巡逻滇缅公路，保卫一家中国飞机制造厂，或者可能要保护重庆免遭日本轰炸机轰炸。那么为什么，他们要在缅甸一个英国皇家空军基地安营扎寨呢？

在《战士之路》中，陈纳德归咎于鄱雷和天气状况，导致他的队伍被困在缅甸。他写道，鄱雷只是在索要他销售 P-40 战斗机的 10% 佣金时，才开始参与美国志愿航空队的工作。关于鄱雷佣金的争议拖了几个月，直到 1941 年 4 月 1 日，摩根索召集各方开了一天的会，迫使鄱雷接受 25 万美元的金额，这个数字与原来相比大幅减少了。直到那时，P-40 战斗机才被装上一艘挪威旧货轮。[44]这个说法是无稽之谈，因为鄱雷的佣金问题早已在 1941 年 1 月就解决了，绝不会妨碍这次行动。然而，陈纳德（或是他的编辑罗伯特·霍兹）坚持认为，“华盛顿的争论”推迟了人员和飞机的出发时间，以至于当他们抵达远东时，季风已经“将云南原本草丛覆盖的机场变成了沼泽地”。陈纳德宣称，他一抵达缅甸，就和鄱雷一起与当地的英国殖民当局达成了一笔交易，借用了一个铺好路面的英国皇家空军机场，志愿者在雨季期间可以在那里训练。[45]

这种歪曲事实的叙述有两个目的：严重损害鄱雷的声誉，并将陈纳德塑造成是唯一能决定这支队伍命运的人。过了这么多年，飞虎队的编年史家已经淡化了附加在鄱雷身上的污名，但接受应当归咎于季风影响的说法。这种说法毫无道理。陈纳德不可能刚刚出现在英国的主权领土上，立即（在鄱雷的一些帮助下）就与英国人进行谈判，租借一个空军基地供志愿者使用。想象一下相反的情况，一群中国人在没有提前通知美国当局的情况下，来到加利福尼亚接受军事训练。

那种认为飞虎队纯属中美之间的事务，是由陈纳德和宋子文创建的，背后有着罗斯福政府支持的说法，完全是错误的。从一开始，英国人就密切参与了这个计划，到 1941 年夏天，他们正成为塑造这支队伍命运的关键决策者。1941 年 1 月底，重庆的英国官员和中国官员开始讨论中英军事合作，随着时间的推移，这种合作变得更有意义。1941 年春末，蒋介石的将领与英国驻华军事代表达成了一项关于共同安全的非正式谅解，其中包括美国志愿者的作用。

美国志愿航空队拥有 100 架"战斧"战斗机，超过了英国皇家空军在新加坡和缅甸拥有的全部现代化飞机。因此，美国志愿航空队代表了远东最重要的航空资产。万一日本对英帝国宣战，美国志愿航空队和英国皇家空军能协调行动，保卫云南和缅甸。即使英国人对美国志愿航空队所知甚少，他们还是全力支持它。到 1941 年夏天，缅甸的一些人员和飞机已经成为中英军事合作的支柱。

18 国际空军部队

　　1940 年 10 月，蒋介石曾经呼吁组成中英美同盟，部署一支强大的机群对抗日本。当时，美国政府和英国政府都决定反对三边行动，拒绝了蒋介石的请求。这样做实在是太冒险了，会造成三边同盟正在紧密合作对抗日本的印象。尽管如此，为了鼓舞蒋介石的士气，赫尔、史汀生和摩根索试图找到一些能提供给他的现代飞机，而英国人则独自考虑对他的要求该如何回复。

　　英国官员意识到，在英国皇家海军抵达远东前，该地区的防御取决于英国皇家空军与任何已经驻扎在新加坡的海军部队之间的协调。[1] 1940 年 11 月，新加坡防务会议（the Singapore Defense Conference）建议，对于地区防务，理想的空中力量是 582 架现代作战飞机，但同意至少 336 架随时可以参加战斗的飞机就可以提供相当大程度的安全。[2] 当时，驻扎在新加坡的英国皇家空军共有 88 架军事飞机，其中至少 1/3 是已经淘汰了的。在缅甸，没有什么飞机或人员是值得一提的。

　　1941 年 2 月，英国参谋长委员会将第 60 中队以及它的 32 架布里斯托尔－布伦海姆（Bristol Blenheim）轰炸机从印度转移到仰光附近的敏加拉洞（Mingaladon）。同时，驻扎在新加坡的英国皇家空军开始收到美国运来的布鲁斯特公司制造的水牛（Brewster

Buffalo）战斗机，预计年底之前运抵 167 架。然而，因为没有足够的飞行员，其中一些飞机在装运它们的板条箱中保留了好几个月。因此，1941 年的大部分时间里，英国皇家空军远东总司令、空军少将罗伯特·布鲁克 – 波帕姆拥有大约 250 架随时可以参加战斗的飞机，这些飞机分配给了 14 个中队，用来保卫所有英国在远东的领地免遭日本的入侵。[3]当英国皇家空军与美国志愿航空队合起来，也仅仅只有不到 350 架飞机。相比之下，日本海军和陆军联合空军部队共有 3500 架作战飞机部署在远东，虎视眈眈地盯着英国和欧洲大陆国家在该地区的殖民地。[4]

因此，英国皇家空军在远东拥有的飞机数量仅仅是日本的 1/10，这个比例也解释了为什么对于英国人来说，把日本人困在中国对他们至关重要。英国人自己在远东的飞机和地面部队这么少，他们只能在有限的资源里想方设法支持中国抵抗。他们寻求与蒋介石合作的办法，既能鼓舞他的士气，又能发展出一些真正的、低成本的军事援助形式。

1940 年 11 月，英国战时内阁决定，将陆军准将兰斯洛特·丹尼斯（Lancelot Dennys）从印度调往重庆，担任新的驻重庆武官。丹尼斯将要以这个身份，领导"204 分遣队"（204 Mission）。它的目标是"鼓励中国人抗日"，首要任务是训练中国人游击战的能力，改善缅甸与云南之间的运输线以及探索进一步合作的机会。[5]

1941 年 1 月中旬，丹尼斯准将抵达中国。[6]他与国民党高级军官贺耀祖进行了"不引人注目的讨论"，贺耀祖当时担任国民政府军事委员会委员长侍从室主任。[7]除了其他主题，丹尼斯和贺耀祖还探讨了军事航空在保卫领土中的作用，尽管一开始，这似乎是双方合作中最没有希望的方面。贺耀祖询问，英国人是否能出售飞机给中国，并配备英国志愿飞行员，"就像美国同意那样的"。他坚持说道，这些飞机会"涂上中国的标志，而且它们只会在中国非沦陷区上空行动，因此英国和美国飞行员不可能会落到日本人手里"。丹尼斯认为这样一个方案是不可能实现的，但是贺耀祖一次又一次地提起它。蒋介石希望英国政府认真考虑组建一支国际空军部队的想法。[8]

丹尼斯很快推断出，中国人没有能力发动一次能够阻止日本将军队从中国撤出，部署到其他地方攻打英国的攻势。尽管对提供任何战前空中支援持怀疑态度，他还是建议一旦与日本开战，就应该将英国的空军中队调到中国，因为这是"坚定中国的决心"最有效的方法。[9]但是，这样的行动需要预先在缅甸与云南之间建立一个燃料、弹药和食品供应网。[10]

丹尼斯向在新加坡的罗伯特·布鲁克－波帕姆传达了他的想法，布鲁克－波帕姆当时负责在缅甸组织一个"中国基地"，为"204 分遣队"协调后勤工作。丹尼斯告知他在马来亚的对接人，蒋介石确实想要配备有英国志愿飞行员的战斗机，以及一份英国同意将英国采购委员会在美国订购的军火和飞机转移到中国的协议。[11]

就在贺耀祖和丹尼斯在重庆探讨军事合作的时候，宋子文正在华盛顿接洽英国代表。1941 年 2 月，宋子文联系上了他的老朋友让·莫内。1930 年代初，他们曾经在为中国提供经济援助方面合作过。[12]1940～1941 年的冬天，英国航空委员会为前来华盛顿参加美英加会谈的英国军官提供掩护，这些会谈旨在探讨美国未来参与欧洲战场的可能性。他们身穿便服，假扮成英国航空委员会的技术顾问。[13]这支代表团的领导人物是空军准将约翰·斯莱瑟（John Slessor），他曾担任英国空军部计划处处长。莫内将宋子文介绍给斯莱瑟，2月2日，斯莱瑟向英国空军部发送了一份关于他们讨论内容的电报。[14]

正如斯莱瑟报告的那样，宋子文强调，日本人决心乘英国正全神贯注于欧洲战场，提前对新加坡发动进攻。新加坡、缅甸和英国在远东其他领地如果落入日本手里，这对中国来说是致命的。因此，蒋介石想要一支由500架飞机和志愿者组成的国际空军部队，这能帮助他们的陆军进攻中国境内的敌人，但是"最重要的是，如果日本进攻新加坡，中国人可以轰炸日本的城市，这样就能大规模转移日本的注意力"。[15]所以，尽管几个星期前罗斯福政府已经不再考虑让中国人轰炸日本的想法，中国人还是继续这么想。

几个月前，斯莱瑟曾经听总统联络委员会的詹姆斯·巴克利说起过一些关于中国国际空军部队的情况，但那时他认为不可行而拒绝了。然而，在与宋子文讨论过后，他承认这个计划正变得"更加切实可行"。中国人已经放弃获得轰炸机的努力，准备先用英国转交给他们的100架"战斧"战斗机组建一支战斗机小队。此外，宋子文声称他已经获得了罗斯福政府的"大力支持"，他们将派遣陆军航空队预备役军官参与这项行动。实际上，在1941年2月中旬前，罗斯福和他的幕僚把这个计划搁置了。[16]

斯莱瑟认为，由于缅甸到中国的运输线路糟糕，以及英国军人严重短缺，英国空军部不能向中国提供志愿中队。尽管如此，他和其他英国代表团的成员都认为宋子文的计划"战略上非常重要"，特别是如果P-40战斗机中队能成功的话。他大概不需要提醒英国空军部，他们在缅甸只有一支空军飞行中队（英国皇家空军第60中队）和32架布伦海姆轰炸机，而在马来亚/新加坡有88架"随时可以参加战斗"的飞机。¹⁷斯莱瑟抱怨说，如果英国与日本开战，美国政府拒绝在远东增援英国，现在他们却在为中国人这样做。由于罗斯福政府支持这个计划，英国也应该认真考虑一下。¹⁸

由于中国已经着手组建"战斧"战斗机小队，斯莱瑟想知道英国是否能提供144架瑞典版伏尔提"先锋"战斗机（48-C拦截机），它们"可能在中国比在欧洲任何地方更有用"。¹⁹1940年8月，中国人曾经想购买这些飞机，但是英国采购人员抢在他们前面，从瑞典采购委员会手里买下了它们。原则上，这些飞机被指定在加拿大使用，但是飞机制造商还没有生产和交货。²⁰

在等待伦敦方面回复期间，2月21日，斯莱瑟与鄱雷讨论了"国际空军部队"计划。在他看来，鄱雷是"一个有着丰富中国经验、能干而明智的人"。斯莱瑟注意到，鄱雷在建立垒允的飞机制造厂后，现在正在建立班加罗尔飞机厂，最后会在仰光组装中国的P-40战斗机。之后，这些战斗机将供美国志愿者使用。²¹鄱雷表示，这些志愿者将分成三个中队，每个中队配备18架飞机（外加备用机）。他声称，不仅美国军方会提供地勤人员，而且他在招募志愿者方面也取得了进展。事实上，正是在这个时候，尽管得到了海军的支持，招募工作仍处于停顿状态。

鄱雷还计划组织50名行政人员和100名技术人员加入这个飞行队。他在远东已经雇用了大量员工，他的组织有350名中国地勤人员，他们英语都很好，也都拥有工程学学位，另外还有3000名中国机械师，他们"是经验丰富的地勤人员，为组建部队提供了坚实的基础”。[22]鄱雷明白斯莱瑟对缅甸到中国的运输线持怀疑态度，但他认为这不是一个不能克服的问题。他的公司已经证明，一群能干的外国人（不是中国人）能在这个困难的地区处理后勤工作。此外，尽管垒允飞机厂曾经被轰炸过，它还是继续通过缅甸接收物资。鄱雷认为这个志愿者项目没有英国行政人员也行，但他希望英国政府能派遣一些有战争经验的飞行员来志愿队服役。

斯莱瑟本人在他发往伦敦的电报中对这个计划表现出强烈的兴趣。他建议他的上级，志愿者在进入中国前，先在缅甸组建飞行中队并接受一些作战训练是非常重要的。他认为敏加拉洞机场（靠近仰光）已经完成了扩建，正适合这个行动。他想知道英国驻华大使是否能安排英国皇家空军远东总司令罗伯特·布鲁克－波帕姆与鄱雷的弟弟埃德商讨这件事。[23]在这些建议中，他为几个月以后英国在缅甸为美国志愿航空队提供住宿奠定了基础。

尽管他的报告很详细，但它是非常片面和不加质疑的。斯莱瑟对于国际空军部队和美国政府对它支持的看法，完全来自宋子文和鄱雷。英国关于国际空军部队和对华援助的档案中没有任何证据显示，在1941年2～3月斯莱瑟曾经与任何一位美国政府官员（比如菲利普·杨或莫顿·迪约），谈起过关于这支所谓的国际空军部队的事。如果他这样做了，他可能就会发现美国政府对这个计划的支持是很微弱的。罗斯福没有放弃这个志愿者计划完全是出于政治上和心理上的原因，如果公开声明，会对蒋介石的士气造成严重打击。

英国空军部天真地将斯莱瑟的总结当作美国政策的准确反映。1941年3月6日，英国空军参谋长查尔斯·波特尔爵士（Sir Charles Portal）向英国飞机生产大臣比弗布鲁克勋爵转达了斯莱瑟提出的，将 144 架伏尔提"先锋"战斗机转交给中国的建议。波特尔似乎不假思索地就相信罗斯福政府支持国际空军部队："美国人也一直在思考给予中国援助的问题，因此，美国通过了一项为中国组建国际空军部队的计划。招募志愿者的工作进展令人满意，他们已经订购了一些轰炸机，并将用之前分配给他们的'战斧'组建一支有 3 个中队的战斗机中队。"波特尔随后请求比弗布鲁克勋爵支持向中国转交 144 架伏尔提"先锋"战斗机的建议。他指出，这些伏尔提飞机"对于我们自己使用而言标准不够高，因此，我们建议将它们分配给中国人"。比弗布鲁克勋爵欣然同意了。

在白厅，英国政府各级官员立即将他们献出的 144 架伏尔提飞机，加到英国对中国物资援助零星措施的清单上了，不过却为时过早。为谨慎行事，他们决定目前还不能向中国人透露有关伏尔提飞机的事情。如此谨慎也不无道理，因为美国政府花了几个月时间才买回这些飞机，然后将它们重新分配给中国。[26]4 月，斯莱瑟、宋子文与诺克斯和海军航空局局长、海军上将约翰·塔沃斯商量，努力推动这次重新分配的进程。诺克斯支持将这些伏尔提飞机派往中国，但是塔沃斯"性格比较保守……他认为目前提供给他们更多飞机还为时过早"。[27]直到 1942 年中期，这批伏尔提"先锋"战斗机才抵达中国。[28]

斯莱瑟关于国际空军部队的报告也激发了英国皇家空军远东总司令罗伯特·布鲁克 – 波帕姆的热情。[29]他和兰斯洛特·丹尼斯都同意，如果与日本开战，一些驻扎在缅甸和新加坡的英国空军中队应该立即转移到云南的机场。他们打算战争爆发后在中国建立燃料库和其他供应设施，为空中作战提供物资。[30]布鲁克 – 波帕姆认为，宋子文的国际空军部队应该"与我们在中国的组织协调"，并且希望"某个中央政权能确保英国皇家空军与国际空军部队的合作"。[31]尽管所有的军事物资和人员可能都来自美国，布鲁克－波帕姆认为"国际"这个词有助于宣传，它表明作战行动的控制权掌握在"英美手中，而不在中国人手里"。他强调，仅仅依靠几名外国顾问不能保证中国人能有效利用这些飞机。为了中国人的声望，中国空军部队应当拥有"名义上的指挥权"，但是"真正的控制权应当在一些非中国人手中"，最理想的是一名英国皇家空军军官。[32]

3月初，英国空军部建议罗伯特·布鲁克－波帕姆，"如果发生战争，要保持有效的联络和最密切的协调"，但提醒他英国远东政策的基础还是避免与日本开战。因此，它否决了让一名英国皇家空军高级军官担任国际空军部队首领的想法。它也不希望"204分遣队"与国际空军部队有明显的联系，尽管两者之间进行了谨慎的协调。[33]英国空军部希望，国际空军部队一旦在中国成立，就应该向英国通报任何轰炸日本本土目标的计划。空军部反对斯莱瑟提出的让国际空军部队在缅甸训练的建议，他们坚持这些飞行员应该在美国接受驾驶P－40战斗机的训练。不过，可以允许鄱雷和中央飞机制造厂在仰光组装和测试100架P－40战斗机。[34]

1941年2月中旬，宋子文又一次寻求英国人的帮助。第一批36架"战斧"装上了奈达瑞德号（Nidareid），其余的将在3月和4月装上挪威货船，沿着同一条航线运输。宋子文担心日本人会破坏货船，但他推测他们不敢拦截那些他们认为是英国的货物。[35]因此，他询问英国驻美大使哈利法克斯勋爵，这些飞机是否能交付给驻扎在新加坡或缅甸的英国皇家空军。

哈利法克斯认为这个新的要求很过分，拒绝了宋子文。英国人不仅被迫要放弃他们的飞机，现在还指望让他们来承担把这些飞机运输到远东的风险。日本人可能会将此视为一种挑衅，如果他们发现英国直接将这些给中国的飞机运到了一个英国在远东的港口。[36]在英国外交部，伯克利·盖奇（Berkeley Gage）在会议记录中写道："从实际情况看来，我们认为把这些超现代的飞机交给中国人是一种对好东西的荒谬浪费，他们不可能有飞行员会驾驶这些飞机。我想了很久，宋子文让我们用他建议的诡计沿途保护它们的运输安全，尤其是在日本人已经完全了解这笔交易的情况下。我认为我们应该拒绝这么做。"他的同事阿什利·克拉克接着说："尽管整个事情令人恼火，但我们还是应该接管这些飞机。"[37]

中国人向英国寻求的另一个至关重要的帮助是为"战斧"提供枪支。3月10日，亚瑟·布莱克本爵士（Sir Arthur Blackburn）在重庆向英国外交部发去电报，说这些从布法罗运来的飞机没有配备枪支。中国人声称他们不能在美国获得适用于这些飞机的枪支，因此希望英国航空委员会能从英国的库存里让出一些给他们。[38]再一次，英国人"不情愿地同意"尽他们所能去帮助中国人，"尽管他们自己也极其迫切地需要这些枪支"。[39]

1941年春天，蒋介石试图从双方的合作中索取更多的东西，但英国并不能满足他。1941年4月13日，《苏日中立条约》的签订引起了中国的焦虑，害怕日本从此再也不用担心与苏联开战，然后他们就能毫无顾忌地调拨军队进入中国，要么控制滇缅公路，要么组织向南扩张。[40]蒋介石希望英国承诺，如果日本从法属印度支那向云南发起全面攻击，英国将把英国皇家空军飞行中队从新加坡部署到云南。[41]

英国面临着一个两难困境：一方面，他们害怕在云南的军事干涉会引发与日本的战争；但另一方面，他们不希望动摇中国对他们想要发展真正安全合作的信心。1941 年 5 月中旬，他们终于拒绝了这个请求，但是向蒋介石做出了最真诚的保证，保证他们会向中国提供支持。[42]英国人再次靠花言巧语扭转了局面。5 月 20 日，蒋介石给英国首相发了一封非常私人的信作为回复。他指出："我知道您现在承受着巨大的压力，相信我，我也是。"这个感人的翻译可能出自宋美龄之手。[43]丘吉尔的顾问建议他在回复中将中国称作民主国家之一。因此，他向蒋介石保证说："你们的事业也是民主的事业……激发我们两国的事业是正义的。我们不必为结果而担心。"[44]

蒋介石对英国的要求，加剧了英国对与中国最高指挥部通信安全的担忧。正如一个英国外交部专家所指出的，除了蒋介石，没有一个中国将军能保守秘密。此外，由于日本情报部门已经破译了中国的密码，敌人追踪了中英合作的每一个新进展。[45]

从 1940 年 12 月到 1941 年 4 月，英国在中国和伦敦的代表坚持不懈地致力于与国民党政权建立军事和空中合作。其中有一些措施是强加给他们的，但另一些是他们自愿采取的，尽管经过了仔细的考虑。1940 年 12 月，按照他们的标准，英国人在消除所有在仰光组装和测试飞机的障碍方面迈出了一大步。如果这些飞机上没有携带武器，就可以允许中国飞行员将它们运到云南。1941 年 1 月，英国人实际上是被摩根索敲诈了 100 架"战斧"战斗机，将它们让给了中国。3 月，他们提供了"战斧"所需的机枪，同时英国航空当局还批准将 144 架伏尔提"先锋"战斗机转交给国际空军部队使用。[46]总体而言，1941 年第一季度，英国提供给中国的物资援助实际上超过了罗斯福政府。

到目前为止，英国方面为中英合作做出的最重要决定是，万一日本对英国宣战，英国同意将英国皇家空军飞行中队从新加坡、马来亚或缅甸转移到云南。原则上，布鲁克－波帕姆得到的授权是等国际空军部队在远东地区，很可能是在缅甸的某个地方安顿下来之后，他的英国皇家空军飞行中队与国际空军部队之间建立起"不引人注目的"协调。1941 年春天，他和陆军准将兰斯洛特·丹尼斯已经预计到将要在云南进行战时空中作战行动，他们一直在试图改善缅甸边境附近的运输线，建立燃料库和"炸药库"。[47]

尽管在与蒋介石建立自己的关系，但是英国政府还是认为它在对华援助上应当与美国政府保持一致。很快，英国外交部就明白，英国空军部本末倒置了，他们在军官（约翰·斯莱瑟和查尔斯·波特尔）几乎不了解美国政府实际参与的情况下，就贸然推动了国际空军部队计划。3 月 13 日，英国外交部向哈利法克斯勋爵发去了一封以三段论开头的电报："如果美国政府很明显支持斯莱瑟概述的组建国际空军部队援助中国的计划，我们就应该支持。"[48]但这真的明显吗？一点也不。伦敦方面要求哈利法克斯了解更多有关美国"对国际空军部队计划的态度"。[49]两个月后，即 1941 年 5 月，英国外交部还在等待哈利法克斯就美国政府在这支神秘的援华志愿队上的立场给出一个明确的回答。

19 留在缅甸

从 1941 年 3 月到 6 月，英国人努力从罗斯福政府那里获得有关向中国提供空中援助的详细情况。这无异于缘木求鱼。英国外交官了解到的那一点点关于国际空军部队/美国志愿航空队的情况，在帝国内部以讹传讹地流传着。关于中国人会如何单独地或共同地使用这些 P‒40 战斗机和志愿者的误解数不胜数。

4 月 29 日，英国空军部希望英国驻华盛顿空军武官、空军准将乔治·皮里（George Pirie）弄清有关"鄱雷的中国国际志愿空军部队"的情况，这就是约翰·斯莱瑟在他最初的报告里为这个项目所起的名字产生的持久影响。[1]皮里几天后就弄清了真相，国际空军部队与鄱雷一点关系也没有，它由陈纳德指挥，陈纳德"直接听命于蒋介石"。他补充说："美国政府官方并不了解这支［空军］部队，它预计大约在 7 月中旬抵达仰光。"[2]5 月 13 日，缅甸事务大臣向缅甸总督重复了这份报告的要点："美国政府否认知道这支部队，它由陈纳德上校指挥，陈纳德直接听命于蒋介石。"[3]

由于志愿者即将来到缅甸，英国空军部迫切希望从美国官员或陈纳德那里了解这支空军部队"最详细的信息"，包括人数、训练状况和抵达日期。[4]根据乔治·皮里的说法，只有几名志愿者需要在仰光接受飞行指导，他们的行动将于 7 月底或 8 月初开始。[5]5 月 8

172

日，蒋介石告诉英国驻华大使卡尔，美国政府已经批准他们招募预备役军官，这些志愿者每个月将获得 700 美元薪水，另外他们"每击毁一架敌机将获得 500 美金"。[6]1941 年 5 月 20 日，英国外交部抱怨说，到目前为止他们收到的信息都是"不详尽且不连贯的"，并且向哈利法克斯勋爵施压，要求他提供更多的信息。[7]那天，英国参谋长委员会也向美国海军情报局局长艾伦·柯克发送了一份英国对中国援助情况的概要，其中强调了英国训练中国游击队的进展，以及对国际空军部队"不引人注目的支持"。他们要求柯克提供更多有关美国对该项目政策的信息，因为"（美国政府）关于该计划的进展的立场是模糊的"，只要无损于欧洲战场，英国参谋长委员会"欢迎美国采取积极行动推动这一进程"。[8]

然而，美国海军情报局几个星期都没有答复英国提出的关于国际空军部队和对华援助的一连串问题。7 月 8 日，柯克写信给海军作战部长斯塔克说，"考虑到海军在这个问题上缺乏信息"，最好把与英国人的讨论推迟到与居里谈话过后。[9]柯克的助理、海军少校亚瑟·麦科勒姆（Arthur H. McCollum）直截了当地将美国对中国的援助描述为，"口惠而实不至，除了以相当有利的条件提供贷款外，几乎没有提供什么具体的帮助"。他们不能和英国人讨论对华援助问题，"因为我们都不知道我们自己能采取多大程度的行动"。[10]麦科勒姆是海军情报局远东处处长，他如此坦白的言论，揭示了海军情报部对中国志愿者计划所知甚少，尽管诺克斯是该计划主要的倡导者。看来，在这个阶段，海军在重庆的代表詹姆斯·麦克休也同样一无所知。康奈尔大学所藏的麦克休档案中并没有提到中英对国际空军部队的讨论。那年夏天，他也没有从老朋友居里那里得到任何可以传递给海军情报局的信息。

海军情报局在这个时候对英国和美国对华空中援助的无知有几种可能的解释。第一，为了避免敌人任何的干扰，中国人和英国人成功地将他们的计划保密了。第二，白宫（通过居里）不想推进任何英、中、美军事合作，因为日本可能会将任何有关三方互动的迹象看作他们正在结成一个正式同盟的证明。此外，美国后来毫不掩饰自己想要长期影响对华军事援助的政策，他们不准备和英国分享控制权。

在珍珠港事件爆发一年前，美国、英国和中国不可能进行这样的三边磋商，讨论美国志愿飞行队或是任何其他形式的对华军事援助。这三个国家像偷偷摸摸的情侣一样行动——中国和英国、中国和美国，以及美国和英国，每一对都在按自己的步骤行事。

1941年5月，志愿队的情况令英国战时内阁大惑不解。由于美国政府假装对此一无所知，伦敦的官员觉得必须效仿美国，并且"公开和这支部队撇清关系"。[11]然而私底下，白厅各个部门早已深深地投入这项他们所知甚少的冒险事业了。[12]罗伯特·布鲁克－波帕姆在新加坡抱怨，如果他不能充分了解国际空军部队的最新进展，要让他保持与他们的"有效联络"并且"如果战争爆发，进行最密切的协调"是很困难的。对他来说，事情变得更加紧急，因为陆军准将兰斯洛特·丹尼斯和"一位中国空军部队的毛将军"将要来到新加坡，他想与他们一起讨论国际空军部队的"指挥和组织"。[13]

5月26日，哈利法克斯勋爵终于提供了一些关于国际空军部队的详细情况。它是由原美国陆军航空队的陈纳德上校（已退役）指挥的，100架"战斧"战斗机正在前往缅甸的路上，100名原陆

军和海军飞行员也准备前往那里。据了解，这支部队将于 1941 年
8 月中旬在中国投入战斗。这完全是夸张，但他们怎么还能了解得
更清楚呢？哈利法克斯还报告说，美国政府最终侵占了给中国的
144 架伏尔提飞机，正在为这些飞机招募机组人员。国际空军部队
正在得到居里的"积极协助"，尽管美国政府与它"没有公开的关
系"。是的，居里是整个美国政府中唯一一位关心这支部队的人。
此外，居里表示这支部队不需要英国或同盟国的飞行员，而事实
上，它当然需要能得到的所有帮助。这或许证明了居里的反英偏
见，因为他很快就流露出自己多么渴望将英国人排除在美国志愿航
空队计划之外。[14]

　　哈利法克斯勋爵提供的最新消息再次引发了英国外交部的内部
辩论。1941 年 6 月 6 日，官员聚集在一起，审查对中国的援助，包
括兰斯洛特·丹尼斯的"204 分遣队"和对国际空军部队的支持。
他们仔细考虑，"204 分遣队"是否需要几名英国皇家空军军官对
云南的空军设施进行评估。这个想法引发了另一个想法：或许一些
英国皇家空军军官也应该"秘密联络国际空军部队"。然而，从居
里的说法中，还根本不清楚美国政府是否需要英国对这支部队提供
任何援助，以及如果需要的话，"什么样的援助"。在开始下一步
之前，"首先要和这支国际空军部队的指挥官陈纳德上校讨论
一下"。[15]

　　同时，英国外交部对于罗伯特·布鲁克-波帕姆和毛邦初拟定
进行的会谈也"不完全满意"。6 月 6 日，外交部远东司的阿什
利·克拉克要求英国作战部（the War Office）提醒布鲁克-波帕
姆，"在这个问题上，最有资格和中国人打交道的是驻重庆武官"。

他建议，不要在两个地方讨论如此敏感的问题，布鲁克－波帕姆应当谨慎行事，并充分意识到如果有不必要的中国人了解英国的计划，将"增加信息泄露的危险"。[16]

罗伯特·布鲁克－波帕姆抗议说，即使重庆仍是中英进行国际空军部队讨论的中心，他也必须了解这些讨论的最新情况，因为它的维持和运作"非常密切地"影响到他的指挥。他指出，"战斧"战斗机将在缅甸完成组装，很可能会驻扎在英国皇家空军在缅甸的小型机场里。有迹象表明，到1941年6月初，兰斯洛特·丹尼斯和中国人已经决定美国志愿航空队应该继续留在缅甸，而不是前往昆明。布鲁克－波帕姆想要就国际空军部队与英国皇家空军之间共享航空设施，以及通过滇缅公路运输的物资补给进行磋商。还有，在他看来，"如果日本和我国开战"，必须在"国际空军部队的行动和我们的计划"之间进行协调。[17]

布鲁克－波帕姆的言论暗示，英国人和中国人已经在重庆商量如果英国与日本开战，英国皇家空军与国际空军部队的合作问题，讨论的内容包括机场安排、后勤、补给以及作战行动。这些计划是如此敏感，因此兰斯洛特·丹尼斯和他的中方对接人都被禁止发出有关这些问题的电报。因此，布鲁克－波帕姆无法获知这些信息，除非他当面见到了丹尼斯或他的副官。

6月20日，中国空军部队总指挥毛邦初拜访了罗伯特·布鲁克－波帕姆。毛邦初认为陈纳德当天（6月20日）抵达重庆，然后前往仰光。布鲁克－波帕姆给英国驻华大使卡尔发送了一封电报，看外交圈里是否有人知道陈纳德的下落，以便让他直接到新加坡去。[18]卡尔回复说他不知道陈纳德在哪里，英国驻华盛顿大使馆

"声称他们同样一无所知",并认为他还没有离开美国。卡尔补充说,中国人正准备在两三周内在昆明接收 246 名美国人。[19]

然而,毛邦初却在新加坡反复要求英国飞行员加入国际空军部队。罗伯特·布鲁克－波帕姆推测毛邦初是在蒋介石的指示下提出这个要求,但他断然拒绝提供飞行员。他声称,英国在缅甸帮助维持国际空军部队或派遣任何英国皇家空军小分队前往中国的能力,完全取决于滇缅公路的改善情况。6 月 25 日,布鲁克－波帕姆发了封电报到伦敦,要求安排他与陈纳德在新加坡会面,讨论国际空军部队的组织和运作。他想让中国人清楚明白地知道,他认为陈纳德是"国际空军部队的执行指挥官",而不是毛邦初。[20]

陈纳德已经准备离开华盛顿了。6 月 21 日,他终于与英国空军武官乔治·皮里会面。这是英国军官第一次直接与志愿队的"主管"对话。在他们的谈话中,讨论了一个特别重要的细节,这在随后关于飞虎队的叙述中从未被提及。陈纳德这样告诉乔治·皮里,美国驻东京的海军武官曾经报告,日本人完全了解这支所谓的援华国际空军部队的建立。出于这个原因,"在一切准备就绪,可以让这些 P－40 战斗机在中国投入行动前,这些飞机都不能离开仰光。之前的打算是一旦完成装配和测试,就立即将它们运往中国"。陈纳德现在认为,这批 200~300 名的志愿者,在他们前往云南前也应该留在缅甸,充分接受有关操作和维护"战斧"战斗机的训练。陈纳德想知道,能不能为这么多人找到住处。[21]

这不可能是陈纳德在华盛顿做出的决定。到这个阶段,英国人已经承诺,如果与日本开战,他们将组织云南和缅甸的空中防御。英国人很清楚云南在日本的空袭中有多么脆弱,中国人对此也很清楚。在新加坡，毛邦初向罗伯特·布鲁克 - 波帕姆坦言，作为一支战斗部队，中国空军部队是"相当没有战斗力的"。[22]看来，兰斯洛特·丹尼斯和蒋介石决定，为了保护美国志愿航空队和它的资产不被敌人摧毁，这支部队应该驻扎在缅甸。在那里，这些志愿者可以安全地接受训练，并且与英国皇家空军建立协调。一旦英国与日本开战，这支部队可以更好地做好准备，开展保卫缅甸和云南的联合作战行动。

与此同时，100 架"战斧"战斗机终于开始运抵缅甸。5 月 23 日，挪威货轮奈达瑞德号终于在仰光靠岸，卸下了装载在大型板条箱里的 36 架飞机。为了监督这些飞机的组装，联洲航空公司雇用了艾利森公司的发动机专家沃尔特·彭特科斯特和柯蒂斯 - 莱特公司的试飞员拜伦·格洛弗（Byron Glover），他们也在当天抵达仰光。[23]两天后，彭特科斯特带领着一队印度和中国劳工，开始拆包零件并着手装配操作。7 月 12 日，另外一艘挪威货轮甘尼号（Gunny）在仰光靠岸，船上装载着 30 架"战斧"战斗机；到 7 月底，最后一批"战斧"战斗机抵达仰光。[24]

一名工程师和一名试飞员，要在一些中国机械师的帮助下组装 100 架飞机，他们注定会进展缓慢。在最初的八个星期里，彭特科斯特和格洛弗组装和验收了 6 架飞机。接下去的几个星期，速度有所加快，但后来由于天气状况、生病以及缺少零部件，速度又慢了下来。[25]有时候季风使得他们根本不可能组装或试飞。彭特科斯特在他的日历上将 8 月的几乎每一天都标注为"雨天"。格洛弗在 1941 年秋天生了两场重病，暂停了试飞工作。极端潮湿导致发动机故障，推力轴承生锈是最常见的原因。从新加坡或加尔各答运来替换品要花几个星期的时间，有两次当彭特科斯特在检查推力轴承的时候，所有的飞机都停飞了。在这个充满挑战的环境中，彭特科斯特和格洛弗平均每个星期只能"卖出"3～4架飞机。1941年11月28日，最后一架"战斧"战斗机完成了试飞和验收。[26]

7月18日，陈纳德抵达重庆，很快就见到了陆军准将兰斯洛特·丹尼斯和英国空军武官詹姆斯·沃伯顿（James Warburton）上校。陈纳德告诉他们，他个人完全掌握了这支部队的指挥权，这或许让他们大吃一惊。陈纳德还表示，41名飞行员和98名地勤人员很快将抵达仰光，其余60名飞行员将在9月底前抵达。他打算在仰光对这些被招募人员进行"日夜飞行实训"和"单兵空对地射击训练"。陈纳德还有一些轰炸机方面的大计划：到年底前，他希望有66架航程为3000英里的洛克希德·哈德逊414型飞机，用于"直接对日作战"。这有点儿夸张，因为洛克希德·哈德逊的航程大约是2000英里。奇怪的是，英国军官并没有问他中国人怎么样才能获得这些轰炸机。

陈纳德似乎对在英国领地上行动的外交层面含义一无所知。沃伯顿指出，这样级别的训练需要"英国外交部的批准"。[27]事实上，有关美国志愿航空队在缅甸行动的磋商延伸到了整个白厅。7月19日，缅甸总督雷金纳德·多尔曼－史密斯（Reginald Dorman-Smith）收到了英国战时内阁关于国际空军部队的指示。战时内阁的官员建议他，在与陈纳德和罗伯特·布鲁克－波帕姆商议后，他可以决定这些美国志愿者在缅甸的行动能进展到什么程度。战时内阁建议，在飞机运往中国前，他可以允许这些志愿者在飞机上装备武器。"当飞机在缅甸期间"，他还可以"允许有关人员对它们的使用和维护进行指导"。[28]

　　然而，英国空军参谋部（the Air Staff）却对这些命令持保留意见。空军参谋部的专家提醒他们在战时内阁的同事，现在他们面对的国际空军部队的实际情况与以前的信息有很大的不同。他们之前认为，这些志愿者将在美国接受充分的训练，能够驾驶"战斧"（或伏尔提），并且如果有必要的话，他们将在中国得到进一步的训练。按照目前的情况，战时内阁被迫要考虑国际空军部队提出的在缅甸组建一支作战训练小分队的要求。尽管参谋长委员会认为国际空军部队在中国成功建立是"战略上值得做的"，但他们也"担心"日本对于英国援助的潜在反应。因此，有必要"尽可能地掩饰在缅甸提供公开援助的程度"。英国人在试图避免日本挑衅的同时，"在援助国际空军部队方面承担了相当大的风险"。[29]

　　但是，传统上认为英国不应该做任何事情来挑衅日本的观点开始瓦解。如果是几年前，英国政府会将美国人和飞机出现在他们的远东殖民地视为对日本的刺激。然而在 1941 年夏天，英国空军部承认："日本将在比国际空军部队更大的议题上，决定是否公开对抗大英帝国这个重大问题。"[30]英国空军部仍然不愿意让美国志愿者在英国领地上使用枪支和进行实弹作战训练，但是这条信息在电报交流中丢失了，从来没有到达缅甸总督雷金纳德·多尔曼－史密斯手里。

　　7 月 23 日，陈纳德抵达仰光，他发现联洲航空公司已经开始在附近的敏加拉洞机场组装和测试飞机。[31]当天，他与雷金纳德·多尔曼－史密斯会面。正如陈纳德随后在写给宋美龄的信中所说的那样，英国人真诚地希望在与美国志愿航空队有关的事务和对华援助方面，进行全面合作。缅甸总督向他提供了几乎他想要的一切：在英国皇家空军飞行中队训练飞行员；在飞机上安装机枪和飞行员进行射击训练；暂停美国货物和人员的关税壁垒；允许在缅甸境内设立敌机观察哨；充分利用英国皇家空军位于同古以及马圭（Magwe）的基地。尽管马圭基地除了一个机场外，还没有任何其他设施。[32]事实上它们是一回事，马圭基地就是同古城外几英里处的那个机场。

7月26日，缅甸总督向伦敦当局传达了与陈纳德报告给宋美龄大致相同的细节，他"急于满足陈纳德的愿望……希望部长们不要反对"。[33]他将战时内阁的指示理解为允许他让美国志愿者进行作战训练，"无须进一步参考伦敦的意见"。[34]在此基础上，他告诉陈纳德，飞行员在前往云南前，可以在英国皇家空军飞行中队中进行训练。

缅甸总督这么做越界了。7月27日，英国皇家空军远东总司令罗伯特·布鲁克-波帕姆提醒他，根据战时内阁的指示，允许飞行员接受足够的指导，学习如何驾驶飞机和将它们运送回中国。然而，当他们还在缅甸时，不能允许他们进行攻击方法训练或空中照相枪训练。对于布鲁克-波帕姆而言，这是一个艰难的决定，他急切地向战时内阁寻求这个政策的明确性。因为他即将在新加坡接待陈纳德。他提出了一个直截了当的问题：英国作战部是否允许国际空军部队在缅甸组建一支作战训练小分队?[35]

同一天，1941年7月27日，陈纳德开始了他对新加坡三天的访问。布鲁克-波帕姆发现他是一个"积极实干、有魄力的硬汉"，"在训练和作战行动方面都有很好的想法……他应该很好相处，特别是在战争期间"。布鲁克－波帕姆在发给伦敦的电报中报告了陈纳德提供的以下详细信息：全部 100 架 P－40 战斗机现在都在仰光，其中 20 架已经完成组装；在缅甸完成训练后，这些飞行中队将从昆明出发，保卫滇缅公路。陈纳德预计 144 架伏尔提飞机将于 10 月陆续到货，供中国空军部队使用。1942 年 1 月起，共和航空公司的 P－43 战斗机也将开始交货并分配给中国空军部队和国际空军部队。唯一的障碍是，1942 年 1 月前无法得到备用的零部件。

陈纳德还提供了即将运往中国的轻型轰炸机的部署细节。他的志愿队将把这些洛克希德·哈德逊轰炸机保存在中国中部的某个地方；在对日本发动空袭前，它们将从那里出发，在中国东部的机场加油，大概他修正了自己之前对于这款轰炸机的航程估计。另外还有道格拉斯 DB－7 轰炸机，它的航程比洛克希德·哈德逊轰炸机短得多，供中国空军部队使用。布鲁克－波帕姆似乎没有想到要去弄清中国人是在什么时候以及如何得到这些轰炸机的。

陈纳德告诉布鲁克－波帕姆，10 月之前，这三支 P－40 战斗机中队不能"有效行动"。此外，由于下雨和敌人攻击的危险，他或许不能在中国的机场训练这些志愿者，所以他们不得不留在缅甸。陈纳德似乎决心要让布鲁克－波帕姆认为，这些全都是他的决定。他很容易就做到了，因为布鲁克－波帕姆还不太了解他的同事在重庆的商议情况。不过，布鲁克－波帕姆非常清楚地向陈纳德表明，伦敦的内阁部长们禁止他们在缅甸进行作战训练。[36]

陈纳德在离开新加坡前向布鲁克－波帕姆指出，国际空军部队马上就会被正式命名为美国志愿航空队。[37]然而，英国人从来没有改掉叫这支队伍为"国际空军部队"的习惯，在珍珠港事件爆发前，他们一直都是这么叫的。

7月30日，英国作战部回复了布鲁克－波帕姆提出的是否允许美国志愿航空队在缅甸进行作战训练的问题，他们的回答是"不行"。[38]如果说，这对于布鲁克－波帕姆而言是一个尴尬的回答，那么对于陈纳德而言就更尴尬了。他结束了在新加坡和缅甸与英国当局的所有会面后，8月5日向宋美龄报告说，当地的英国代表对于英国政府强加在作战训练上的禁令无能为力，目前只允许这些飞行员三人一组进行训练，不能进行射击训练。他指望蒋介石夫妇向英国政府施加压力，以撤销这条禁令。[39]但这是一个尚可讨论的问题，这些志愿者甚至还没有抵达缅甸，还有很多时间让英国人改变主意。

20　为子弹争吵

在《战士之路》中，陈纳德认为美国志愿航空队开局进展缓慢是因为英国人禁止这些志愿者进行射击训练。他或者罗伯特·霍兹声称，在英国人看来，向地面发射实弹会引起当地人的警觉，并可能激怒敌人。因此，直到"1941 年 10 月底，在美国航空志愿队抵达缅甸很久以后"，英国人才批准他们进行全面作战训练，但前提是美国志愿航空队不能从缅甸基地出发攻打日本人。[1]

这个版本完全是虚构的。陈纳德（或霍兹）歪曲了这些日期和决策，使英国成为替罪羊，而真正的过错方出自他处。如果这些志愿者在作战训练方面进展缓慢，那么责任完全在美国战争部。战争部的陆军将领拒绝发放子弹，供这些美国志愿航空队战斗机上安装的机枪使用。

尽管一些"战斧"战斗机运来时就安装好了武器，但是没有人曾经填写过获得弹药必需的文件。这是华盛顿政策制定者完全无能的飞机援助措施中的一部分。他们把最新型的作战飞机卖给中国，赋予其巨大的政治价值，却不愿意花费时间处理这些配件，而这些配件恰恰是将这些飞机改装成真正的武器所需要的。

7 月 3 日，居里向哈里·霍普金斯（Harry Hopkins）和罗斯福求助，希望他们能向战争部施压，让他们发放一些弹药。居里坚持说，如果美国政府不能拿出一些子弹，这将是一桩"国际丑闻"。
7月12日，霍普金斯写信给詹姆斯·伯恩斯（James Burns）将军
说，总统提出了"一个象征性的数额，向中国人证明我们是认真
的"。[3]在描述针对日本或中国相对较小的表示时，这些短语已经成
为政府的常用语。陆军收到了霍普金斯这样的指示，随后将其抛之
脑后。

8月5日，英国驻华盛顿大使馆报告说，美国战争部知道，缺
少弹药将导致国际空军部队无法开展作战行动；不过拖延了几个星
期后，战争部终于愿意向缅甸发去一个月的弹药补给。与此同时，
哈利法克斯勋爵想知道，罗伯特·布鲁克-波帕姆是否也能出让一
些弹药，但是他手上的弹药勉强够他自己在马来亚的空军中队
使用。[4]

在重庆，英国陆军准将兰斯洛特·丹尼斯全力支持陈纳德提出
的150万发.50口径弹药的请求。他希望英国作战部可以干预这件
事，要么提供一些他们自己的弹药，要么向美国陆军施压，要求他
们发放一些，"以纠正这种可悲的局面"。他再次强调了国际空军
部队的心理意义：从中国士气的角度看，"必须给陈纳德的部队一
切可能的机会去赢得……第一场战斗"。[5]尽管如此，英国人还是认
识到，为了激发中国的士气，这支部队必须以一种有意义的军事方
式执行任务。

在作战训练的问题上，兰斯洛特·丹尼斯和蒋介石、陈纳德站
在一边，反对布鲁克-波帕姆和英国战时内阁的做法。他认为，这
些志愿者在进入中国前，必须开始像飞行中队一样行动起来。他强
调，中国人"在这些飞行中队身上寄予了最高的希望"，如果他们

遭遇了早期挫折，这对他们精神上将会产生非常糟糕的影响。⁶与美国政府不同的是，在英国政府的政策制定过程中没有一次是临时安排的，尽管他们的资源可能很有限，但早在美国志愿航空队成立和运作很久以前，他们就开始针对可能适用于该组织的政策的各个方面进行辩论。

詹姆斯·麦克休在一封给居里的信中重复了丹尼斯的看法："非常重要的是，在这支部队准备好之前，他们不要与日本人相遇。第一次相遇在心理上是非常重要的。"⁷8月12日，布鲁克–波帕姆向英国作战部提出了一个折中方案：如果日本人进攻滇缅公路，美国志愿航空队就可以在缅甸进行作战训练；否则，这条禁令就继续有效。⁸

然而在这个阶段，这个问题仍然没有定论。甚至还没有足够的飞机和飞行员可以开始训练。7月28日，第一批30名志愿者先期抵达，但这些人中没有飞行员。8月15日，第二批37名志愿者抵达。直到这时，彭特科斯特和格洛弗才仅仅完成了17架飞机的组装和验收。⁹因此，在1941年8月中旬，这支部队离拥有资源开始进行飞行训练和作战训练还很遥远。

英国人和美国志愿航空队的组织者正确地认识到，弹药对于美国志愿航空队的训练是必不可少的。让他们感到宽慰的是，1941年8月初，美国陆军作战计划处（War Plans Division）的L. 杰罗（L. T. Gerow）将军最终批准发放90万发子弹给美国志愿航空队，8月14日，这批货物就从新泽西州的拉里坦兵工厂（Raritan Asrenal）运走了。¹⁰因为这次航行需要六个星期的时间，英国人说服美国政府在这之前尽早运一些弹药到缅甸。美国战争部同意，如果英国能安排运输的话，就从驻扎在马尼拉的美国亚洲舰队转移一些弹药到缅甸。[11]9 月 16 日，伊朗号（Iran）装载着 60 万发指定给美国志愿航空队的子弹离开了马尼拉，开往仰光。[12]

一旦美国志愿航空队得到了 150 万发子弹，英国人就立刻解决了从 7 月 17 日起一直拖延着的作战训练问题。英国参谋长委员会向丘吉尔建议，"国际空军部队飞机出现在缅甸业已产生挑衅日本的效果，但作战训练不会明显加强这种效果"。[13]8 月 21 日，丘吉尔写信给外交大臣安东尼·艾登说："您赞成吗？如果您赞成，那我也赞成。"艾登回复说："我赞成。"就这样，丘吉尔个人批准了这些志愿者一旦有了弹药，就可以开始射击训练。[14]参谋长委员会在丘吉尔的批准书上附加了一条警告：这些飞行中队不能从缅甸的机场发起任何针对日本的行动。因此，在 1941 年 8 月中旬前，而不是陈纳德在他的自传里声称的 10 月，英国当局就已经解除了对作战训练的所有限制。弹药从纽约和马尼拉运来后，全面的作战训练从 10 月开始，到这个时候，2/3 的志愿者已经抵达缅甸。

21　美国志愿航空队夏令营

　　从 1941 年 8 月中旬到 10 月，那些先期抵达缅甸的美国志愿者发现，由于飞机组装的速度很慢，并且缺少炮兵训练用的弹药，他们手上有大把可自由支配的时间。在这段空闲期间，陈纳德和他的副官为这些志愿者安排了什么样的训练？答案是非常少。

　　陈纳德在《战士之路》里声称，他在英国皇家空军位于同古城外的凯多基地建立了一个"幼儿园"，教导轰炸机飞行员如何驾驶战斗机。如果曾经真的有过这样一个供轰炸机飞行员和战斗机飞行员玩乐的场地，那么似乎这些飞行员才是管理者。在军事航空史上，无论是在此前还是此后，从来没有一支飞行员队伍，在如此缺乏正式指导和监督的情况下，学会如何驾驶先进的作战飞机。除了听陈纳德做关于战斗机战术的报告，这些志愿者在英国皇家空军的凯多基地似乎是自主行事。他们的日常生活与美国军队所要求的严格训练或那些在英国加入英国皇家空军"老鹰中队"（Eagle Squadrons）的美国志愿者所接受的军事训练没有任何相似之处。[1]

　　这些被招募人员不太可能指望他们的"主管"或任何一位副官，陈纳德、哈维·格林劳、博特纳·卡尼和斯基普·阿代尔都太老了，也没有掌控性能不稳定的 P-40 战斗机的经验。他们中没有任何一个人，包括陈纳德能够指导这些志愿者接受关于 P-40 战斗机的转机型训练。还有一位副官是乔·阿尔索普（Joe Alsop），他是一位专栏作家，从来没有驾驶过一架飞机。美国志愿航空队的指挥部简直就是一个笑话。

因此，这些志愿者是自己学会如何驾驶"战斧"战斗机的。正如陆军航空队的飞行员可能会说的那样，由那些知道如何驾驶飞机的"老兵"指导"新兵"。值得一提的是，考虑到驾驶"战斧"的挑战性，这些新兵并没有经历太多的飞行事故。这不仅要归功于这些志愿者，还要归功于他们之前在陆军航空队接受的训练。这一切与陈纳德及他在缅甸的薄弱组织毫无关系。[2]

1941 年 9 月初，沃尔特·彭特科斯特和拜伦·格洛弗已经组装和验收好了 27 架"战斧"战斗机，供这些志愿者驾驶。彭特科斯特的飞机交付记录显示，9 月 4 日，来自陆军航空队的埃里克·希林（Erik Shilling）是第一个驾驶"战斧"飞到同古基地的飞行员。希林自称他拥有 20 个小时驾驶 P－40 战斗机的飞行时间。他之前在埃格林空军基地（Eglin Field）的轰炸机中队服役，该空军基地并没有 P－40 战斗机，可能他是在凯多基地累积起了这些飞行时间。[3]其他志愿者的飞行时间则要少得多。比如，9 月 5~6 日，4 名海军飞行员宣称在将 P－40 战斗机运往凯多基地前，他们驾驶这款战斗机的飞行时间是 2~3 小时。[4]现在无法知晓飞机交付是如何实施的。这些决定似乎都是临时做出的，彭特科斯特和这些志愿者以某种方式决定由哪些人来操控这些飞机。在同古基地，美国志愿航空队不仅没有合格的参谋官，而且其"主管"陈纳德在 1941 年 8~9 月的大部分时间里也不在。

陈纳德在其战后的回忆录里强调了他对于自己在远东建立的这

支空军部队的热爱，然而当时他更愿意与那些社会名流在一起，而不是指导这些新兵。从他的日记和英国方面的报道可以看出，1941年8～9月他在同古和这些新成员在一起的时间有多么少。

从1937年到1941年，陈纳德断断续续坚持写了五年的日记，每篇日记篇幅都很短，最后一篇写于1941年11月22日。在他的日记中，我们很少看到关于他在珍珠港事件爆发前几个月与这些志愿者一起生活的情况。不过，这些日记还是透露了一些陈纳德认为重要到值得记录下来的事情。1941年，他记录了他曾经见到过的几乎每一位英国、美国和中国政府官员的名字。当陈纳德评论这些志愿者时，他强调了他们在飞行过程中的抱怨、无奈、事故以及伤亡，这些都不是正面的评价。除此以外，他在日记中还评论了他糟糕的身体状况（慢性支气管炎），以及他在与志愿者一起玩扑克牌、举行排球和棒球比赛时取得的胜利。简而言之，与这些年轻的下属相比，陈纳德对他的同辈和上级更感兴趣。

7月16日，陈纳德乘坐泛美航空公司飞剪号客机抵达香港，开启了他与许多官员进行商谈的第一站。23日，他前往仰光，见到了缅甸总督及英国军官。几天后（28日），第一批30名乘坐皮尔斯总统号横渡太平洋的志愿者抵达仰光港口。在一场由两名中国高级军官组织的晚宴上，陈纳德见到了这些第一批小分队的成员。第二天，他启程前往新加坡，会见罗伯特·布鲁克-波帕姆，随后前往重庆。三个星期后（8月21日），陈纳德回到了同古。第二天，他第一次见到了第二批、第三批小分队成员——大约160名志愿者，其中50名是飞行员。根据他的日记（1941年8月22日），他不怎么喜欢自己眼前所见："煽动者"已经激起了志愿者对于军纪和战斗勤务的不满。当晚，他向这些志愿者解释了部队的组织情况。[5]然而不久之后，陈纳德再次离开了。8月剩下的日子和9月的一段时期，他周转于仰光、重庆、昆明和新加坡，与各个级别的军官会谈。[6]与此同时，这些志愿者不受任何管束，开始了冒险之旅，其中有一些是致命的。

9月8日早上9点，陈纳德和一小群人乘飞机离开同古前往昆明。由于恶劣的天气状况，他们直到深夜才抵达目的地。与此同时，在凯多基地，一位名叫约翰·阿姆斯特朗（John Armstrong）的海军飞行员死于飞机失事。看上去，阿姆斯特朗拥有1000小时的飞行时间，却没有太多驾驶“战斧”战斗机的经验。他在半空中与另一位海军飞行员吉尔·布莱特（Gil Bright）相撞，布莱特设法逃脱了，而阿姆斯特朗则被困在自己的飞机里，往地面直冲而去。[7]

根据陈纳德的日记，他在9月8日晚上稍晚的时候知晓了阿姆斯特朗的死讯。第二天早上，志愿队在同古的英国教堂墓地安葬了阿姆斯特朗。陈纳德继续前往重庆参加会议。11日，他和宋美龄茶叙；15日，他们一起吃了午饭。这些一直是他生命中最精彩的部分。毕竟对他而言，她永远是公主。[8]15日，第三批飞行员小分队抵达仰光。陈纳德当时在重庆，他继续飞往昆明，与中国官员会面。18日，他经由仰光回同古，在仰光期间他见到了鄱雷。第二天，他回到同古。他注意到，有6个人想要辞职，而且每个人都在抱怨食物。[9]

同一天，英国空军少将罗伯特·布鲁克－波帕姆带着一群英国空军部官员抵达仰光，随后飞往同古，在同古基地，志愿者为他们表演了十八排编队飞行表演。1941 年 9 ~ 10 月，美国志愿航空队为前来视察的英国政要表演了好几场示范飞行，这是第一场。由于陈纳德在过去的六个星期左右时间里在同古只待了几天，因此美国志愿航空队的表现不能归功于他。

9 月 22 日，英国空军少将康韦·普尔福德（Conway Pulford）从新加坡抵达同古。事实证明，这是另一个"黑色星期一"。陆军飞行员马克斯·汉莫（Maax Hammer）在驾驶"战斧"战斗机时失事身亡，他的飞机发生了尾旋，最后机毁人亡。在他的日记里，陈纳德用两句简短的句子记录了汉莫的死亡和普尔福德的来访。[10]25日，星期四，雨势减弱后，这些飞行员为普尔福德又表演了一次示范飞行。[11]

主管空军的美国战争部助理部长罗伯特·洛维特（Robert Lovett）认为，美国志愿航空队中的飞行员是"我们战斗机中队中的精英"。[12]然而在陈纳德看来，他们是不入流的飞行员（the dregs in a half-empty glass）。1941 年 11 月初，全面实弹作战训练终于得以开始进行。陈纳德给中央飞机制造厂发去了两封措辞激烈的投诉信，因为这些招募人员歪曲了他们的招募任务。他们给人的印象是将不会有夜间飞行，作战行动将仅限于保卫滇缅公路免遭敌人没有战斗机护航的轰炸机轰炸。正如陈纳德所说："大多数飞行员都是在不了解航空队真实性质的情况下申请成为志愿者的，他们对我而言毫无用处。"[13]

11 月 7 日，陈纳德在给中央飞机制造厂的第二封信中，谴责了整个招募过程，并特别指出了对 10 名 10 月 29 日抵达同古的海军志愿者的处罚。他特别严厉地批评了一位名叫埃德·康纳特

（Ed Conant）的海军飞行员，康纳特在第一周的飞行中撞毁了3架飞机。陈纳德承认，由于康纳特是一位有着"某种精神"的年轻人，他可能还是有些用处的，但是根据合同规定，他不能打发康纳特回家。事实上，康纳特坚持到了最后一刻。[14]陈纳德声称："（他）愿意为新飞行员提供一定数量的转机型训练，但是我们没有能力提供一套完整的进修课程。让那些仅仅熟悉四引擎水上飞机的人在一夜之间成为驱逐机专家，这实在是痴人说梦。"[15]

陈纳德计划中最重要的一项任务是，指导这些飞行员进行有关P-40战斗机的转机型训练，但他没能做到。对于陈纳德这样的陆军航空队老军官，不需要花太多时间就能发现，在1940年和1941年，陆军长期缺乏P-40战斗机，因此也缺乏合格的P-40战斗机飞行员。许多飞行员接受的都是单引擎作战飞机的飞行训练，而非难以驾驭的P-40"战斧"战斗机。如果联洲航空公司收到的陈纳德的要求是招聘飞行教官进行转机型训练，他们就会为这些飞行教官提供诱人的薪水，以便满足他的要求。但是在1941年4月，陈纳德忽略了提出这条非常重要的岗位要求，即这些飞行教官必须胜任高级训练或针对柯蒂斯-莱特公司P-40战斗机的转机型训练。

原本会是另一种情况。1941年，中央飞机制造厂曾接到要求，招募一些高级飞行教官前往中国服务。很遗憾，这不是为了美国志愿航空队。这个要求是在1941年夏天提出的，当时居里正与美国战争部就在美国训练中国空军部队飞行员的问题进行讨论。8月7日，罗伯特·洛维特拒绝了把中国人带到美国来的主意，因为尚没有足够的飞行教官能指导陆军航空队的飞行员，更别提中国飞行员了。相反，他建议由一些美国志愿航空队的飞行员在中国指导中国空军飞行员训练。[16]

8月18日，洛维特批准联洲航空公司的理查德·奥德沃思招聘10名飞行教官。仅仅两天时间，他就招募到了这些人。其中1名飞行教官9月24日出发前往仰光，其余9名10月14日出发。[17]不幸的是，他们直到11月底才抵达缅甸，这实在是太晚了。在太平洋战争爆发前，对于中国飞行员，甚至对任何美国志愿者都没有带来什么实质性的帮助。在转机型训练这个关键问题上，陈纳德拒绝承认他自己在计划任务时所犯的错误，而是直接将责任归咎于中央飞机制造厂。

11月12日，最后一批志愿者抵达缅甸。其中包括查理·邦德（Charlie Bond），他是陆军航空队运输司令部（the AAC Ferrying Command）的一名军官。邦德在日记中指出，美国志愿航空队的军纪完全取决于个人，似乎是男人间的尊重问题。[18]邦德还评论道，只要陈纳德的"行政职责"允许，他就很享受与志愿者在一起。[19]在同古的前两周，邦德发现没什么可批评的地方。随后，到了11月底，他注意到人们的情绪突然变得很低落。很多人抱怨陈纳德和那些招募人员向他们歪曲了此行的任务。

12月5日，邦德和陈纳德谈了一次心。作为一名军人，邦德发现很难接受这样缺乏军纪，以及这种不受规章制度约束的自由。他在日记中写道："军纪不严！我相信这就是造成目前士气低落的原因，我这么跟他说了。"陈纳德回避了这个问题，在剩下的对话中，他说了些关于邦德的好话，并增强了他的自尊心。[20]

美国志愿航空队完全是非正统的，并且相对享有特权。为了理解它的特殊地位，我们可以将这支部队与菲律宾空军进行比较，后者是美国在远东的另一支空军部队,恰好他们驾驶的也是 P-40 战斗机。1941 年 7 月至 11 月,飞行员和机械师涌至菲律宾,进行增援行动。他们被塞进破旧的兵营,房顶漏水,供水供电断断续续。有些住在没有门的简陋小屋里,有些甚至没有墙。[21]泰德·费什(Ted Fisch)是一名轰炸机中队指挥官,他将自己的宿舍称为"老鼠窝"。[22]倘若日本发起进攻,他们都没有地方可以疏散装备和隐藏飞机。[23]在供艾利森发动机使用的冷却液 1941 年 7 月终于运输到位前,菲律宾 P-40 战斗机中队的飞行员曾三个月不能驾驶飞机。由于缺乏子弹,很多飞行员在珍珠港事件爆发前甚至从来没有发射过他们的机枪。1941 年 10 月,调往菲律宾的第 17 驱逐机中队中经验丰富的飞行员发现,P-40E 战斗机更先进,但是复杂、难以操作,而且仍然容易发生打地转。[24]泰德·费什发现,几乎不可能让刚刚取得飞行资格的飞行员达到作战行动的标准。他向妻子抱怨这"90 天的奇迹",因为他们所做的只是"喝醉酒和撞毁飞机"。[25]

到了 1941 年 11 月,美国志愿航空队的情况比菲律宾空军要好得多:志愿者有弹药可以进行射击训练(其中一些弹药是从菲律宾调拨过来的);他们按照自己的喜好布置了乡村宿舍区;他们有像样的饮用水,还在食堂雇用了自己的厨师。他们实际上在负责自己的训练。此外,凯多基地相对安全,不易受到敌人攻击。在紧急情况下,它被飞机的防弹庇护所和防空洞包围着,而菲律宾空军的飞机和设施则极易受到敌人的攻击。

1941 年秋天,如果陆军分析人员将美国志愿航空队和菲律宾空军进行比较,他们可能会得出这样的结论,即在这种情况下,这支非常规的志愿航空队的表现至少是和菲律宾的空军部队一样的好，如果不是更好的话。但是没有人给出这样的评价。此外，同古基地自由的管理制度没有为志愿队带来任何良好声誉。随着秋天的消逝，美国政府内外的观察家越来越怀疑美国志愿航空队作为一个战术单位的前景和陈纳德作为一名军事指挥官的能力。

7月15日，马歇尔曾要求居里提供一份志愿者计划的"附加条款"。他建议，由一位"合适的美国政府代表"来决定美国志愿空军部队何时以及是否做好了作战准备。[26]通过这种方式以及其他方式，这位参谋长透露出他对于美国对华空中援助的矛盾心理。一方面，他不愿意让出任何美国陆军的飞机或弹药给志愿队；另一方面，他希望能控制这支队伍及其装备。马歇尔对美国志愿航空队重新产生兴趣的原因，完全是因为它最终可能收到的飞机——144架伏尔提"先锋"战斗机和66架中程轰炸机。

当陈纳德在远东会见英国军官时，他提到了预计年底将有66架轰炸机。无论是英国空军武官詹姆斯·沃伯顿还是英国皇家空军远东总司令罗伯特·布鲁克－波帕姆，都没有提出这个关键问题，即中国人如何才能从美国陆军那里索取到任何轰炸机。很快，英国人就会发现，就像之前的100架"战斧"战斗机一样，这66架前往中国的轰炸机也是来自英国的配额。居里在支持中国方面可谓足智多谋。为了给蒋介石弄到一些轰炸机，居里又一次采取了抢劫丘吉尔的办法。

22 短期援华空军计划

居里在处理了志愿者招募计划之后，重新着手解决为中国购买更多作战飞机这一更为棘手的问题。1941年5月9日，居里向罗斯福和哈里·霍普金斯发去了一份"初步"的援华空军计划，并为其贴上了援华"租借"的标签。他提出要112架轰炸机、340架教练机、22架运输机和147架共和航空公司P–43战斗机（从陆军航空队转移过来），另外还有英国让出的244架战斗机（100架P–40战斗机和144架伏尔提"先锋"战斗机），总共865架飞机。居里还推测，陆军可能会让出100架P–40B战斗机，取代和扩展目前中国使用的那些战斗机，因为陆军航空队很快就会收到更先进的P–40战斗机——D型和S型。至于轰炸机，由于陆军拥有258架过时的B–18轰炸机，他推测可以拨出40架给中国。最后，在接下来的8个月里，另外72架目前正在建造的轰炸机应该预留给中国，从英国和美国陆军的订单中转移出来。[1]

1941年5月9日，居里在一份提交给罗斯福的关于这项"初步"计划的备忘录中，强调了给予蒋介石一支他可以依靠的空军部队的"心理重要性"。他推测，他所提出的飞机数量是当年中国人能够应付的。他向总统保证，这一对中国的适度分配不会减损陆军或英国的采购计划。[2]

罗斯福在 5 月 15 日的答复中没有表现出多少热情：居里可以就"空军计划或中国要求的任何其他事情进行谈判，但我不想表明此刻我支持任何一项计划"；这些计划"最终只能根据我们整体的军事问题以及我们自己和英国的需求来决定"。[3]罗斯福似乎终于意识到军事装备太过珍贵，不能白白浪费在做出一些鼓舞士气的姿态上。

关于那些伏尔提战斗机，居里在八字还没一撇时就把它们计算在内了。几个月以来，英国人一直试图把这些飞机转卖给美国政府，以便出让给中国，但美国军方和哈里·霍普金斯一直拖延时间，不批准这笔交易。4 月 25 日，比弗布鲁克勋爵要求英国航空委员会的哈里·舍尔夫爵士就这一问题与霍普金斯进行接触。5 月 2 日，舍尔夫将这一提议提交给美国战争部。5 月 5 日，阿诺德将军回复说，美国政府花在回购这些伏尔提战斗机上的钱，将会减少生产英国人实际想要的飞机的可用资金。5 月 19 日，舍尔夫爵士写信给美国战争部的詹姆斯·伯恩斯将军，了解事情的进展。伯恩斯回复说，他已经将舍尔夫的信交给了居里，居里正在准备"一项综合性的对华飞机援助计划，其中可能包括这些伏尔提飞机"。[4]此后，英国人再也没有听到关于这些飞机的进一步消息。[5]

至于那些 B-18 轰炸机，阿诺德将军希望用它们进行训练。这个故事原本可能就此结束了，但美国陆军部负责航空事务的特别助理罗伯特·洛维特向居里透露了另一则消息：英国有 100 架洛克希德·哈德逊 414 型轻型轰炸机，目前还没有运往英格兰。洛维特认为，英国在美国堆积了太多的飞机，他们不可能"马上"用完。他指出，英国人还购买了一些道格拉斯 DB-7 轰炸机，考虑到它们的"低优先级"，这些轰炸机可以拨给中国。[6]

华盛顿的官员总是忘记英国正处于战争状态，而他们自己的国家则处于和平状态。作为一个口号和一项政策，"除了战争以外的一切援助"正在瓦解。洛维特在向中国提供英国的战争武器前，甚至都没有花费时间与英国采购人员协商。

有了洛维特的支持，居里修改了他的初步计划，将66架轰炸机"从旧的英国商业合同中接管过来"。他认为这将减轻英国的财政压力，但仍允许在《租借法案》的保护伞下交付给中国人。居里非常清楚，英国人早在1940年就用现金购买了这些飞机。严格说来，《租借法案》并不适用于这种装备。5月21日，居里向摩根索发了一封简短而正式的书信，他在信中征求财政部长有关根据《租借法案》为中国购买飞机的建议。居里认为，最好是劝说英国人"从他们旧的合同，而不是根据《租借法案》提供的新供给中"让出一些飞机。鉴于他对居里的怀疑日益加深，摩根索并不急着回答他，但到了6月10日，他终于回复了。[7]

摩根索对居里正在做的事情表示赞同，并同意从英国已经签订的合同中拿出一些飞机给中国是可能的，他指的是那些英国人已经承诺要给中国的伏尔提飞机。然而，摩根索不希望任何人向英国人施压，迫使他们放弃除他们自己选择要提供的战斗机以外任何其他装备。[8]他不打算支持居里侵占英国的飞机，将它们作为《租借法案》供应物资转让给中国的诡计。

为了这项新的飞机计划，居里瞄准了33架洛克希德·哈德逊414型轰炸机，这些轰炸机是英国早已购买的，但尚未提货。其中12架由英国人立即发放，其余的以每个月3架的速度发放，直到该年年底。同样的发放进度表也适用于给中国的 33 架道格拉斯 DB－7 轰炸机，先立即发放 12 架，随后从 6 月开始，每个月发放 3 架。

然而，陆军航空队也把目光瞄准了这些道格拉斯 DB－7 轰炸机。5 月 23 日，阿诺德将军写信给查尔斯·波特尔爵士，索要 37 架 DB－7 轰炸机，其中 25 架是菲律宾"紧急"需要的，12 架是给巴西的。此处所谓"紧急"尤其令人生疑。如果英国空军部将这些飞机交给美国战争部，它能接受《租借法案》要求的"延期交货"吗？波特尔礼貌地拒绝了这一请求，因为"即使是转移 37 架 DB－7 轰炸机也会立刻使我们陷入困境"。所有的战场都缺少各种类型的飞机，这些 DB－7 轰炸机将不得不"填补"因轻型轰炸机的损失而在中东造成的空白。[9]

陈纳德对这些道格拉斯和哈德逊轰炸机抱有野心。6 月 11 日，他和居里拜访了阿诺德将军，告诉他可以部署这些道格拉斯轰炸机破坏日本的补给线，而洛克希德·哈德逊轰炸机有"足够的航程，能够执行攻击日本本土目标的任务"。陈纳德表示，从中国东部的前沿基地到日本工业区的距离是 1300 英里。他声称可以在洛克希德·哈德逊轰炸机上安装燃烧弹，攻击那里的目标。[10]

可以像陈纳德建议的那样使用洛克希德·哈德逊轰炸机吗？从理论上说，它的航程为 3300 英里。[11]实际上，在满载炸弹的情况下，它的航程不足 2000 英里，这样的航程足以从中国东南部的衢州基地出发，往返一次台湾或是长崎（日本主要的工业中心），但还不能够往返东京。另外还有一个不利条件。轰炸机需要战斗机护航，但是 P－40"战斧"战斗机的最大航程只有 950 英里。如果没有战斗机护航，这些轰炸机绝不可能通过日本的防空系统，突袭长崎或是东京，敌方的战斗机早在这些轰炸机靠近海岸前就把它们击落了。至于 DB-7 轰炸机［也被称为"浩劫"（Havoc）］，它的航程只有 1000 英里多一点，因此它可以突袭台湾，但不能突袭日本本土目标。

然而，这两种中型轰炸机都可以在战斗机护航下，从云南的基地出发，抵达日本位于泰国或法属印度支那北部的基地。但是中国人已经有了苏联的中型轰炸机，可以完成这样的任务。因此，从战术角度而言，将这些英国飞机转移到中国并没有提供什么新东西。相反，英国需要这些中程轰炸机在欧洲与德国交战，但是居里过于专注自己的议程，根本没有全盘考虑过他的计划对中国或英国造成的战略影响。对他而言，最重要的是飞机援助对于蒋介石的心理影响。

5 月 19 日，居里向飞机制造联合委员会（the Joint Aircraft Committee）发去了修改后的空军计划，该委员会是由陆军和海军航空事务代表，以及英国采购人员组成的。不久之后，飞机制造联合委员会成员来到他的办公室。英国人明确表示，他们不能贡献出这 66 架轰炸机，因为澳大利亚和其他地方需要这些飞机。23 日，英国空军参谋长查尔斯·波特尔向阿诺德将军发去了一条私人信息：英国人非常愿意提供帮助，但他们不能放弃任何一架 DB-7 轰炸机，对中东的大量增援导致轻型轰炸机短缺。[12] 几天后，波特尔在发给英国驻华盛顿大使馆的电报里证实了他的回绝。[13] 随后，英国空军武官乔治·皮里向居里发去信函，告知了波特尔的决定，并抄送给了哈里·霍普金斯。[14] 皮里希望居里能说服他的政府，将他们自己的一些轰炸机移交给中国。[15]

在英国人看来，这件事情就此结束了。他们是按照英美加会谈中确定的程序行事。3月底，所有的代表都签署了一份名为ABC - 2的协议，其中规定了以下原则：美国参谋长在与英国驻华盛顿军事代表团磋商后，将就美国和英联邦在所有各种空军部队的空中装备分配问题上向总统提出联合建议。[16] ABC - 2协议的意图，就是通过这些字里行间的信息保护英国，不受他们的美国供应商单方面做出的关于飞机分配决定的影响。因此，在波特尔拒绝了这66架轰炸机的请求后，英国人认为他们再也不会听到美国人提起这件事了。

居里并没有就此罢休。5月28日，他直接向诺克斯和史汀生递交了另一版本的援华空军计划，他们最终将这份计划转交给了由马歇尔和海军上将斯塔克组成的陆海军联席会议（the Joint Army Navy Board）。居里在给诺克斯的附信中提到了修订过的"根据《租借法案》的短期援华飞机计划"，这份文件的实际标题却是"短期援华飞机计划"，随后贴上的标签是"J. B. 355"。[17] 档案记录清楚地表明，英国人从未收到过这份文件的副本。[18]

由来自陆军的L. 杰罗将军和来自海军的R. 特纳（R. K. Tuner）少将组成的联合规划委员会（The Joint Planning Committee）同意了居里的提议。7月9日，他们将"J. B. 355"提交给马歇尔和斯塔克，请求批准。在他们的评估报告中，包括了一条重要的建议。到了这个阶段，美国军方比以往更了解中英在远东的合作。杰罗和特纳指出，英国一直在滇缅公路地区与中国保持联系，并建立了"万一英日开战，为中国提供雇佣援助的军事代表团"。陆军和海军的分析人员认为："在达成某种谅解前，把美国（提供给中国）

的装备和人员的控制权移交给英国是不明智的……美国的装备和人员的供应最好应由美国政府通过陆军来处理。"[19]

这份报告一定提到了兰斯洛特·丹尼斯将军和他的中方对接人关于发展"204分遣队"的讨论,其中包括一旦日本向英国宣战,对美国志愿航空队和英国皇家空军的部署问题。在这份报告中,杰罗和特纳透露出他们心目中的优先事项:美国军方应当继续控制根据《租借法案》提供的美国军事设备,不能将它们委托给某个由中国军官和英国军官组成的联合组织。他们不仅泄露了自己对于英国对中国施加影响的不信任,还泄露出他们想要削弱这种影响。此后,他们的目标就是增加美国军方,特别是陆军对中国安全部署的影响。

7月18日,海军部长和陆军部长将"J. B. 355"推荐给罗斯福,随后罗斯福在23日签署了这份文件。一个月后(8月18日),英国采购人员参加了一次飞机制造联合委员会会议,第一次得知罗斯福已经批准将66架原属英国的轰炸机重新分配给中国。[20]最终,一位英国皇家空军的高级军官查明,这一请求是如何绕过他的同事直接交到罗斯福手里的。

1941年7月,英国空军中将亚瑟·哈里斯(Arthur Harris,人称"轰炸机"哈里斯)与一支海军代表团一起抵达华盛顿。[21]7月和8月,其他英国军官也陆续抵达,参加罗斯福和丘吉尔在纽芬兰海岸靠近阿根廷的普拉森夏湾(Placentia Bay)举行的秘密会谈(1941年8月8~11日)。在两位领导人著名的第一次会晤后,大多数与会者返回华盛顿。

8月21日,"轰炸机"哈里斯向查尔斯·波特尔爵士讲述了关于损失"66 架极其重要的、不可替代的飞机"的悲伤故事，这些飞机是大约两年前英国人支付现金购买的。他向华盛顿每一个有影响力的人物求助，希望能破坏居里的工作，并说服罗斯福把这些轰炸机还给英国人。[22]

23 居里陷入困境

8月18日，居里突然意识到，在他近乎完美地向中国援助轰炸机的策略中，存在一个缺陷。正如他向自己的上级哈里·霍普金斯所解释的那样，陆海军联席会议已经批准了他向中国转移66架轰炸机的计划，他声称这些轰炸机"位于英国需求清单的底部"。居里曾设想，一旦总统批准了这项计划，它就能立刻实现。然而，他刚刚才得知，陆军需要一份英国人的弃权声明。但是，正如他写给霍普金斯的信中所说："在这期间，我已经告诉了中国人，总统批准了这项提议……你可以看到，我陷入了怎样的困境。"[1]

说的确实没错，居里遇到了大麻烦。8月19日，阿诺德将军正式要求英国空军部让出66架轻型轰炸机。[2]亚瑟·哈里斯一听说这个事情，就向查尔斯·波特尔爵士解释了情况：英国采购人员不知道陆海军联席会议会建议罗斯福向中国派遣这些轰炸机。美国人违反了ABC－2协议，剥夺了英国人提出反对这次转移理由的机会。[3]正如哈里斯所说，马歇尔和斯塔克在不了解或不关心英国空中需求的情况下，批准了居里的计划。他们向罗斯福建议这项交易是基于一条笼统的声明（如空军计划中所述），即"维持中国的交战国状态，对英国有重要利益"。[4]

哈里斯向阿诺德将军讲述了这一诡计，后者表示抱歉，并

"对此事的处理方式感到羞愧"。阿诺德承认，或许是虚伪地，这件事情从未传到他的手上。尽管整件事"令人头疼"，他还是不得不要求哈里斯和英国采购委员会放弃这些飞机，因为他不能违背总统的指令。[5]

哈里斯接着又去找比弗布鲁克勋爵，他当时也在华盛顿，后者也同意英国应当抵抗。比弗布鲁克勋爵向哈里·霍普金斯和英国租借事务处主管阿维尔·哈里曼（Averill Harriman）提出了抗议，他显然也向罗斯福本人提出了抗议，但都无济于事。[6]与此同时，居里一心指望靠霍普金斯、陆军的伯恩斯将军和哈里曼能获得英国人的弃权声明。[7]哈里斯和哈里曼交谈时，后者建议为了避免让罗斯福感到"不愉快"，英国人别无选择，只能让出这些飞机。[8]哈里曼认为，罗斯福对这个计划的决心是"不可改变的"，因为中国人已经被告知他们将要收到飞机。他想知道在英国本土是否还可以"搜罗"出一些其他的轰炸机。或许，如果英国现在放弃这些中型轰炸机，他们可以收到美国在未来数月生产的全部重型轰炸机的一半。哈里斯同意，这或许可以作为妥协的基础，但他仍想让每个人记住，英国人会让居里或任何一个试图再次把这种单方面决定强加给英国人的人"寝食难安"。

哈里斯向罗斯福的儿子詹姆斯求助，詹姆斯当时是美国陆军特种部队（Special Operations）负责人比尔·多诺万（Bill Donovan）的幕僚，负责与英方的联络工作。詹姆斯答应会向其父提出这个问题，并同意他的父亲似乎"被居里引入歧途了"。在他看来，其父一定是以为这些飞机是根据《租借法案》提供的，或是由美国陆军提供，而不是来自英国已经付清费用的合同中的飞机。[9]毕竟，居里最初将他的计划称为"根据《租借法案》的短期援华飞机计划"。

当哈里斯与居里对峙时，后者"为了掩饰自己的负罪感，从貌似战略性的慷慨激昂的劝说，迅速下降到对英国人一般作战行为及抛弃中国的特定行为的幼稚谩骂"。[10]在哈里斯看来，居里"专横和错误地以为能够独断……我们的财产"，因此在制造出危机后，试图掩盖行迹。"他不思悔改，甚至现在从事……与牺牲英国在中东的迫切需求，为中国索取'战斧'战斗机类似的行动。"[11]

甚至连哈里斯都不能想象居里有多么专横。眼见英国人不肯让步，居里在8月26日给罗斯福发了一份备忘录，指出美国陆军要求英国先将这66架轰炸机让出给他们，随后他们再将这些轰炸机重新分配给中国。接着，居里为罗斯福起草了一份发送给丘吉尔的电报：罗斯福会在电报中解释说，由于较早前已经通知了蒋介石关于这些轰炸机的事情，他本人会因为"提供不了这些飞机而感到难堪"；他还要求为这些飞机配备全套武器，另外英国人还要提供100吨燃烧弹，因为美国政府没有这些燃烧弹。[12]

这真是非同寻常的情况。作为总统的行政助理，居里为了掩盖自己一手造成的烂摊子，居然胁迫总统，要求罗斯福向丘吉尔卑躬屈膝。如果美国政府的高级官员没有让英国人屈服，居里就会让罗斯福给丘吉尔发这份电报，以便得到这些给中国的轰炸机和炸弹。

然而，如果有人会因为居里的麻烦而丢脸的话，那不可能是罗斯福。哈里·霍普金斯和阿维尔·哈里曼开始抚慰愤怒的"轰炸机"哈里斯，把所有的责任都归于居里。8月28日，霍普金斯终于向哈里斯承认，英国人受到了无法容忍的对待。霍普金斯重复居里的话说，他承认"美方有关人员"使每个人都陷入了"不可避免的困境"。他还承认，居里未经批准就自说自话直接打电报告诉蒋介石可以为中国提供轰炸机。[13]霍普金斯一定对罗斯福曾被迫向丘吉尔乞求装备的可能性感到很难堪。他向哈里斯解释说，由于美军没有轰炸机，美国人现在"恳求"英国的援助。他采用了一种隐蔽的威胁，表明如果英国人不同意把这些中型轰炸机让给中国，那么英国空军部已经订购的一部分重型轰炸机可能就会被移交给美国陆军航空队。霍普金斯告诉哈里斯，他正在"拖延"罗斯福发给丘吉尔的电报，因为"这仅仅是一种把让总统头疼的事情转嫁给首相的不公平行为"。[14]

8月31日，英国空军部屈服了。英国皇家空军副参谋长阿奇博尔德·辛克莱爵士（Sir Archibald Sinclair）认为，与其将任何已经在英国皇家空军服役的飞机转交给中国，不如移交这66架目前仍在美国的轰炸机。辛克莱劝告哈里斯，这66架轰炸机的损失固然是他们不希望看到的，但是这不太可能危及英国机群的扩建。[15]随后，他等待着美国人采取下一步行动。

9月2日，霍普金斯告诉居里，罗斯福不想直接给丘吉尔去信。因此，霍普金斯对阿奇博尔德·辛克莱爵士说了实话：蒋介石曾被"无意中告知"，美国将向中国让出66架中型轰炸机；罗斯福总统本人急于交付这些轰炸机，但由于美国陆军无法立即从生产的飞机中调拨出这些轰炸机，所以他真诚地希望英国人能想办法给中国人这些轰炸机，以及弹药和100吨燃烧弹。[16]

9月5日，英国空军部同意交给中国50004磅燃烧弹（总计100吨）。到了12日，它正在准备将全部66架轰炸机及其附件——炸弹、枪支和弹药移交给美国政府，供中国使用。[17]然而，鉴于极其糟糕的后勤状况，在珍珠港事件爆发前，这批轰炸机没有一架抵达仰光。

至于这100吨的燃烧弹，居里表现出他要严厉对待英国人的真实意愿。1941年9月，居里向英国人指出，是美国政府，而不是中国政府，在向他们索要这些军火。他提醒他们，这是一种"互惠措施。鉴于美国已经向英国租借了数十亿美元的物品这一总体情况，我们认为，对于英国的防御来说不是迫切需要的特定物品，应当提供给我国政府……提醒你们，我们正在加拿大采购租借给你们政府的防务用品"。[18]

1941年10月，英国政府建议，中国应该用1939年签订的英镑信贷中未使用完的资金支付这些燃烧弹的费用。考虑到他们已经被迫服从那样一个诡计，这并非一个不合理的要求。居里拒绝了英国人的提议。在他看来，中国人不必直接向英国支付这些燃烧弹的费用，这应该是英国租借协议的一部分，英国财政部应该把这一项目包括在战后最终结算的总账单里。又一次，这位华盛顿书斋中的"纸上将军"规定了英国在与德国作战时应该需要些什么或者不需要什么。

此外，通过迫使英国经由美国政府转交这些装备，居里剥夺了英国以任何贷款的形式向中国提供装备。1941年秋天，面对英国飞机生产大臣比弗布鲁克勋爵的暴怒，居里还设法利用《租借法案》的资金从加拿大购买机枪和弹药运往中国。[19]

事后看来，关于轰炸机的争论似乎只是小题大做，但它揭示了罗斯福的执政风格、他对远东政策的掌控以及《租借法案》的管理组织中令人不安的趋势。1941 年的夏天是一个重要的过渡期。罗斯福任命哈里·霍普金斯管理《租借法案》的实施，摩根索随即解散了总统联络委员会，此前他曾通过这个委员会为外国采购代理人员协调飞机和军备的供求关系。在此期间，霍普金斯需要同时应付伦敦、莫斯科和华盛顿三地的工作任务，这妨碍了他建立一个新的管理机构来实施《租借法案》的能力。居里正是利用了这个官僚组织的真空部分。

罗斯福本人有很多想法，此处仅列举他的议事日程中的两个项目，即对日本实施石油禁运、准备与丘吉尔在 1941 年 8 月的秘密会晤。自 1941 年 5 月对居里最早的援华轰炸机计划做出评论后，他可能就没有追踪这项计划演变中的每一个新阶段。鉴于居里的建议名为"根据《租借法案》的短期援华飞机计划"，一位忙碌的总统必然会认为这些轰炸机出自一项全新的对华租借分配，而非事实上征用 1940 年就已经属于英国的飞机。

这种情况也可以从罗斯福批准居里计划的措辞中推断出来。1941 年 7 月 23 日，他在"J. B. 355"的封面上草草写下了，"好的——但是要再研究一下到底是派遣军事代表团还是军事武官，富兰克林·罗斯福"。[20]他到底是什么意思？

1941 年 7 月，美国国务院和战争部曾就负责在中国处理租借事务的联络官员的地位问题产生过激烈交锋。居里后来向身处重庆的詹姆斯·麦克休描述了这场地盘之争。国务院的理想人选是一名军事武官，向美国驻华大使高斯（Clarence Gauss）负责。然而，战争部希望由他们的人领导一支正式的军事代表团，负责向中国提供租借物资。这种偏好符合马歇尔一贯的坚持，即美国政府官员应当对美国志愿航空队及其装备拥有一定的控制权。7月初，马歇尔提议由陆军准将马格鲁德领导美国驻华军事代表团。他主要的任务是，担任中美政府间物资租借的联络官，但是在这一名号下可能还隐藏着其他的目标，比如监视美国志愿航空队。[21]

1941年8月，居里原本应该被解职，因为他让自己和罗斯福在美英关系和美中关系上陷入了困境。人们只能猜测到底是什么原因，可能说服了罗斯福和霍普金斯保全了他的职位。首先，如果他突然离开白宫，可能会有一些令人尴尬的猜测，这将引发记者调查同盟国之间关于飞机问题的争论。其次，尽管他把事情搞得一团糟，但是居里工作努力，极其聪明且善于表达。海军规划处主管R. 特纳在阅读"J. B. 355"时，对居里倍加称赞："他的想法、语言和表达能力一流……如果他失业了，我想邀请他为海军工作……帮我们表达这些我们无法用语言表达的想法。"[22]自1939年以来，居里一直是罗斯福起草各种主题备忘录的代笔人。1940年，他成为对华飞机援助的首席分析师，这符合罗斯福为美中政策所定义的宽泛主题。中国在寻求帮助，而美国将以飞机援助的形式给予这种帮助。最后，1941年8月，罗斯福的幕僚聚集在一起，防止总统因居里的失礼而遭受难堪。罗斯福本人可能从来没有完全意识到，居里为他们每个人制造了多少麻烦。

针对援华轰炸机的争吵也标志着"轰炸机"哈里斯与他的美国军方对接人之间紧张关系的开始。在之后的三年里，哈里斯对于美国人的谨慎态度，使他坚决反对美方任何干预他对德轰炸战略的努力。[23]不过，居里却不太在乎他激怒了英国人，尤其是"轰炸机"哈里斯。

1941 年 8 月中旬，宋子文注意到，蒋介石从来没有像听到这 66 架轰炸机的消息时那样高兴过。[24] 显然，蒋介石并不知道这些飞机是从英国转移过来的。9 月 16 日，蒋介石终于向英国驻华大使卡尔表达了"真挚的感谢"，感谢他将这些原本要运往英国的轰炸机出让给中国。这似乎是蒋介石在这件事情上唯一一次对英国人表示感激。[25]

但是宋子文和蒋介石正在对美国的施舍失去耐心。9 月 18 日，宋子文在给蒋介石的一封电报中评论说，到目前为止，美国政府"似出乎情义居多"而提供军备，现在是时候让他们相信，他们必须与中国建立军事合作，"非关乎情面交谊"而向中国提供物资。[26] 中国人已经明确表示，他们想要的是战斗机和远程"空中堡垒"，这些中型轰炸机不能替代它们。就数量而言，66 架轻型或中型轰炸机只占蒋介石曾要求的 150 架轰炸机的 1/3。洛克希德·哈德逊轰炸机的航程不足以轰炸日本。最后，交货速度太过缓慢，没什么可以弥补由此造成的损失。直到 10 月，洛克希德·哈德逊轰炸机才被运走，预计要到 1942 年春天才能到达中国。[27] 居里也没有考虑到这些轰炸机所用的全部弹药都在英国，必须先将它们从英国运往美国。事实证明，直到 1941 年 11 月底，英国人才将这些弹药装上货船。[28]

马歇尔和陆军航空队很支持居里的空军计划，主要是因为它不会影响他们的飞机和军备库存。到了 1941 年夏天，马歇尔认为，与对英国的"除了战争以外的一切援助"和对中国的少量空中援助相比，重整陆军的军备和增援菲律宾是更为优先的事项。马歇尔不喜欢英国人，认为他们很"古怪"，他建议将 100 架英国"战斧"战斗机转移给中国，是为了避免中国人索要陆军航空队的飞机。只要美国战争部不必向中国让出它最珍贵的轰炸机，它就支持居里的行动，尽可能多地从英国转移走他想要的飞机。

当马歇尔的规划处主管 L. 杰罗将军批准这项短期飞机计划时，他透露出陆军对中英军事合作的不信任，特别是在关于美国志愿航空队的方面。马歇尔现在想行使旨在扩大陆军对美国志愿航空队控制权的"附加条款"。在马格鲁德抵达远东后，他将根据在缅甸对美国志愿航空队的视察和与中国政府的磋商，判断这支队伍的战备状态。[29]

24　马格鲁德代表团

1941 年 8 月 26 日，罗斯福宣布任命马格鲁德为美国驻华军事代表团团长。罗斯福将这个代表团与正在前往苏联的美国《租借法案》代表团相提并论，两者都是"全世界抵抗武力征服行动的努力"。[1] 8 月底，国务卿赫尔向英国驻美大使馆表示，这支新的代表团的目标是让中国人认为自己是同盟国的一部分，并向日本发出某种"猝不及防的打击"。这又是一种鼓舞士气的姿态，而不是提供真正的军事建议或运输援助物资。[2]

战争部对这支代表团的定义要狭隘得多。马格鲁德应该建立一支管理租借事务的"小分队"，也就是说在重庆建立一个地区办事处。他和大约 25 名军官组成的团队将与战争部内另一支小分队就中国的物资请求进行协调，将情况报告给哈里·霍普金斯领导的新《租借法案》管理机构。

既然居里已经为中国获得了一些轰炸机，陈纳德希望美国政府能批准第二支志愿队来华，以便驾驶这些洛克希德·哈德逊轰炸机，而中央飞机制造厂雇用的飞行教官将训练中国空军部队的飞行员驾驶 DB－7 轰炸机。9 月 11 日，居里寻求罗斯福的同意，授权成立第二支轰炸机志愿队。居里向罗斯福提到，根据总统"早前的授权"，联洲航空公司已经雇用了 101 名飞行员和 181 名地勤人员。如果真的有过这样的授权，目前也不存在书面版本。也许居里指的是，1941 年 3 月在启动第一支志愿队的招募工作时罗斯福给他的口头许可。居里知道当时军事飞行员短缺，但他推测到了 10 月，陆军航空队能拨出一些飞行员，彼时它就能从自 1940 年启动的培训扩展计划中获得回报，增补大量新飞行员。[3]

9 月 15 日，罗斯福让居里"马上和马格鲁德将军取得联系，和他一起解决这个问题"。[4]然而在 18 日，居里向罗斯福承认，他不能与马格鲁德一起"解决这个问题"，后者不会与他的部门讨论轰炸机机组人员问题。马格鲁德对居里建议说，总统必须对军方再发出一份指令。居里问罗斯福，他是否"介意签署附件中措辞相当温和的指令"?[5]罗斯福按照他的要求这么做了。

陈纳德和中央飞机制造厂的理查德·奥德沃思为新的轰炸机志愿队详细地制定了人员要求，包括最低级别的文职人员，最终提出了 359 名人员的方案，其中 82 名是参谋。[6]9 月 29 日，陈纳德将这份清单转交给宋子文，后者又将它转交给居里。有了这些岗位要求和总统的授权，居里再次找战争部的罗伯特·洛维特商量。

与 1941 年 8 月相比，这一次洛维特更不愿意交出陆军航空队的"精英"。10 月 17 日，他写信给居里说，陆军航空队的培训中心早已被招揽走许多人员，"失去了很多经验丰富的军官"。此外，战争部正在为海外行动筹备军队（夏威夷和菲律宾），主要培训学校的任何人员减少都将扰乱这一计划。不过，洛维特提供了一份全国范围内小型机场的清单，奥德沃思可以前往这些机场，为轰炸机志愿队寻找适合的人员。然而到了 11 月，海军急缺人手，因此拒绝参加这次招募行动。[7]

当英国人得知马格鲁德代表团访华的消息后，他们琢磨着如何才能最好地回应美国政府这一最新举措。他们应该建立一支类似的军事代表团，独立于陆军准将兰斯洛特·丹尼斯领导的"204分遣队"，还是试图在中英合作计划与中美合作计划之间进行协调，抑或只是与马格鲁德代表团保持非正式联系？[8]英国人选择了最后的选项。首先，他们在马格鲁德率领军事代表团离开华盛顿前，与他举行了一次会谈。

1941年7月，战争部曾在对"J. B. 355"的评论中表达了对中英军事合作的不满。9月9日，马格鲁德在华盛顿会见了英国官员，再次明确表示，他和他的陆军同僚对英国与中国的合作持悲观态度。在这次情况说明会上，马格鲁德暗示，英国人正在对中国"采取一种有点冷漠的态度……没有完全意识到由此对中国的士气造成的不利反应"。[9]英国人试图澄清他们为中国提供的援助，并给了他一张清单，罗列了他们到目前为止出让给中国的武器和弹药，其中最大的一笔单项物资是50004磅的燃烧弹。[10]此外，他们正在加尔各答建立一个飞机工厂和仓库，存放运往中国的全部飞机和零部件。[11]9月12日，在与英国军事武官的第二次会谈中，马格鲁德声称，美国的对华政策比英国更积极，因为它的长期目标是逐步建立起中国的武装力量，使他们最终能够开展全面作战行动，短期目标是改善滇缅公路。[12]

马格鲁德在与英国人的会谈中，表达了他在战争部的上级对中英关系的不安，这一点他们在该年早些时候也曾表达过。他对美国对华政策优越性的夸耀，仅仅建立在美国对华援助是长期的这一前提。对此，中国人和英国人恐怕有着不同的看法。前者已经与日本开战，后者意识到他们很快就会和日本人开战。他们都没有时间考虑长期目标，他们已经花了几个月的时间研究一旦日本人对英帝国宣战，他们可以部署的措施。

或许美国官员很难接受这一点，即与他们各自与美国的关系相比，这两个都处于战争状态的国家彼此之间有更多的共同点，美国正处于和平状态，并决心保持这种状态。不过，一旦马格鲁德离开华盛顿前往远东，他就开始独立行事，背离了他的上级为他的代表团制定的狭隘的指导方针。

9月，马格鲁德在前往中国的途中经过马尼拉，并与麦克阿瑟会谈，马歇尔刚刚任命麦克阿瑟为美军远东总司令。麦克阿瑟概述了一个情报收集计划。他希望马格鲁德与英国陆军准将兰斯洛特·丹尼斯保持密切联系，并且与苏联驻重庆军事顾问团团长瓦西里·崔可夫（Vasily Chuikov）取得联系。他们三方应当定期会面，确保任何一方给予中国的建议事先都得到了所有人的同意。此外，麦克阿瑟要求马格鲁德研究用 B－17 轰炸机轰炸日本的可能性，可能是在中国东部的着陆场加油，经由符拉迪沃斯托克和中国中部返回，而马歇尔曾拒绝了这一选项，支持将菲律宾作为轰炸日本的平台。麦克阿瑟对他的空军基地的所有缺点了如指掌，他似乎愿意把这些 B－17 轰炸机交给中国人。

马格鲁德继续前往新加坡，并于 10 月 7 日与罗伯特·布鲁克－波帕姆会面。[13]布鲁克－波帕姆对马格鲁德的评价与他对陈纳德的评价大致相同：他是一个"个性坚强"的人，会是一个很好的合作伙伴，认为马格鲁德理解在与中国人打交道时需要保密。这位英国皇家空军远东总司令注意到，马格鲁德对中国飞行员的评价相当差。由于马格鲁德尚未访问中国，他大概还保留着他在 1920 年代形成并于 1931 年在《外交事务》上发表的那种印象。马格鲁德告诉布鲁克－波帕姆，美国和英国应该帮助蒋介石发展空军部队，并希望英国人能够在印度训练一些中国飞行员，这大概是在询问加尔各答空军设施的发展。[14]

三个星期后，即 10 月 30 日，马格鲁德抵达重庆，第一次见到了蒋介石和宋美龄。像往常一样，由宋美龄担任蒋介石的翻译。他们在这次谈话中重复了蒋介石和外国军事武官多年来的对话。似乎宋美龄脑海里有一盘关于中国腐败空军的录音带，每当谈到这个问题时，她就开始播放这盘录音带。[15]

马格鲁德向马歇尔和史汀生报告说，蒋介石认为他的空军部队已经"彻底崩溃"了。蒋介石主张，美国驻华军事代表团应当对中国空军部队的各个方面进行重组，并任命一位美国空军高级军官管理这支队伍，他将"拥有完全和绝对的权力，不受任何和所有现存的（中国）空军部队的干涉或政治影响"。[16]这几乎就和三年前他们对英国空军武官罗伯特·艾特肯所提的要求一模一样。

马格鲁德根据他与蒋介石的对话内容，为战争部概述了一个接管美国志愿航空队和中国空军部队的计划。马格鲁德强调说，在目前的状态下，即使收到了计划中的零部件和人员，美国志愿航空队也不可能有实质性的改进，在缅甸的美国志愿航空队和在中国的中国空军部队的飞行员训练都不合格。他声称，这些观察结果绝不是对陈纳德的批评，但必须承认"这支队伍……是一个暂时发挥不出作用的组织……没有用于提高士气的扎实结构和基础。它缺少……对美国或任何在中国的机构的坚定情感或信念"。

马格鲁德建议，由一位美国陆军航空队的高级军官和至少 5 名军官组成的团队管理中国空军部队，并"直接指挥美国志愿航空队"。这名指挥官将逐渐集结起一支由中国空军部队中最好的飞行员组成的中国军队。随着美国志愿航空队与中国空军部队指挥权的整合，"毫无疑问"将组成一支拥有 500 架飞机的庞大空军。马格鲁德意识到，如果美国陆军要对中国这些不同的空军部队负责，将会面对大量的困难。因此，他将这样的干预视为一种应急措施。[17]

没有理由相信蒋介石本人对美国志愿航空队发表过任何这样的看法，马格鲁德是在表达自己的观点。不过，马格鲁德在给史汀生和马歇尔的报告中暗示，蒋介石将允许由一位美国陆军航空队军官取代陈纳德，解雇其美国志愿航空队指挥官一职。这其实正和蒋介石的心意，因为这样一来，美国军方就不可避免地卷入了与日本的战争。

关于马格鲁德野心的传言很快就传到了国务院和居里的耳里。国务卿赫尔的首席政治顾问亨贝克担心，如果马格鲁德试图完全掌控中国的军事航空，并让他的代表团只对战争部负责，那他最终会与蒋介石发生冲突。[18]11 月 12 日，居里写信给陈纳德说："有人建议我们为包括美国志愿航空队在内的整个中国空军部队的重组和运行提供人员。"[19]居里向他保证说，这是不切实际的，并且提出了一些对马格鲁德先发制人的主意：陈纳德应当挑选最好的中国飞行员在他的战术指挥部服役，同时居里设法派遣一些美国参谋来帮助陈纳德履行"更大的职责"，让出更多飞机给中国空军部队或让美国陆军航空队负责指挥中国空军部队的作战行动。居里想知道，缅甸是否有足够的设施来训练中国和美国的空军部队。尽管美国志愿航空队可能不令人满意，但居里在国务院的支持下，决心让陈纳德继续负责该队伍，让战争部无法插手。

　　并非只有美国官员在为美国志愿航空队担忧。在同一时刻，英国的兰斯洛特·丹尼斯将军和空军少将罗伯特·布鲁克–波帕姆也在为正式宣战后这支志愿队是否有能力作为一支作战部队，与英国皇家空军部队并肩作战表示怀疑。不过到了 11 月底，英国战时内阁中有一个人准备全力支持陈纳德和美国志愿航空队，他就是丘吉尔。

25 战争临近

　　1941 年 8 月下旬，英国皇家空军远东总司令罗伯特·布鲁克 - 波帕姆重组了驻扎在仰光附近敏加拉洞基地的第 60 空军中队。一半保留 16 架布伦海姆轰炸机，另一半则收到 16 架布鲁斯特"水牛"战斗机和"大量的储备物资"，以及 8 万发 .50 口径子弹。虽然只是杯水车薪，但这已经是英国皇家空军在新加坡的库存所能拨出的全部了。他打算一旦有机会，就把另一批布鲁斯特"水牛"战斗机送去缅甸。最后，他向缅甸调运了一大批炸弹，其中包括 960 枚每枚重达 250 磅的炸弹。[1]在珍珠港事件爆发前几周，这种资产的重新分配使得英国皇家空军在马来亚拥有 4 支"水牛"战斗机中队，一支布伦海姆轰炸机中队，以及几个拥有老式飞机的小分队，总共大约 200 架随时可以参加战斗的飞机。[2]

　　1941 年 10 月中旬，布鲁克 - 波帕姆还得到了陈纳德的保证。如果仰光受到日本的攻击，美国志愿航空队的三个中队（各有 18 架"战斧"战斗机）将保卫这座城市。他们一致同意，美国志愿航空队的两个中队将驻扎在位于仰光以北 25 英里的兹尤特金（Zyautkwin）基地，第三个中队则驻扎在敏加拉洞基地。[3]

　　这原本是一个长期计划，但是几周内，中国人和英国人确信，敌人即将采取蓄谋已久的行动。蒋介石与马格鲁德关于可能由美国陆军航空队管理中国空军部队和美国志愿航空队的讨论，与这种新的威胁认知有关。中国情报部门认为，到 11 月底，日本人将占领昆明，以便切断滇缅公路。蒋介石希望得到空中支援，以加强他的军队在云南的防御。[4]

1941 年 10 月 30 日，宋子文在华盛顿催促罗斯福立即向中国交付已经承诺给中国的"适度分配"的飞机和军械。蒋介石仍然希望得到 350 架战斗机，然而美方只交付了 100 架 P-40 战斗机。他还期望得到 150 架轰炸机，其中美方已经承诺给 66 架，但目前一架都没有运出。[5]在这份备忘录中，宋子文手写了一条批注，即急需飞机以"应对日本通过印度支那对滇缅公路发起的攻击"。罗斯福也在上面批注道："转哈里·霍普金斯，急办。富兰克林·罗斯福。"至少，在 11 月初的几天里，罗斯福认真对待了日本从法属印度支那对昆明发起进攻的威胁。

在重庆，英国驻华大使卡尔怀疑中国人在危言耸听。11 月 1日，他彬彬有礼地倾听着蒋介石那套"老生常谈但又具有说服力的论点"，即昆明现在是"太平洋地区的关键"，同盟国必须出面保卫它。[6]蒋介石向卡尔强调，如果日本人占领了滇缅公路和昆明，就意味着中国抗战的结束，敌人随后就将向南推进，占领马来亚。他坚持认为："只有英国对中国地面部队提供空中支援，才能拯救这个国家，维持太平洋地区的和平。"[7]此外，美国必须向新加坡和马来亚的英国皇家空军供应物资。

但是，英国人掌握了马格鲁德 10 月 28 日发出的一份电报，电报显示马格鲁德是多么认真对待日本这次新的威胁。用他的话说，有"强烈的迹象"表明日本对昆明的空袭将结束中国的抵抗。在他看来，中国空军部队毫无用处，美国志愿航空队在未来的数月内也不会做好作战准备。因此，为中国军队提供空中支援的唯一方式是，及时从新加坡或马来亚调拨英国或美国的空军部队，以防止日本占领昆明。[8]

马格鲁德的电报可能对英国战时内阁产生了影响，他们忽略了卡尔的判断，并认真对待昆明面临的威胁。然而，英国人并不知道美国战争部对马格鲁德的信息置若罔闻。对于马歇尔而言，对菲律宾的增援继续优先于美国陆军航空队在中国参与任何行动。几个星期后，11月，马歇尔拒不允许把高射炮转给中国，声称如果他们拒绝给予麦克阿瑟将军这种装备，却转而将其送上"一次不确定的中国之旅"，这将是一种对麦克阿瑟将军的"冒犯"。[9]

现在，英国在重庆和伦敦的官员都同意，云南的危难时刻即将来临，他们将希望寄托在美国志愿航空队身上，希望它能具备一定的威慑力。罗伯特·布鲁克-波帕姆同意情报报告中所指出的，"为在中国西南某地开展行动所做的准备"。11月5日，英国作战部联系了布鲁克-波帕姆，明确表示，鉴于这种威胁，"能够及时帮助中国人的唯一希望就是向陈纳德提供援助"，布鲁克-波帕姆应当派遣一些有经验的军官作为志愿者在志愿队中服役，并且"加快这支国际空军部队的作战准备"。[10]

11月5日，布鲁克-波帕姆提到了英国皇家空军全体参谋人员近期视察美国志愿航空队的情况，并向英国作战部保证说，到了这个月月底，陈纳德将做好把他的空军中队转移到中国的准备。布鲁克-波帕姆表示，一旦美国志愿航空队达到了作战标准，他就在缅甸组建另一支布鲁斯特"水牛"战斗机中队，并建议这些飞行员（大部分是新西兰人和澳大利亚人），应该具备与美国志愿航空队飞行员相同的志愿者身份。然而，在致力于开展这项计划前，布鲁克－波帕姆打算评估一下陈纳德的"确切情况"和需求。[11]

11月8日，英国皇家空军驻新加坡的两名参谋长——空军大队长达维尔（Darvel）和空军中校塔基（Tuckey）前往同古视察美国志愿航空队。陈纳德给了他们全部的"内幕消息"，并书写了一份关于这支队伍缺陷的坦诚评估，他将这份评估交给了居里和宋子文。这份评估的内容是，7架飞机已经坠毁，23架飞机有故障，还有26架飞机因缺少轮胎而停飞，由于缅甸的气候状况，它们很快就会报废。[12]为了能让"战斧"战斗机保持空中飞行状态，他们迫切需要大量的零部件。陈纳德希望能从菲律宾、美国或者中东（英国皇家空军在那里驾驶的战斗机也是"战斧"）调拨来这些零部件。乔·阿尔索普提醒居里，如果美国志愿航空队能得到足够数量的轮胎，它就能让68架飞机升空。如果马尼拉或者夏威夷能立即提供P－40需要的轮胎和其他零部件，它们随后可以用美国志愿航空队12月订单中的供货作为补偿。阿尔索普警告居里，正如陈纳德以前所做的那样，如果因为缺少轮胎而导致这支作战部队无法开展行动，"美国的威望和中国的士气都将下降"。[13]

英国皇家空军的观察员为罗伯特·布鲁克－波帕姆总结了陈纳德提供的所有资料：美国志愿航空队只有41架可供作战的飞机；氧枪和同步枪都不能正常工作；由于缺少备件，他们无法修复受损的飞机，并使其恢复使用；轮胎和起落架的短缺尤为严重。事实上，在1942年2月前，仰光将不会收到任何备件。

考虑到如此严重的维修问题，布鲁克－波帕姆估计美国志愿航空队可以把一支由 18 架飞机组成的飞行中队投入战场，维持大约一个星期的"密集作战"。他得出的结论是，除非美国志愿航空队能部署两支功能齐全的飞行中队，否则它不应该进入中国。在那之前，他会克制住自己，先不组建另一支由 16 架布鲁斯特"水牛"战斗机组成的飞行中队，以志愿队的名义与缅甸的美国志愿航空队合作。为了加快向美国志愿航空队运输备用零部件的速度，他向菲律宾的麦克阿瑟和所有英联邦的军事代表团发出请求，要求他们提供备用轮胎和起落架，以供美国志愿航空队的"战斧"战斗机使用。[14]

在前线，罗伯特·布鲁克-波帕姆在往一边拉，但在伦敦，丘吉尔正往另一边拉。11 月 2 日，蒋介石向美国总统和英国首相发出了他最令人心碎的呼吁之一：他必须立即得到他们的帮助，以防止日本占领昆明和中国的抵抗随之崩溃。"我没有任何可以被称为'空军'的力量能对抗日本将要施加在我身上的行动……然而，如果在这场战斗中日本的空军能够被遏制甚至被粉碎，它占有我所说的新兴产业的力量将被大大削弱。"蒋介石指出："这支目前正在训练的美国志愿空军很好，但是规模太小。我们唯一的希望是英国驻扎在马来亚的空军部队与美国合作，可以投入战斗，支持美国志愿航空队和现存的中国空军部队。英国空军部队可以作为中国空军部队的一部分进行合作，也可以作为一支国际志愿部队进行合作。最终的结果将是拯救中国，拯救太平洋。"[15]

蒋介石的这一请求给丘吉尔留下了深刻印象。11 月 5 日，丘吉尔在一封给罗斯福的电报中表示，他和蒋介石一样，都对所谓的日本占领昆明的计划感到焦虑，愿意接受他提出的空中援助请求。

几乎可以肯定，蒋介石是在"危言耸听"。然而，丘吉尔表示完全相信他，并"准备派遣飞行员，甚至一些飞机前往中国，如果他们能及时抵达的话"。这是一个令人费解的说法。他在稍早之前的草稿中写道："尽管如此，如果飞行员和飞机能及时抵达，我应该做好派遣他们的准备——但他们不能。危机很可能在那之前就降临在我们身上了。"[16]

事实上，丘吉尔和他的幕僚知道，绝不可能及时将英国皇家空军的飞行中队从马来亚转移到缅甸，先发制人地制止据称的日本对云南的攻击。因此，他希望罗斯福"提醒"日本人，任何这样的侵略行为都是对美国政策的"公开漠视"。正如1941年2月那样，人们仍然寄希望于严厉的外交警告可能会推迟危机的发生。

11月7日，罗斯福回复了"前海军人员"，这是丘吉尔在与罗斯福通信时的自称。就在一周前，罗斯福似乎已经接受了日本正在计划对昆明发起进攻，但是现在他排除了这种可能性。他指出，没有迹象表明日本在法属印度支那进行大规模动员，以便开展这样的行动。考虑到"日本目前的状态"，他也不认为提出新的"抗议"有任何意义，这可能会产生与威慑相反的结果。相反，罗斯福似乎站在马歇尔一边，拒绝把菲律宾需要的装备给予中国。罗斯福表示，在英国加强对马来亚防御的同时，美国继续增援菲律宾，这将"让日本在行动时更加犹豫"。他证实他将尽其所能在人员和设备方面，"推动美国志愿空军部队的建设"。[17]他表示自己会在下周答复蒋介石，但他拖延了一段时间才这么做。

多年来，英国外交部一直告诫英国应该在远东政策上与美国保持同步。然而这一次，丘吉尔没有理会罗斯福关于日本对该地区最新威胁的轻蔑评价。参谋长委员会起草了一份关于建立一支由布鲁斯特"水牛"战斗机和澳新军团（ANZAC）飞行员组成的志愿中队的指示，但尚未对罗伯特·布鲁克－波帕姆发出。他们已经做好了准备工作，要求澳大利亚和新西兰政府让出飞行员，让这些飞行员与美国志愿航空队的飞行员一样，以志愿者的身份在这支新的部队服役。[18]

11月9日，丘吉尔给参谋长伊斯梅（Ismay）将军发了一张便条："我们要加快安排派遣志愿飞行员和飞机加入陈纳德的队伍。"[19]他是如此焦急，以至于他在没有收到伊斯梅进一步消息的情况下，11月11日又给参谋长委员会写了信。他直截了当地说，再也没有必要为派遣另外一支空军中队从新加坡前往缅甸而权衡利弊了，"无疑，我们应该下定决心，给英国远东总司令一些明确的指示。为什么我们不说：'我们希望你立即派遣水牛和布伦海姆中队，除非你有任何强烈的反对意见。'"[20]

那一天，丘吉尔还给蒋介石发了一封直截了当的电报。尽管他并不确定昆明是否是下一个目标，但他确信华南将受到攻击。因此，丘吉尔向蒋介石保证，他正设法"以最快的速度"增强国际空军部队（美国志愿航空队）的实力。[21]

罗斯福信守诺言，等待时机回复蒋介石11月2日的来信。他把这项任务交给了国务院，并于11日批准了其起草的答复。14日，亨贝克向中国驻美大使胡适递交了罗斯福给蒋介石的信。尽管丘吉尔直截了当地表示支持美国志愿航空队，罗斯福却说了一堆平淡乏味、含糊其词的话。

国务院的书记员为罗斯福告知蒋介石美国不能提供更多的援助

起草了以下借口：美国军方内部都在竞争装备，因此美国政府无法给中国提供更多。此外，日本攻击云南的威胁是被夸大了的，因为在法属印度支那没有明显的军队动员迹象。罗斯福敦促蒋介石继续加强云南的防御，同时美国将尽最大努力加快向中国提供《租借法案》物资，以及为"美国志愿空军部队"提供更多装备和人员。罗斯福再三保证，强调了对菲律宾和夏威夷的增援，在他看来那是"在整个局势中始终存在的重要因素"——无论他说这话是什么意思。[22]还有进一步的证据可以证明，关于美国在遥远的太平洋殖民地的地面部队和空军部队运行失调的情况，战争部是如何欺骗了自己，或许也欺骗了总统。

11月16日，英国驻华大使卡尔向英国外交部报告，由于收到了丘吉尔鼓舞人心的电报和罗斯福令人振奋的信息，蒋介石"情绪高昂"。用卡尔的话说，罗斯福向蒋介石再三保证，"驻扎在马尼拉的美国空军比日本想象的要强大得多，因此蒋介石不必担心"。[23]在国务院为罗斯福精心措辞的信件中并没有这么直白的内容。不知道蒋介石和卡尔是如何得出这个令人高兴的结论的。不过，他们的印象准确反映了马歇尔亲自策划的有关菲律宾空军力量的宣传。

11月5日，24架B-17轰炸机降落在吕宋岛克拉克空军基地。15日，马歇尔召开了一次秘密的新闻发布会，向一群精心挑选过的记者介绍了将菲律宾的空军力量提升到"远高于日本人所能想象的水平"的计划。[24]他宣称，如有必要，美国将"无情地战斗"，派出B-17轰炸机轰炸日本那些"纸糊的城市"，毫不考虑对平民的伤害。马歇尔向记者承认，B-17轰炸机尚不具备往返日本的航程，但在短期内，B - 17 部队可以使用位于苏联符拉迪沃斯托克的机场。此外，B - 17 很快就会被更强大的 B - 24 取代，B - 24 可以不间断地飞到日本，投下导弹，随后返回菲律宾。[25]

正如马歇尔随后所透露的那样，这次新闻发布会的重点是让记者把有关"空中堡垒"的泄密事件归咎于白宫或国务院。他推测，当日本人听到美国在菲律宾部署了大型轰炸机，他们会重新考虑自己在亚洲扩张的野心。[26]马歇尔很清楚 B - 17 不能飞到东京，但没什么能够动摇他对这些大型金属稻草人的盲目信仰。仅凭"空中堡垒"出现在菲律宾，就能威吓日本人，让他们对入侵欧洲在远东的领地三思而后行。

1941 年 10 月底，马歇尔将菲律宾空军重新命名为"远东空军"（the Far East Air Force）。11 月，他委托远东空军新任指挥官白赖德（Lewis Brereton）将有关菲律宾空军作战行动的秘密计划转交给麦克阿瑟。麦克阿瑟为自己的管辖区域转变为"进一步推进战略防御的进攻性空中行动"基地而感到欣喜若狂。[27]然而，白赖德将军却对在这些有缺陷的基地部署 B - 17 轰炸机深表怀疑。在他看来，这些基地完全暴露在敌人的攻击下。菲律宾群岛没有足够的战斗机中队，空军人员不足，几乎没有空中预警系统。[28]在珍珠港事件爆发前夕，菲律宾只有 36 架 B - 17 轰炸机、72 架 P - 40 战斗机和 18 架 P - 35 战斗机，在质量上和数量上都无法与日本陆军和海军联合空军部队相媲美。[29]在华盛顿，没有人愿意向罗斯福承认远东空军的真实状况，因此他最终对菲律宾航空资产的判断完全是被误导的，即认为它是在远东抵抗日本扩张的一张盾牌。11 月 11 日，丘吉尔向英国皇家空军远东总司令罗伯特·布鲁克 - 波帕姆发出指示，要求他组建一支新的空军中队，并派遣另外两支空军中队前往缅甸，在陈纳德领导的所谓国际空军部队中服役。两天后，英国作战部也批准布鲁克－波帕姆，以为美国志愿航空队提供补给的名义，向中国运输燃烧弹和其他炸弹。[30]然而，布鲁克－波帕姆拒绝服从命令。11 月 15 日，他通知英国作战部，他不能派遣两个空军中队前往缅甸与美国志愿航空队并肩作战，因为"目前，国际空军部队不具备持续作战的能力。在我们共同的努力取得令人满意的结果之前，我不打算派遣任何志愿中队前往中国"。[31]不过，他将着手为美国志愿航空队准备三个月的补给，并最终将这些补给送到缅甸。这些补给包括保存在板条箱里的备用飞机，以及炸弹、弹药和备用零部件。至于何时派遣英国皇家部队前往缅甸，他不能提供"一个时间表，因为国际空军部队（美国志愿航空队）的维护情况是一个限制因素"。[32]

1941 年 11 月 9 日，参谋长委员会将这份电报转交给丘吉尔，并附上一张他们为布鲁克－波帕姆的立场进行辩护的便条："从第 3、4、5 段可以清楚地看出，远东总司令正在尽其所能帮助陈纳德。"在这一段话旁边，丘吉尔写道"继续推进"，他的意思是继续帮助陈纳德。[33]

远东与伦敦之间的电报经常发生延误。11 月 17 日，布鲁克－波帕姆向英国空军部表示，他将设法以与美国志愿航空队同样的条件组建志愿飞行中队，中央飞机制造厂将负责这个计划。[34]似乎早在丘吉尔下令让他帮助陈纳德之前，布鲁克－波帕姆就已经决定这么做了。

自 10 月 31 日以来，中央飞机制造厂的总裁鄱雷就一直在印度班加罗尔打理与印度空军的新业务。11 月 18 日，他返回仰光，但第二天又飞往新加坡。[35] 鄜雷在给雷顿的一封信（1941 年 11 月 18日）中，描述了英国皇家空军远东总司令布鲁克－波帕姆打来的一通紧急电话，他解释说蒋介石曾向丘吉尔打电报要求空中援助，因此现在计划以中央飞机制造厂雇员的名义，组建一支新的英国志愿飞行中队。通过这种安排，陈纳德将指挥两支额外的由英国人员和飞机组成的飞行中队（一支战斗机中队和一支轰炸机中队）。[36] 鄜雷告诉雷顿，他已经就以与美国志愿航空队同样的方式，用"周转基金"支付英国志愿飞行中队的全部工资和开支一事联系了宋子文。[37] 如果是这样，那么美国对中国的贷款将用于资助陈纳德指挥下的英国志愿者和美国志愿者。

鄜雷对志愿队的补给短缺问题深感忧虑。尽管他与陈纳德相处良好，并钦佩他是一名"完全有能力的军官"，但他认为陈纳德拒绝了他提出的所有帮助，特别是为志愿队招募参谋人员。1941 年春天，鄜雷曾建议由中央飞机制造厂出面，寻找和雇用至少 10 名参谋人员，这些参谋人员将从纽约出发，在他们前往仰光之前，整理好所有必要的物资，运往缅甸。陈纳德拒绝了鄜雷，坚持让他自己的飞行军官兼职处理每一项任务（通信、交通、财务等）。因此，正如鄜雷所说，陈纳德最终一个人做了十个人的工作。在鄜雷看来，人员不足是他"最大的障碍"，已经导致部队无法采取行动。

鄜雷认为，中央飞机制造厂已经雇用了一大群人，但是这支部队在行动上的拖延造成了"大量的厌恶、动乱、失望和普遍的不健康状况"。在他看来，中央飞机制造厂正在加班加点地工作来帮助陈纳德，要是他能把全部的地面工作交给中央飞机制造厂的话，他们还可以做得更多，这样陈纳德就可以把注意力都集中在"这项任务非常必要的军事目的上"。[38]陈纳德的其中一名副官，斯基普·阿代尔似乎也有同样的感受。他在自己的私人书信中指出，美国志愿航空队中的每个人都在做十个人的工作。[39]

11月21日，罗伯特·布鲁克－波帕姆向英国空军部说明，中央飞机制造厂可以为这些澳新军团的志愿者安排为期一年的工作合同。不过，如果英国与日本开战，这个合同就会被取消，志愿者将恢复英国皇家空军人员的身份。尽管如此，由此组建的飞行中队还是继续在"陈纳德的指导下"服役，即使他们隶属英国皇家空军。[40]

到了11月底，不仅英国官员满脑子都是对日本攻击昆明的焦虑，马格鲁德也是。他不断要求美国战争部为美国志愿航空队提供装备，并且他认为应该把这些装备空运来远东，而不是通过航运。[41]然而，马歇尔和阿诺德拒绝了他为美国志愿航空队提供空中援助的呼请。[42]他们早已决定应该把稀缺的航空资产交给菲律宾和夏威夷，而不是中国。

美国志愿者在缅甸的身份现在变得含糊不清。抵达仰光后，他们中的一些人，包括查克·贝斯登在内，签署了一份关于他们在中国空军部队服役的证明。他们承诺"忠于中国，服从上级领导的命令和遵守中国的军事法律法规"。[43]在其11月21日的日记中，查理·邦德还记述了陈纳德在一次会议中向他们描绘志愿队到达昆明后生活会有怎样的改变。这是另一个蒋介石和丘吉尔认为日本正在筹划发动攻击的迹象。[44]一旦到了中国，志愿者将听从蒋介石的指挥，实际上和中国军官身份相同。或许任何一位年轻人都没有想过效忠于人意味着什么，在他们中央飞机制造厂的工作合同中没有写入这些内容。然而，早在1941年1月，蒋介石和宋子文就想把这些条款和条件强加给这些志愿者。陈纳德在缅甸期间对这些志愿者很宽容，让他们快乐而毫无戒心，这并非不可想象，因为一旦他把他们送到中国，他们就将受制于蒋介石。

直到珍珠港事件爆发前，这些志愿者都在同古享受着夏令营的气氛。11月底，他们在飞机的机首画上了鲨鱼的牙齿，打扑克牌、野餐。陈纳德把他们聚集起来，给他们讲授飞行战术。他们用安装在"战斧"战斗机上的机关枪练习射击，编队飞行并互相格斗。偶尔，美国志愿航空队和英国皇家空军第60中队会进行"对决"。在这些交锋中，美国志愿航空队的飞行员们都取得了胜利，彻底证明了"战斧"战斗机比"水牛"战斗机更胜一筹。[45]

在珍珠港事件爆发前，大多数官员都认为这些志愿者是不适合战斗的年轻人。1941年10月，詹姆斯·麦克休从他在重庆的陆军同僚处听到了对陈纳德部队缺乏军纪的轻蔑报告：一名陆军司务长常常醉醺醺的；飞行员破坏飞机；训练开始后，已经有两名飞行员丧生。到了这个阶段，麦克休已经认识陈纳德好多年来，过去他也曾表达过对他的保留意见。[46]尽管如此，他相信"老头子"能让美国志愿航空队发挥出最大的作用。他带着非凡的先见之明继续说道："那些自愿离开他们原先在美国的组织去冒险的人，自然是那些最不服从纪律的人，在这种情况下，除了他们对领导本能的感觉外，几乎没有什么可以控制他们的。"[47]

1941年12月7日，日本偷袭珍珠港。华盛顿没有一个人通知陈纳德和他在缅甸的部队。这些志愿者 12 月 8 日醒来后，像其他人一样从广播中听到了报道。又过了一个星期，他们才接到来自重庆的命令。12 月 16 日，蒋介石在与英国人协商后决定，既然缅甸没有能满足要求的警戒网，这些飞行中队最终应迁往云南。万一日军攻击缅甸，他准备让他们回来保卫它。[48]在伦敦，英国人认为他们无权推翻蒋介石的决定，尽管将这些飞行中队调拨到云南将削减缅甸一半的防空力量。[49]

12 月 17 日，美国志愿航空队第一中队、第二中队从缅甸飞到云南，此时日本已经在云南省会昆明投下了第一批炸弹。20 日，这两支中队第一次在云南上空作战。但三天后，两支中队都返回缅甸，与第三中队和英国皇家空军一起保卫缅甸抗击敌人。23 日和圣诞节，这些飞行中队进行了他们最令人惊叹的空战，当时他们击落了大约 30 架敌机。[50]到 1942 年 7 月 4 日这支部队解散时，他们已经击毁了至少 283 架日本飞机，其中 215 架是在空战中击毁的。这些数据是从 1942 年夏天陈纳德汇总的数据得来的。[51]

尾　声

　　本书始于以下几个问题：谁创建了飞虎队？什么时候创建的？为什么创建？70多年来他们的故事就像一个俄罗斯套娃，外壳上画着陈纳德，其他所有的参与者都被塞在里面。根据这些事件的标准叙述版本，陈纳德1940年11月来到华盛顿，在宋子文的帮助下，他说服了包括罗斯福在内的有影响力的人，甚至在日本向美国宣战前，就采纳了他关于招募美国战斗飞行员在中国与日本人作战的计划。正如大量新资料所揭示的那样，这是一个神话，在第二次世界大战期间和战后都有着不同的用途。

　　从开始到结束，美国人、英国人和中国人都对美国志愿航空队的组织目标缺乏共识。三国政府在远东战略方面缺乏协调，这一点同样对美国志愿航空队造成了损害。在这支外交小步舞中，总是存在着三对舞伴：英美、中英和中美。每一对都不对第三方公开他们双边协商的结果。这三对偶尔会互相得罪，不经意间也会发现其他两对在做什么。这三个盟国有时候是单独行动，有时候是与另一个国家一起行动，共同塑造了飞虎队的命运。

　　1941年，罗斯福政府在志愿队的规划方面，做了更多的破坏工作，而不是促进工作。一年来，远东政策的转变，关于空中力量的奇怪想法以及美国政府内部的地盘之争妨碍了他们及时采购物资和招募人员，在珍珠港事件爆发前将美国志愿航空队打造成一支适合作战的部队。美国官员从未将美国志愿航空队作为一支军事部队认真对待，因为在很大程度上，他们认为它的作用就是在对华"飞机援助"框架内鼓舞中国人的士气。

1938年9月慕尼黑危机后不久，罗斯福提出了自己的空中援助概念。我称之为"飞机援助"，当时这个标签偶尔用于指罗斯福政府对盟国出售飞机。罗斯福确信，如果法国和英国能拥有一支庞大的机群，他们在抵抗德国时会更有信心。通过增援法国和英国的空中力量，会让希特勒"慎重考虑"对邻国的攻击。对罗斯福而言，重要的是飞机对朋友和敌人产生的心理影响，而不是它们在实际作战中的军事价值。

就这个政策而言，"援助"是一个误导性的术语。罗斯福给予法国和英国优先于美国军队的权利，购买当时美国制造商生产的数量有限的作战飞机。不过，他们仍必须用现金支付所有购买的军事设备。在这场外交博弈中，柯蒂斯－莱特公司的P-40战斗机成为罗斯福对盟国敬意的最高象征。由于英国和法国都拥有强大的空军，罗斯福和他的顾问都没有问过他们将如何部署这些装备。

飞机援助是基于一个重大的误解，即将空军力量等同于制空权。正如一位历史学家所指出的那样，罗斯福感兴趣的是飞机，大量的飞机，在他的战略思维中，从未考虑过部署飞机所需的地面组织。1939年9月爆发的战争及1940年5月德国入侵法国和低地国家证明，就其本身而言，一支现代化的机群阻止不了一个坚定的敌人。尽管如此，罗斯福和他的幕僚继续夸大现代军事飞机的威慑价值。马歇尔坚持在菲律宾和夏威夷部署B-17轰炸机和P-40战斗机，理由是这些战争武器的存在会让日本人"三思而后行"。这是一种静态的、错误的威慑方法。直到珍珠港事件爆发，他和其他人都没有意识到，对一方而言是稻草人，但对另一方而言则是容易击中的目标。这种对菲律宾所谓的空中威慑的自鸣得意导致了错误的安全感，使美国政府内的分析人士对日本袭击夏威夷的可能性视而不见。

1940～1941 年，罗斯福政府继续用"飞机援助"来提振希腊和中国等较弱盟国的士气。1940 年 10 月，赫尔希望能为中国提供几架飞机，在有限的范围内越多越好，以此表达对蒋介石的支持，让他能够继续抗战。对于希腊总理梅塔克萨斯也用了这一套做法。罗斯福和他的顾问并不关心这些国家的空军部队是否能驾驶这些飞机，这些飞机是否可能被浪费。与法国和英国的情况一样，美国政府不参与"售后服务"。

1940 年 10 月和 11 月，根据"飞机援助"计划，美国批准向中国出售大约 50 架 P－40 战斗机，以此表示美国对蒋介石的支持。财政部长摩根索——自 1938 年以来其被称为"航空沙皇"——在安排这项交易时，对飞机的最终部署没有发表任何意见。然而在1940 年 12 月，他和罗斯福政府里的其他人背离了这种传统的空中援助方式。有史以来第一次，他们规定了中国人应该实施的空中作战行动，以便符合美国的战略利益。

1940 年的冬天，罗斯福及其内阁成员确信，日本将在 1941 年春天入侵新加坡，从而迫使罗斯福不情愿地履行对丘吉尔的承诺。如果新加坡真的遇到威胁，罗斯福将派遣一部分美国军舰前去保卫。这场新的危机很可能会使美国卷入与日本的战争，而当时美国军方都不认为军队已经做好了应战准备。

摩根索想出了一个大胆但不切实际的解决办法来阻止日本入侵新加坡：他想要卖给蒋介石一些重型轰炸机，这样蒋介石的空军部队就能用这些轰炸机轰炸东京，从而破坏敌人越境中国、向南进发的计划。然而，美国战争部很快就介入并打破了摩根索的"白日梦"，马歇尔拒绝为这项行动提供任何陆军的 B-17 "空中堡垒"轰炸机。马歇尔提出了一个替代方案，将原本分配给英国的 P-40 "战斧"战斗机重新分配给中国，可以在滇缅公路上空"分散"敌人注意力，这同样会起到威慑日本，使其不敢进攻新加坡的效果。这一切所需要的只是一个由美国飞行教官组成的团队，教授中国空军部队如何操控和维护这些新的 P-40 战斗机。1941 年 1 月中旬，诺克斯重新与联洲航空公司的雷顿取得联系，请他出面雇用飞行教官。这就是飞虎队在这一年剩余的时间里通过一系列偶然的决定而诞生的缘起。

1941 年 2 月，日本对新加坡的威胁不复存在，由此美国向中国派遣 100 架飞机和一些飞行教官去训练中国空军部队飞行员在滇缅公路上空作战的理由也随之消失。美国官员似乎准备让这项计划无果而终，但到了这个阶段，他们这样做势必会破坏与蒋介石的关系。这些飞机已经在运往中国的途中，他们也已经承诺要提供一些志愿飞行教官。

拯救这项计划的人是罗斯福的行政助理居里。1941 年 3 月，居里对中国进行了一次毫无价值的访问后回到美国，从此完全皈依了中国国民党的事业。他重新启动了失效的中国空军计划，使之与罗斯福的"飞机援助"理念相匹配。志愿队将成为扩大了的援华飞机计划的一个组成部分，这不仅将鼓舞蒋介石的士气，而且要让蒋介石感觉在罗斯福和美国人民眼里，他是与丘吉尔平起平坐的。短期援华飞机计划成为中美关系转型的平台。通过未来交付的据说是根据《租借法案》提供的飞机，居里将给予蒋介石一支可靠的空军部队，激发他对美国援助的信任，并逐步建立其作为世界领袖的地位。

考虑到这些目标，1941年3月下旬，居里重新恢复了海军部长早已委托给雷顿和联洲航空公司的招募工作。像罗斯福和他的内阁成员一样，居里不关心蒋介石会如何利用美国的人员和飞机，他只关心美国的慷慨援助对蒋介石造成的心理影响和外交影响。

这是蒋介石想要的那种美国援助吗？不见得。蒋介石彬彬有礼地感谢罗斯福提供的一切，但看穿了这些花言巧语和姿态。蒋介石想从美国政府手里得到的是重武器，而不是软实力。从1940年10月以来，他一直梦想着一支由外国志愿飞行中队组成的庞大国际空军部队。在他的指挥下，他们将在中国击败日本人，甚至很有可能在日本本土击败日本人。在这个光荣的庞大机群里，美国志愿航空队只不过是一支小分队。

过高的期望导致了深深的失望。由于无法获得大额贷款购买1000架飞机，及支付至少同样多的飞行员的报酬，蒋介石一直对美国飞机援助的不足感到沮丧。此外，他怀疑美国志愿航空队无法抵抗日本空军，因此没对它寄予多少希望。为此，到1941年6月，蒋介石和丘吉尔决定，这些志愿者抵达远东后，应该驻扎在缅甸而不是云南，在云南他们很容易受到敌人的空袭。到1941年11月，蒋介石仍对美国志愿航空队的作战价值持保留态度。他很乐意看到美国陆军掌控美国志愿航空队和中国空军部队，如果这意味着美国卷入了与日本的战争。

相反，英国人用一种更谨慎、更现实的眼光看待这支志愿队。从 1941 年 2 月到 11 月，陆军准将兰斯洛特·丹尼斯与蒋介石最信任的军官，在中英军事合作问题上开展合作。英国官员一发现美国志愿航空队的存在，他们就看到了它的军事潜力。美国志愿航空队拥有 100 架飞机，最终将拥有总共 300 名人员，这将使英国可用于保卫其远东领地的航空资产翻一倍。因此，尽管美国政府从未将这些志愿者视为潜在的作战人员，但英国政府是这么认为的，他们希望尽快让志愿队有作战价值。为了达到这一目的，他们做出了一些关键决定，规定在什么地方、以何种方式、什么时候部署美国志愿航空队。

他们的计划很明确：当且仅当日本对英帝国宣战，国际空军部队（这是英国人对美国志愿航空队的一贯称呼）将与英国皇家空军并肩作战，保卫云南和缅甸。在 1941 年夏天之前，英国和中国成功地对美国保密了他们的共同安全安排。一旦美国战争部（和居里）发现了中英合作，他们立即决定强行介入，竭尽所能让中国人觉得他们在和平时期与战争时期最主要的盟友是美国，而不是英国。

陈纳德是如何融入这个充满竞争的外交政策和利益的世界的？从 1940 年 11 月到 1941 年 3 月，陈纳德和他那些中国代表团的同事一直在被动接受"附加的四人"——摩根索、赫尔、诺克斯和史汀生提出的倡议。摩根索想出了一个轰炸东京的计划，该计划被马歇尔提出的让中国人用他们新近得到的 P - 40 战斗机引诱日本人前往滇缅公路、远离新加坡的方案所取代。在此期间，陈纳德置身局外，只能说他参与了飞虎队的创建，但远远称不上是"飞虎队之父"。

陈纳德曾说服罗斯福或其行政部门内的任何一个人支持他在中国组建"一支小规模但装备精良的空军部队"以击败日本人的说法，完全是虚构的。[1]在珍珠港事件爆发前，关于美国志愿航空队的部署唯一存在过的计划是，一旦日本对英帝国宣战，英国和中国官员批准由美国志愿航空队对中英两国的交界领土进行防御。

中英关系也并非没有紧张之处。1939～1941 年，中国对美国优先将武器和飞机卖给英国，而自己被迫排在购买队伍的后面感到愤愤不平。英国人对蒋介石的军队在对日联合游击战或空中作战行动中是否有能力履行他们的诺言持怀疑态度。他们还担心中国人不能对敌人保密。尽管如此，档案记录显示了这两个都处于战争中的盟国以他们有限的手段互相帮助的真诚努力。这种情绪体现在关于国际空军部队/美国志愿航空队的讨论之中，体现在蒋介石和丘吉尔的交流之中，也体现在英国远东官员关于他们与中国官员"不引人注目"会谈的报告中。因此，本书提出了这样一个观点，即没有英国人的推动，飞虎队永远不可能冲向天空。

1941 年 1 月，尽管英国人非常不情愿，他们还是提供了"战斧"战斗机。从 1941 年 2 月起，英国人意识到，一旦日本对英帝国宣战，国际空军部队/美国志愿航空队将使他们可用于防御缅甸和云南的航空资产翻一倍。6 月，他们决定这支志愿队应当驻扎在缅甸。8 月中旬，他们准备让航空队接受全面作战训练。从那时起，英国官员尽其所能向志愿队提供弹药，并将志愿队的水平提升到作战标准。1941年秋天，国际空军部队/美国志愿航空队已经成为缅甸和云南的防空支柱。然而，在任何情况下，陈纳德和他的志愿队都不会在战争爆发前对敌人发动攻击。根据这项中英协议，1941年12月20日，珍珠港事件爆发大约两周后，飞虎队开始在空中与日本作战。除了最初绕道云南外，他们接到的命令是抗击日本保卫缅甸。1942年3月，敌人占领了缅甸大部分领土后，他们彻底撤退，保卫云南。

这些志愿者对那些决定了他们在缅甸奇怪生活的政治和政客所知甚少，或根本一无所知，他们甚至对陈纳德也了解得很少。根据相关文献，在珍珠港事件爆发前，陈纳德似乎对这些志愿者没有多少兴趣和信心。在他们最初抵达缅甸的六个星期左右，陈纳德在其他地方忙着会见远东各个级别的官员。他并不急于开始指导这些年轻人战术知识或将他们训练成型，他从来没为转机型训练做准备。1941年秋天，当美国陆军要求他提供转机型训练时，他告诉他们他没办法做到，根本没有"老头子"带领的"幼儿园"。这些志愿者自己管理训练场，自学驾驶"战斧"战斗机，学习在半空中互相击打（有时会发生碰撞）。

在珍珠港事件爆发前，陈纳德对这些需要他照料的"孩子"不抱希望。或许这没有什么不寻常的，因为在美国军队里，上级通常对下属，特别是新兵态度比较强硬。此外，美国政府里没有人相信这些志愿者最终会有出息。唯一的可取之处是这些志愿者的无畏精神和他们"主管"陈纳德的独特性格。陈纳德是一个特立独行的人，事实证明他有一种激励人战斗的天赋。在他的指挥下，一群新人变成了名扬四海的飞虎队。

　　飞虎队的历史编纂工作仍然令人费解。为什么 70 多年来，历史学家很少质疑这个由国民党事业的战时宣传者和战后辩护者杜撰的故事？

　　正如历史学家乔纳森·尤特利（Jonathan Utley）所指出的那样，太平洋战争爆发后不久，宣传人员把美国志愿航空队/飞虎队变成了中美友谊的吉祥物。在撰写关于这支志愿队是如何形成的报道时，宣传人员和历史学家将飞虎队作为罗斯福的先见之明和他甚至在珍珠港事件爆发前就想帮助中国抗日的证据。[2]由于美国在 1949 年 12 月慢慢接受其"弄丢了中国"，对飞虎队的兴趣在战后初期达到了顶点。在《战士之路》中，陈纳德将自己描绘成一个试图通过空中力量拯救中国的人，首先是通过美国志愿航空队，其次是通过中缅印战场上的空中战略。他猛烈抨击那些在战前和战时反对他的人，包括那些他认为导致了国民党政权垮台的人。

　　在 1950 年代，美国军事历史学家查尔斯·罗曼努斯（Charles Romanus）、赖利·桑德兰（Riley Sunderland）、詹姆斯·凯特（James Cate）和韦斯利·克雷文（Wesley Craven）撰写了美国陆军在第二次世界大战期间的官方历史，前两位负责陆军部分，后两位负责航空队部分。在讨论飞虎队的起源时，他们淡化了罗斯福及其内阁成员的作用，只是顺带提了一下居里和联洲航空公司负责人的贡献。相反，他们将马歇尔、阿诺德和陈纳德描绘成称职的军事策略家，是他们创造了美国志愿航空队。具有讽刺意味的是，马歇尔比任何其他军事领导人都做了更多破坏性工作，具体而言是阻挠美国志愿航空队的成立，广泛而言是干扰援华军用物资的供应。

　　1963 年，杨格在《中国和援助之手》（*China and the Helping*

Hand）里评估了美国援助国民党人的记录。杨格大量引用了《战士之路》一书，并把陈纳德描述为"一个戏剧性的人物，自1937年以来中国军事航空史是以他为中心的"。[3]杨格在这本由哈佛大学出版社出版的书中，摘录了陈纳德自传中的大量段落，极大地提高了陈纳德在战前、战时和战后作为美中关系权威的学术声誉。到了1970年代，通俗历史学家都认可《战士之路》真实记述了陈纳德在飞虎队创建过程中的决定性影响。

人们对英国在这个故事中的作用所知甚少，很大程度上是由于他们在远东的失败。美国政府官员和美国的媒体很快就因英国军队在缅甸、新加坡和香港溃败而对他们心生鄙视。美国人似乎忘记了，英国人已经花了两年时间与德国人作战，不可能负担得起两线作战。1942年6月，詹姆斯·麦克休写信给诺克斯，在谈及英国在缅甸的失败时就流露出这种反英偏见。他声称，英国从未打算守住缅甸，并指出陈纳德为了组织和训练美国志愿军而与英国人打交道的经历："他处处都遭到阻挡和为难……而当他克服这些反对意见后，却被要求在战争中首先保卫缅甸。"[4]不过，不仅档案记录与麦克休的指控相抵触，甚至陈纳德本人的叙述也与麦克休的说法有矛盾。在《战士之路》中，他明确表示，如果没有英国，美国志愿航空队无法进入战斗状态。然而，没有一个历史学家探讨过这个角度。他们忽略英国人在这个故事中的作用，把他们当作古板的傻瓜，或者像詹姆斯·麦克休那样，指责他们阻碍了飞虎队。

英国历史学家从未做过任何事，来纠正人们对英国政府在美国志愿航空队成立过程中所扮演角色的阴郁看法。几十份关于国际空军部队的文件在英国国家档案馆里积灰，所有这些文件都是根据

30 年解密期限，在 1972 年被解密的。据我所知，只有一位英国历史学家彼得·洛威（Peter Lowe），在描述英国 1940～1941 年对中国的财政和空中援助时，提到了其中的一些文件。[5]美国历史学家在书写飞虎队的历史时，没有引用过关于国际空军部队的任何一条记录。

这并不完全令人惊讶。几十年来，历史学家已经将根据陈纳德本人所说、由杨格和一大批通俗编年史家强化的关于美国志愿航空队的叙述作为信条。在这种情况下，从未有任何理由去查明其他人对飞虎队的创建所做的贡献。

人们尤其对联洲航空公司和中央飞机制造厂在美国志愿航空队中的角色缺乏好奇心。他们的角色被记录在档案文件中，却从未被深入探讨。1950 年代初，美国陆军的官方历史学家罗马努斯和桑德兰在准备撰写《史迪威出使中国》（*Stilwell's Mission in China*）一书时，在联洲航空公司纽约总部鄱雷的办公室里查阅了一系列该公司的记录。该书脚注显示，他们查阅了鄱雷关于美国志愿航空队的文件，包括一份贴着"雷顿"标签的文件。[6]然而，历史学家再也没有机会看到这些文件了，因为所有这些鄱雷的文件都在 1960年代丢失了。我从他的侄女安妮塔·波利（Anita Pawley）那里发现，鄱雷决定把他关于美国志愿航空队的档案捐献给位于台湾的空军学院，"中华民国驻华盛顿大使馆"派了一辆卡车前往他位于迈阿密的家里，运走了他的文件柜，但这些文件随后就丢失了。[7]这意味着我收藏的雷顿的文件可能是保存下来的关于联洲航空公司的全部记录，不仅是关于飞虎队的记录，还包括该公司 1937～1940 年在华业务的记录。

我相信，其他关于飞虎队的新资料也会逐渐为人所知，因为他们已经开始慢慢披露了。2016 年 11 月，辛西娅·陈纳德博士（Dr. Cynthia Chennault）允许我查阅她父亲保存的美国志愿航空队飞行报告集，这些报告奇迹般地保存了这么多年。看来，我是第一个看到这些文件夹的历史学家。这些飞行报告都是志愿飞行员用铅笔和钢笔手写的。尽管其他档案馆里也保留了打印副本，但其中有些似乎是他们在 1941 年 12 月至 1942 年 7 月战斗的唯一记录。

重新整理这些文件，并将他们与陈纳德保存在斯坦福大学或其他地方的所有其他飞行报告进行比较，这超出了本书的范围。我希望其他人能重新审视所有的证据，重新考虑飞虎队在空战史上的重要性。目前的争议仍然围绕在对他们击落敌机"战果"的估算上，但陈纳德的个人文档可能最终会告诉我们，到底飞虎队在"被载入史册"前做了些什么。[8]

注　释

缩写词

AAC	［United States］Army Air Corps 美国陆军航空队
AAF	［United States］Army Air Forces 美国陆军航空部队
ABC	America Britain Canada 美国、英国、加拿大
AFB	air force base 空军基地
AIR	Air Ministry（Great Britain）英国空军部
AIRWHIT	Air Ministry Whitehall（Great Britain）英国空军部白厅
ANY	Arthur Nichols Young Papers 杨格档案
AVG	American Volunteer Group 美国志愿航空队
AVIA	Ministry of Aviation（Great Britain）英国航空部
BGLA	Bruce Gardner Leighton Archive 雷顿档案
BRINY	British Purchasing Mission New York 纽约英国采购委员会
CAB	Cabinet Office（Great Britain）英国内阁办公室
CAF	Chinese Air Force 中国空军部队
CAMCO	Central Aircraft Manufacturing Company 中央飞机制造厂
CC	carbon copy 复印件/副本
CCAC	Cynthia L. Chennault and Anna C. Chennault 辛西娅·陈纳德和安娜·陈纳德
CDF	Central Decimal File（US State Department）美国国务院核心档案

CO	Colonial Office（Great Britain）英国殖民地部	
CUL	Cornell University Library 康奈尔大学图书馆	
EML	Ethel Major Leighton（BGLA）埃塞尔·雷登	
EP	export pursuit（aircraft）飞机出口追踪	
FDRL	Franklin Delano Roosevelt Library 富兰克林·罗斯福图书馆	
FO	Foreign Office（Great Britain）英国外交部	
FRUS	*Foreign Relations of the United States*《美国对外关系文件集》	
HBM	His Britannic Majesty 英王陛下	
HISU	Hoover Institution, Stanford University 斯坦福大学胡佛研究所	
HM	Henry Morgenthau Jr. 小亨利·摩根索	
HMS	his majesty's ship 英国军舰	
IAF	International Air Force 国际空军部队	
JB	Joint Board 陆海军联席会议	
MAP	Ministry of Aircraft Production（Great Britain）英国飞机生产部	
NA	North American［Aviation］北美航空公司	
NAI	National Archives Identifier（NARA）美国国家档案馆标识	
NARA	National Archives and Records Administration（US）美国国家档案与文件管理局	
NMNA	National Museum of Naval Aviation 美国海军航空博物馆	
NYT	*New York Times*《纽约时报》	
PREM	prime minister（Great Britain）英国首相	
PSF	President's Secretary's File（in FDRL）总统秘书档案（富兰克林·罗斯福图书馆）	
RAF	Royal Air Force（Great Britain）英国皇家空军	
SDASMA	San Diego Air and Space Museum Archive 圣地亚哥航空航天博物馆档案部	

TMC	Tracey Minter Collection 特蕾西·明特收藏
TNA	The National Archives（Great Britain）英国国家档案馆
USAAC	United States Army Air Corps 美国陆军航空队
USAFHS	United States Air Force Historical Study 美国空军历史研究院
USMC	United States Marine Corps 美国海军陆战队
USNR	United States Navy Reserve 美国海军预备役
USSR	Union of Soviet Socialist Republics 苏联
WO	War Office（Great Britain）英国作战部
WPD	War Plans Department（US）美国作战计划部
WSC	Winston Spencer Churchill 温斯顿·丘吉尔

引　言

1　"Labels Americans 'Flying Tigers'," *NYT*, January 27, 1942, 10.

2　有关飞虎队击落的敌机数量一直存在巨大争议，对此我不予置评。我引用的数据是由飞虎队老兵埃里克·希林 1996 年 5 月 15 日提供给军事航空记录（rec. aviation. military）新闻组的，可以在 yarchive. net/mil/avg_record. html 上查询。丹·福特提出过一个更为保守的估计，他认为是 115 架。Dan Ford, *Flying Tigers：Claire Chennault and His American Volunteers, 1941 - 1942*（Washington, DC：Smithsonian/Harper Collins, 2007）, x.

3　William D. Pawley, *Americans Valiant and Glorious*（privately printed, 1945）.

4　Pawley, *Americans Valiant and Glorious*, 6.

5　"Tigers over Burma," *Time*, February 9, 1942.

6　Russell Whelan, *The Flying Tigers：The Story of the American Volunteer Group in China*（New York：Viking, 1942）, 24.

7　Robert B. Hotz, *With General Chennault：The Story of the Flying Tigers*（New York：Coward-McCann, 1943）.

8　Claire Lee Chennault, *Way of a Fighter: The Memoirs of Claire Lee Chennault, Major General, U. S. Army* (ret.), edited by Robert Hotz (New York: G. P. Putnam's Sons, 1949).

9　Annalee Jacoby, "Fighting Man, Fighting Words," *New York Times Book Review*, January 30, 1949, 1.

10　Ford, *Flying Tigers*, 2. 福特非常怀疑《战士之路》的真实性。他在书中表示，他认为罗伯特·霍兹是这本书的代笔人。

11　Chennault, *Way of a Fighter*, 96 – 97.

12　"Leighton to Col. C. T. Chien," September 5, 1944, 2 – 3, BGLA, folder CAMCO, AVG. 这些档案现在归本书作者所有。

1　蒋介石腐败的空军

1　"Secret Report on the Chinese Air Force," (hereafter "Secret Report") HBM Air Attaché, April 17, 1939, 6, FO 371/23463, F3687/118/10, TNA.

2　同上。

3　"Annual Report in Aviation in China 1936," May 3, 1937, 90, FO 371/ 20968, F2527/31/10, TNA.

4　"Chinese Air Force," January 25, 1937; "Confidential, Minute of Interview Wing Commander H. S. Kerby, Air Attaché with Mr. W. H. Donald," November 17, 1936, 263, both in F477/31/10, FO 371/20967, TNA.

5　John Magruder, "The Chinese as a Fighting Man," *Foreign Affairs*, April 1931, 469.

6　同上，第470页。

7　"Chinese Air Force—Preparedness for War," January 27, 1937, FO 371/ 20968, F1837/31/10, TNA.

8　"Notes on the Present Conflict in China, March 1939," (Washington, DC, 1939) 43, *Information Bulletin, Office of the Chief of Naval Operations* 18, no. 1.

9　Aleksandr Ya. Kalyagin, *Along Alien Roads* (New York: East Asian Institute, Columbia University, 1983), 11.

10　Ray Wagner, *Prelude to Pearl Harbor* (San Diego, CA: San Diego Aerospace Museum, 1991), 27 – 28.

11　"To Secretary Morgenthau from J. Lossing Buck: Interview with Minister Kung," October 7 and 13, 1938, 361, HM diaries, vol. 146, October 14 – 20, 1938, FDRL.

12　"Soviet Military Aid to China, 1937 – 1939," by 1. JmA (Jagdmoroner Abteilung) member Skoreny (http://1jma. dk/articles/1jmachina. htm), who cites Y. Chudodeev, "Defending Chinese Skies," in *On the Eve*, ed. N. Yakovlev, O. Stepanova, E. Sa-lynskaja (Moscow, 1991), 118 – 127, and "On the Chinese Soil," *Nauka* (Moscow, 1977).

13　1934～1938 年，麦克休的军衔是海军上尉，1939～1941 年是少校。1942 年年初，他被晋升为上校。麦克休的简介见 Robert E. Mattingly, *Herringbone Cloak—GI Dagger: Marines of the OSS*, Occasional Paper (Washington, DC: History and Museums Division, Headquarters, US Marine Corps, 1989), 55 – 58。另见 James M. McHugh Papers, CUL。

14　"The Chinese Air Force," June 7, 1938, James M. McHugh Papers, box 2, folder 13, CUL; Leighton to George Sellett, March 20, 1938, 3, BGLA, folder Misc. Chinese Correspondence.

15　"Confidential the Chinese Air Force," June 7, 1938, James M. McHugh Papers, box 2, folder 13, CUL.

16　"Leighton to Pawley," April 3, 1938, 1, 7, BGLA, folder Misc. Chinese Correspondence.

17　同上，第 3 页。

18　"Soviet Assistance to Chinese Air Force," October 18, 1938, 175, FO
　　371/22140, F10951/298/10, TNA.

19　端纳是一个顽固执拗的澳大利亚老牌记者，20 世纪初他来到中国，
　　接连担任了多个中国军阀的顾问。1936 年他开始为蒋介石夫妇服务。
　　Earl Albert Selle, *Donald of China* (New York： Harper, 1948), 305 -
　　306.

20　"Secret from B. A. Hankow," February 4, 1938, 270, FO 371/ 22139,
　　F3951/298/10, TNA; "Russian Aircraft for China," January 20, 1938,
　　164, FO 371/ 22139, F877/298/10, TNA.

21　"Secret Report," 8, 31.

22　同上，第 31 页。

23　"Secret Report," 9 - 10. 钱大钧的传记见 *Who's Who in China*, 5th ed.
　　(Shanghai： China Weekly Review, 1936), 49。

24　"Secret Report," 8.

25　同上，第 36 页。

26　同上，第 12 页.

27　陈纳德从美国陆军航空队退役时的军衔是上尉，但是蒋介石夫妇授予
　　他上校的荣誉军衔，这样他就比大多数中国军官的军衔都高。
　　Martha Byrd, *Chennault： Giving Wings to the Tiger* (Tuscaloosa： University
　　of Alabama Press, 1987), 68.

28　"Secret Report," 28.

29　同上，第 30 页。

30　"Roster of Ams. Dec. 1938", Five Year Diary of Claire Lee Chennault,
　　CCAC. 他们是 W. C. McDonald, H. R. Mull, W. W. Pannis, R. S. Angle,
　　B. R. Carney, R. M. Reynolds, J. L. Bledsoe, G. L. Cherymisin, E. S. Scott,

F. L. Higgs，C. B. Adair，D. E. Long，R. M. Lancaster。

31　"Secret Report，" 29.

32　同上，第 38 页。

33　同上，第 30 页。1935～1941 年，不同的统治当局曾将中国的货币称为法币、元或者中国银元、墨西哥银元（因为中国历史上曾实行银本位制度）。1939 年 2 月，1 中国银元大约值 16 美分，因此如果兑换成中国银元，麦克唐纳的奖金是比较丰厚的。关于中国货币的背景知识，参见 Arthur N. Young，*China's Wartime Finance and Inflation，1937－1945*（Cambridge，MA：Harvard University Press，1965），5－6，and table 59，p. 360.

34　" General Chiang kai shek's questionnaire and Colonel Chennault's answers，" Arthur N. Young，*China's Wartime Finance and Inflation*，appendix C.

35　同上。

36　"In strict confidence to the Secretary of State ［ from Willys Peck ］，" December 13，1938，Central Decimal File，RG 59，893. 248/106，NARA.

37　"Export credits for aircraft for Chinese government，" January 6，1939，32－34，FO 371/23462，F197/118/10，TNA；"Britain Will Help China Get Imports，" *NYT*，December 12，1938，42.

38　" Sir A. Clark Kerr（Shanghai），Important，Secret，" December 21，1938，CO 129/580/4（1939），TNA.

39　"Secret Report，" 41.

40　同上。

41　"John Jouett to Arthur Young，" September 18，1933，ANY，box 36，folder Mil/Av，HISU.

2 滇缅公路

1　Norman D. Hanwell, "China Driven to New Supply Routes," *Far Eastern Survey* 7, no. 22 (November 9, 1938): 259.

2　"US Envoy Praises China-Burma Road," *NYT*, January 10, 1939, 13.

3　"China's Back Door," *NYT*, January 11, 1939, 15.

4　Hanwell, "China Driven," 259.

5　"Memorandum for the Ambassador, Subject: the Burma Road," December 31, 1938, 6, James M. McHugh Papers, box 2, folder 9, CUL.

6　Franco David Macri, *Clash of Empires in South China* (Lawrence: University Press of Kansas, 2012), 107–109.

7　"November 19, 1938, 9 a.m. at the Secretary's home," HM diaries, vol. 151, 308, FDRL.

8　同上, 第 309 页。

9　同上, 第 301～306 页。

10　"November 19, 1938," HM diaries, vol. 151, 310, FDRL; "Memorandum on Yunnan-Burma Road," from K. P. Chen for the President, November 18, 1938, HM diaries, vol. 151, 336, FDRL.

11　"Chen Memorandum," HM diaries, vol. 152, 336, FDRL; "US Envoy Praises China-Burma Road," *NYT*, January 10, 1939, 13.

12　Michael Schaller, *The U. S. Crusade in China, 1938–1945* (New York: Columbia University Press, 1979), 29. 该书引用了杨格档案里李国钦 1938 年 12 月 23 日写给孔祥熙的信, 但我没有找到这封信。

13　"Bruce Leighton to Carl Dolan Intercontinent New York," November 27, 1938, 2, 3, BGLA.

14　"Projected aeroplane factory on Chinese side of Burma-China frontier,"

December 20, 1938, 170; note by A. H. Seymour, Defence Department Rangoon, November 14, 1938, 177, both in FO 371/ 22157, F13499/ 3284/10, TNA.

15 "Bruce Leighton to Carl Dolan Intercontinent New York," November 27, 1938, 2 - 3, BGLA.

16 "Plan for establishment in Hong Kong of aeroplane assembly depot for China," September 2, 1937, FO 371/20968, F6021/31/10, TNA; "Assembly of aeroplanes for China in Hong Kong," October 25, 1937, 6 - 7, minute by Fitzmaurice, FO 371/20969, F8440/31/10, TNA; "Proposed erection in Hong Kong of factory for manufacture of commercial and military aeroplanes," Geoffrey Northcote to W. G. A. Ormsby, Gore Colonial Secretary, February 5, 1938, and William D. Pawley to His Excellency, the Officer Administering the Government, October 22, 1937, FO 371/22157, F3284/3284/10, TNA; "Proposed erection in Hong Kong of factory for manufacture of commercial and military aeroplanes," May 6, 1938, FO 371/22157, F4832/3284/10, TNA.

17 "minute by M. J. R. Talbot [Milo John Robert Talbot, Baron of Malahide (1912 - 1973)], December 23, 1938," 178 - 179, FO 371/ 22157, F13800/3284/10, TNA.

18 Note of a meeting held on the 28th April [1938], 109; N. B. Ronald to the Undersecretary of State Colonial Office, June 24, 1938, 114; telegram from the Secretary of State for the Colonies to the Governor of Hong Kong, July 5, 1938, 116, all in FO 371/22157, F4832/3284/10, TNA.

19 "Mr. Pawley's schemes for assembling aircraft for Chinese Government," February 7, 1939, 68; telegram from Governor of Hong Kong to Secretary of State for the Colonies, January 29, 1939, 70, both in FO 371/23462,

F1215/118/10, TNA.

20 minute by G. G. Fitzmaurice, December 31, 1938, 181 – 182, FO 371/ 22157, F13800/3284/10, TNA.

21 "telegram from Japan R. Craigie," January 13, 1939, 51, FO 371/ 23462, F408/118/10, TNA.

22 Minute by N. B. Ronald, January 20, 1939, 50, FO 371/23462, F408/ 118/10, TNA.

23 "Construction of aircraft factories on the Sino-Burmese border," February 27, 1939, 72; minute by N. B. Ronald, February 28, 1939, 74, both in FO 371/23462, F1861/118/10, TNA.

24 "Desire of Chinese Government to assemble aircraft at Rangoon and fly them to China," January 13, 1939, minute by M. J. R. Talbot, 49, FO 371/23462, F408/118/10, TNA.

25 "Report on aviation plant on Sino-Burmese frontier," June 9, 1939, 157 – 161, FO 371/23463, F5552/118/10, TNA.

26 "Dearest Jims," July 10, 1939, TMC.

27 "Proposed aeroplane service between Hong Kong and Loiwing in connexion with factory at Loiwing," August 30, 1939; "The Intercontinent Corporation to the Harbor Master Hong Kong," July 28, 1939, 191 – 195, both in FO 371/23463, F9709/118/10, TNA.

28 "Minute by B. E. Embry," August 3, 1939, Air 2/4133, TNA.

29 "Minute by Andrews," August 22, 1939, 21, CO 529/129/580/4, TNA.

30 "Foreign Office to Colonial Office," September 7, 1939, 197, FO 371/ 23463, F9709/118/10, TNA.

3　飞机援助

1　"Hugh Wilson to the President," July 11, 1938, 2, PSF, box 32, folder Germany—Wilson, Hugh R., March-November 1938, FDRL. 1938 年德国飞机产量，参见 Richard J. Overy, *The Air War, 1939 – 1945* (Washington DC: Potomac Books, 2005), 21。

2　Mark Watson, *Chief of Staff: Prewar Plans and Preparations* (Washington, DC: Center of Military History United States Army, 1950), 132 and fn13. 1938 年德国的飞机产量是 5235 架。Overy, *Air War*, 21.

3　Harold L. Ickes, *The Secret Diary of Harold L. Ickes*, vol. 2 (New York: Simon & Schuster, 1954), 469.

4　I. B. Holley, *Buying Aircraft: Matériel Procurement for the Army Air Forces* (Washington, DC: Office of the Chief of Military History, Department of the Army, 1964), 174.

5　"Sec State Washington Rush—September 28 3pm," 4, PSF, box 30, folder France, Wm. C. Bullitt 1938, FDRL.

6　Watson, *Chief of Staff*, 132; Robert Dallek, *Franklin D. Roosevelt and American Foreign Policy, 1932 – 1945* (New York: Oxford University Press, 1979 and 1995), 186 – 187.

7　William Emerson, "Franklin Roosevelt as Commander-in-Chief in World War II," *Military Affairs* 22, no. 4 (Winter 1958 – 1959): 187.

8　Holley, *Buying Aircraft*, 199.

9　Emerson, "Franklin Roosevelt," 185.

10　"Budget and Armament Plans," October 20, 1938, 279, HM diaries, vol. 146, FDRL.

11　R. Modley, et al., *Aerospace Facts and Figures, 1962* (Washington, DC:

American Aviation Publications, 1962), 6 – 7.

12 Ickes, *Secret Diary*, vol. 2, December 24, 1938, 531 – 532.

13 Office of Statistical Control, *Army Air Forces Statistical Digest World War II* (Washington, DC, 1945), 127.

14 Watson, *Chief of Staff*, 300.

15 Watson, *Chief of Staff*, 133.

16 "December 21, 1938, group meeting," 12, HM diaries, vol. 172 (French Mission [Planes] —Part I), FDRL.

17 William O. Watson, "Hawk 81, Latest Curtiss Flyer," *Curtiss Flyleaf* 23, no. 24 (Fall 1940): 6.

18 "French purchases in the United States October 9, 1939," 206F, HM diaries, vol. 216, FDRL; "Basis of information for draft cable reply MAP – 887," August 15, 1940, AVIA 38/732, TNA. 1939 年 10 月 5 日，法国订购了 530 架"鹰式 75"战斗机，但是由于缺少发动机，又在几周之内将订购数减少到 265 架。Lionel Persyn, *Les Curtiss H – 75 de l'Armée de l'Air* (Outreau, France: Éditions Lela Presse, 2008), 17.

19 "Dear Jim Prims," June 26, 1939, and "Dearest Jims," July 10, 1939, TMC.

4 雷顿的航空游击队

1 "Leighton to his wife," June 24, 1939, 1, BGLA, folder EML; "10/4/39 Aircraft Industry Report," 10, James M. McHugh Papers, box 4, folder 4, CUL; "Memorandum Joseph Green," September 14, 1939, 6, RG 59, CDF 893.248/168, NARA. 最后一份文件揭示了这份合同被更改为 34 架柯蒂斯 – 莱特 21 拦截机、56 架 P – 36 战斗机以及价值 600 万美元的备用零部件。

2　"American Aircraft Industry, April 10, 1939," 18, James M. McHugh Papers, CUL; Young Consolidated, "Agreement between the Chinese Government and Consolidated Trading Company Ltd. 25th March 1939," 1, ANY, HISU.

3　"Dear Timp [erley]," July 9, 1939, James M. McHugh Papers, box 1, folder 4, CUL. 田伯烈 (Harold Timperley) 曾是《曼彻斯特卫报》驻华记者。

4　typed notes, October 3, 1939, James M. McHugh Papers, box 3, folder 3, CUL.

5　同上。

6　"From Am. Consul Rangoon Feb 14, 1940," handwritten note, James M. McHugh Papers, box 2, folder 14, CUL; "R. A. Boone to the Office of the Chief of Naval Operations [Harold Stark] concerning report of interview with Lieutenant-Commander Bruce G. Leighton USNR," January 17, 1940, collection of miscellaneous manuscripts too small to be named as collections, folder Joint Board #355—Aircraft Requirements of the Chinese Government (hereafter Misc. J. B. 355), FDRL.

7　"Leighton to Chien," September 5, 1944, 3, BGLA.

8　Sun Yat-sen, *International Development of China* (Shanghai: Commercial Press, 1922), 10.

9　"Bruce Leighton to W. D. Pawley," February 10, 1943, 2, BGLA, folder CAMCO, AVG.

10　"The Commander in Chief of the United States Asiatic Fleet (Yarnell), to the Chief of Naval Operations (Leahy), [Shanghai]," September 22, 1937, 352; *NYT*, "To 'Accept Risks,'" September 25, 1937, 1, both in *FRUS*, 1937, vol. 4.

11　"Memorandum by President Roosevelt to the Secretary of State," Aboard Presidential Special, October 2, 1937, 362; "Memorandum by the Secretary of State to President Roosevelt," Washington, October 4, 1937, 363, both in *FRUS*, 1937, vol. 4.

12　"An American Admiral and His 36 Warships Stand Guard on Asia's War," 9, *Life*, July 3, 1939. 《生活》杂志将亚纳尔的照片作为封面，并强调他比美国外交官更有能力让日本人安分守己。

13　"Japanese Policy Scored: Admiral Yarnell Would End Our Economic Cooperation," January 17, 1940, 10; "Defense of Pacific Urged by Yarnell," October 25, 1940, 9, both in *NYT*.

14　"Sergeant York Ready to Join War on Japan," *NYT*, November 12, 1937, 3.

15　Handwritten letter from Captain R. P. Molten; "Alice H. Leonard to B. G. Leighton," April 19, 1944; "Bruce Leighton to W. D. Pawley," February 10, 1943, 2, all in BGLA, folder CAMCO, AVG.

16　"R. P. Molten Dies, Navy Officer, 53," *NYT*, May 30, 1940, 16.

17　"Leighton to Pawley," February 10, 1943; "Memorandum for the Chief of Naval Operations by W. S. Anderson and attached memo by Bruce G. Leighton," January 16, 1940, both in BGLA, folder CAMCO, AVG.

18　Captain R. A. Boone, Regimental Intelligence Officer, "R – 2 Reports by Headquarters, Fourth Marines, Shanghai China, August-October 1937," NARA, RG 127, box 8.

19　"Anderson memo and attached Leighton memo," January 16, 1940, BGLA.

20　Misc. J. B. 355, FDRL.

21　"Boone Report," January 17, 1940, FDRL.

22 "Bruce Leighton to Bill Pawley," February 19, 1943, 1, BGLA, folder CAMCO, AVG.

23 这次会面是在 1 月 22 ~ 26 日那周举行的。 "E. J. King to Bruce G. Leighton," [Monday] January 29, 1940 [letterhead Department of the Navy General Board, Washington], BGLA, folder CAMCO, AVG.

24 "Leighton to Pawley," October 3, 1943, 1, BGLA, folder CAMCO, AVG.

25 同上。

26 "Leighton to Pawley," October 3, 1943, 3, BGLA, folder CAMCO, AVG.

27 "Leighton to Pawley," May 14, 1942, BGLA, folder CAMCO, AVG.

28 同上。

29 "Bruce Leighton to Captain Oscar Badger," May 6, 1940, 2, BGLA, folder CAMCO, AVG.

30 "Leighton to Pawley," May 14, 1942, 1; "Leighton to Pawley," February 10, 1943, both in BGLA, folder CAMCO, AVG.

31 "Conference HM Jr, Mr. Purvis, Mr. Young and Mrs Klotz," April 18, 1940, 141, HM diaries, vol. 255, FDRL. 合同最初规定, 其中 215 架 "H - 81" 是给法国空军的, 另外 385 架是给英国皇家空军的。 "BRINY 2359 P - 40 Aircraft," January 7, 1941, AVIA 38/732, TNA. 1940 年 4 月, 法国最初的订单是 600 架 P - 40 战斗机, 但是英法采购委员会将订购数增加到 630 架, 这样英国就能获得 415 架 P - 40 战斗机。

32 Ray Wagner, "P - 40," *American Combat Planes of the Twentieth Century*, http://www.americancombatplanes.com/p40_1.

33 "Dearest Jim Prim," May 25, 1940, TMC.

34 "Production of aeroplanes for the Allies at Loiwing factory," May 31,

1940；"Governor of Burma to Secretary of State for Burma," June 21, 1940, 219, both in FO 371/25194, W8101/8101/49, TNA.

35　"W. D. Croft to Nigel Ronald," October 7, 1940, 243, FO 371/25194, W8101/8101/49, TNA.

36　Gangadhar Devrav Khanolkar, *Walchand Hirachand: Man, His Time and Achievements* (Bombay: Walchand & Co., 1969), 331; "Secretary of State to Governor of Burma," October 1, 1940, 240, FO 371/25194, W10349/8101/49, TNA.

37　"The Manufacture of Aircraft in India, Memorandum by the Secretary of State for India," August 21, 1940, 1, CAB 67/8/19 W. P. (G), (40) 219, TNA.

5　中国人做生意的方式

1　Ancestry. com, California, Passenger and Crew Lists, 1882 – 1959 (database online); Passenger Lists of Vessels Arriving at San Francisco, NAI no. 4498993, RG 85, NARA.

2　"Speed Record Is Broken," *Miami Herald*, January 10, 1935, 12 – A – 1; "Army Air Armada Opens Miami Meet," *NYT*, January 11, 1935, 11.

3　"File note by Joseph Green," May 4, 1940; "K. C. Li to Joseph Green," April 29, 1940, both in RG 59, CDF 893. 248/175, NARA.

4　Joseph Green, "Supervising the American Traffic in Arms," *Foreign Affairs* 15, no. 4 (July 1937): 732; Elton Atwater, *American Regulation of Arms Exports* (Washington, DC: Carnegie Endowment for International Peace, 1941), 208 – 210.

5　"May 4, 1940," RG 59, CDF 248/175, NARA. 乔·格林关于他与中国军官的会谈记录。

6　"Memorandum for the Secretary," May 4, 1940, 5, HM diaries, vol. 260, FDRL.

7　"Report of the President Liaison Committee on Foreign Purchasing other than British," October 1, 1940, 288, HM diaries, vol. 317, FDRL.

8　*Code of Federal Regulations of the United States 1940 Supplement Titles 1 – 20* (Washington, DC, 1941), "Proclamation 2417," 55, and "Regulations of October 15, 1940," 345.

9　Atwater, *Arms Exports*, 257.

10　"To Secretary Morgenthau from Mr. Cochran," June 27, 1940, 190, HM diaries, vol. 276, FDRL; Passenger Lists of Vessels Arriving at San Francisco, NAI no. 44989, RG 85, NARA.

11　吴景平、郭岱君编《宋子文驻美时期电报选（1940—1943）》，复旦大学出版社，2008，第41页。

12　"Conversation Henry Morgenthau and Arthur Purvis," June 17, 1940, 124 – 125, HM diaries, vol. 273, FDRL.

13　关于让·莫内作为法国采购代理人的背景情况，参见 John McVickar Haight Jr., "France's First War Mission to the United States," *Airpower History* 11. (January 1964): 12; "Copy of letter Winston Churchill to Jean Monnet," July 18, 1940, 264, HM diaries, vol. 337, FDRL。

14　"Airforce Administration," March 7, 1938, 2, James M. McHugh Papers, box 2, folder 12, CUL; "Strength of Soviet Air Group in Chinese Air Force," July 28, 1938, 270, FO 371/22139, F8132/298/10, TNA.

15　吴景平、郭岱君编《宋子文驻美时期电报选（1940—1943）》，第262页。

16　"Memorandum regarding Airplane Purchase," July 8, 1940; "Memorandum from Colonel Huang," August 1, 1940; "Memorandum on conversation with Major B. M. Jacobson," August 27, 1940, all in ANY, box 105,

Mil/Av 39 – 41, HISU.

17   "Planes for Sweden Held," *NYT*, April 26, 1940, 10; "Aide memoire for Mr. Morgenthau from Arthur Purvis," July 15, 1940, 561; "Re: Ship movements control," August 6, 1940, 284, 290, both in HM diaries, vol. 282, 289, FDRL.

18   "Huang Memorandum," August 1, 1940, ANY, box 105, Mil/Av 39 – 41, HISU.

19   "Aide memoire for Mr. Morgenthau from Arthur Purvis," 561; "Re: Ship movements control," August 6, 1940, 284 – 286, both in HM diaries, vol. 282, 289, FDRL.

20   "BRINY 4313 5/4/ [41]," April 5, 1941, 85, TNA, Air 8/539.

21   "Jacobson Memorandum," August 27, 1940, ANY, box 105, Mil/Av 39 – 41, HISU.

22   "Memorandum of September 6," September 7, 1940, ANY, box 105, Mil/Av 39 – 41, HISU.

23   "Confidential," July 27, 1940, note by Joseph Green of conversation with Arthur Young, RG 59, CDF 893. 248/179, NARA.

24   "Memorandum of September 6," September 7, 1940, 2, ANY, box 105, Mil/Av 39 – 41, HISU.

25   "Estimated cost of Airplanes," October 2, 1940, ANY, box 105, Mil/Av 39 – 41, HISU.

6   宋子文在华盛顿的任务

1   Passenger Lists of Vessels Arriving at San Francisco, NAI no. 4498993, RG 85, NARA.

2   "Confidential from Nicholson," October 18, 1939, 2, HM diaries,

vol. 218, FDRL. 马丁·尼科尔森是摩根索关于中国政治和财政最信任的消息来源之一。见《纽约时报》刊登他的讣告。"Martin R. Nicholson, Official of Treasury," *NYT*, November 11, 1941.

3　Arthur Nichols Young, *China and the Helping Hand* (Cambridge, MA: Harvard University Press, 1963), 133 – 134; Schaller, *U. S. Crusade*, 33 – 34.

4　关于这方面的讨论，参见 Jonathan L'Hommedieu, "Roosevelt and the Dictators: The Origin of the US Non-recognition Policy of the Soviet Annexation of the Baltic States," in John Hiden, Vahur Made, and David J. Smith, eds. , *The Baltic Question during the Cold War* (London: Routledge, 2008)。

5　转引自 Brenda A. Ericson, *The Making of an Ally: Chiang Kai-shek and American Foreign Policy, 1936 – 1941* (Albuquerque, NM: University of New Mexico Press, 2004), 290。

6　"Group Meeting," May 27, 1940, 341, HM diaries, vol. 266, FDRL. 很明显，摩根索这里将宋子文的姓"Soong"发音成了"Song"。

7　"To Secretary Morgenthau from Mr. Cochran," June 27, 1940, 190, HM diaries, vol. 276, FDRL.

8　"April 18, 1940 Present Mr. Purvis, Mr Young, Mrs Klotz," 183, HM diaries, vol. 255, FDRL.

9　"June 28, 1940, 10: 30 am," 146 – C, HM diaries, vol. 277, FDRL.

10　"Memorandum for the President," July 1, 1940, 82, HM diaries, vol. 278, FDRL.

11　"July 9, 1940," 129, HM diaries, vol. 281, FDRL.

12　"Memorandum for the Secretary," July 15, 1940, 533; "The USSR as a Source of Strategic and Critical Materials," September 12, 1940, 544, both in, HM diaries, vol. 282, FDRL.

13　"Aid to China, received from T. V. Soong," July 12, 1940, 293 – 295, HM diaries, vol. 282, FDRL.

14　吴景平、郭岱君编《宋子文驻美时期电报选（1940—1943）》，第265页。

15　"Statement by the Acting Secretary of State," July 23, 1940, *FRUS* 1940, vol. 1, 401.

16　"September 20, 1940 Present: the Russian Ambassador Mr. Oumansky, Mr. Jesse Jones, Dr. White," 149, HM diaries, vol. 307, FDRL.

17　Morton Blum, *From the Morgenthau Diaries: Years of Urgency, 1938 – 1941* (Boston: Houghton Mifflin, 1964), 348 – 350.

18.　"Memorandum of Conversation, by the Adviser on Political Relations (Hornbeck) [Washington]," August 15, 1940, *FRUS* 1940, vol. 4, 665.

19　"Hornbeck Memorandum," *FRUS* 1940, vol. 4, 666.

20　吴景平、郭岱君编《宋子文驻美时期电报选（1940—1943）》，第267 ~ 268页。

21　"Hornbeck Memorandum," *FRUS* 1940, vol. 4, 667 – 668.

22　"Morgenthau to the President [first draft]," October 17, 1938, 147, HM diaries, vol. 146, FDRL.

23　"Group Meeting," September 6, 1940, 250, HM diaries, vol. 303, FDRL.

24　"September 23, 1940," 294, HM diaries, vol. 307, FDRL.

25　"Memorandum of conversation by the Assistant Secretary of State (Berle)," September 13, 1940, *FRUS* 1940, vol. 4, 668.

26　"Conversation with Cordell Hull," September 20, 1940, 141, HM diaries, vol. 307, FDRL.

27　同上。

28　"September 20, 1940 Present: the Russian Ambassador Mr. Oumansky, Mr. Jesse Jones, Dr. White," 150, HM diaries, vol. 307, FDRL.

29　Roger Moorhouse, *The Devil's Alliance: Hitler's Pact with Stalin, 1939 – 1941* (New York: Basic Books, 2014), 155 – 156.

30　吴景平、郭岱君编《宋子文驻美时期电报选（1940—1943）》，第 47 页。

31　"Conversation with Cordell Hull," September 20, 1940, 142,, HM diaries, vol. 307, FDRL.

32　Harold L. Ickes, *The Secret Diaries of Harold L. Ickes*, vol. 3, *The Lowering Clouds, 1939 – 1941* (New York: Simon & Schuster, 1954), 322.

33　"Conversation with Leon Henderson," September 24, 1940, 43, HM diaries, vol. 308, FDRL.

34　"Press Release no. 48 Issued by the Federal Loan Agency on September 25, 1940," *FRUS*, Japan 1931 – 1941, vol. 2, 222.

35.　"Re Chinese Loan, Sunday December 1, 1940, 8: 30 pm," 55 – 56, HM diaries, vol. 334, FDRL.

36　"Conversation with Henderson," September 24, 1940, 43, HM diaries, vol. 308, FDRL.

37　吴景平、郭岱君编《宋子文驻美时期电报选（1940—1943）》，第 269 页。

38　吴景平、郭岱君编《宋子文驻美时期电报选（1940—1943）》，第 44 ~ 45 页。

39　"Draft of telegram: substance sent in Chinese TVS to CKS," September 27, 1940, ANY, box 105, Mil/Av 39 – 41, HISU.

40　吴景平、郭岱君编《宋子文驻美时期电报选（1940—1943）》，第 47 页。

41   October 12, 1940, Five Year Diary of Claire Lee Chennault, CCAC.

42   陈纳德非常重视他和蒋介石夫妇的交往，常常在日记中记录下这些交
      往的过程。1940 年 2 月 12 日，他在香港与宋美龄会面。此后直到
      1940 年 10 月 12 日，他才再次记录与蒋介石夫妇会面。Five Year
      Diary of Claire Lee Chennault, CCAC.

43   "Personal Observation and Conversations," by Captain H. J. McQuillan
      [Francis J. McQuillan], USMC, October 8, 1940, 3, RG 38, E – 98,
      box 96, file A – 1 – Q Register no. 12592 – E, folder Aeronautics in
      China 1939 – 40, NARA.

44   "Memorandum to Welles 10/18," October 17, 1940, ANY, box 105,
      Mil/Av 39 – 41, HISU; "Swedish Planes Await U. S. Action," NYT,
      October 11, 1940, 2. 《纽约时报》报道，75 架飞机已经建造好了。

45   "Memorandum to the Secretary from James C. Buckley, Re: Swedish
      Export Situation," October 17, 1940, 89, HM diaries, vol. 323, FDRL.

46   "Memorandum to Welles 10/18," October 17, 1940, ANY, box 105,
      Mil/Av 39 – 41, HISU.

47   吴景平、郭岱君编《宋子文驻美时期电报选（1940—1943）》，第 50 页。

48   吴景平、林孝庭主编《宋子文与外国人士往来函电稿（1940—
      1942）》，复旦大学出版社，2009，第 314 ~ 316 页。

49   "Group Meeting September 25, 1940," 153, HM diaries, vol. 308,
      FDRL.

7   少数给中国的飞机

1   William Doyle, Inside the Oval Office（London: London House, 1999），
      31 – 32. 关于日本就这篇文章所做的道歉，参见 "The Counselor of the
      Japanese Embassy（Morishima）to the Chief of the Division of Far Eastern

Affairs（Hamilton），Washington，"October 5，1940，*FRUS* 1940，vol. 1，662.

2　Doyle，*Inside the Oval Office*，32.

3　Doyle，*Inside the Oval Office*，34.

4　"War Cabinet. Far Eastern Committee，"October 3，1940，359，FO 371/24709，F4621/G，TNA；"Foreign Office，October 17，1940，"330，FO 371/24709，F4569/193/61，TNA；"To the Marquess of Lothian（Washington），"October 8，1940，345，FO 371/24709，F4556/193/61，TNA.

5　"The Marquess of Lothian（Washington），"October 7，1940，341 – 342，FO 370/24709，F4615/G，TNA.

6　"The Ambassador in China（Johnson）to the Secretary of State Chungking，"October 17，1940，*FRUS* 1940，vol. 4，427.

7　"Far Eastern Committee 7th Meeting Draft minutes，"November 17，1941，364，FO 371/24709，F4621/G，TNA.

8　吴景平、郭岱君编《宋子文驻美时期电报选（1940—1943）》，第 272 ~ 282 页。

9　吴景平、郭岱君编《宋子文驻美时期电报选（1940—1943）》，第 275 页。

10　"The Ambassador in China（Johnson）to the Secretary of State Chungking，"October 20，1940，*FRUS* 1940，vol. 4，673.

11　"Stimson and Morgenthau telephone call，"October 23，1940，197，HM diaries，vol. 324，FDRL.

12　"Stimson and Morgenthau telephone call，"October 23，1940，198，HM diaries，vol. 324，FDRL.

13　"Conversation Morgenthau，Philip Young and Arthur Purvis，"October

25, 1940, 50; "To the Secretary from Mr. Young," October 26, 1940; "Planes ordered by Thailand," 61, all in HM diaries, FDRL, vol. 325. 这些 NA – 69 双座战斗机被命名为 A – 27, 供陆军航空队驻扎在菲律宾的驱逐机中队训练使用。

14   "November 28 1940," Presidential Diary, vol. 3, 0713, HM diaries, FDRL.

15   "To the Secretary from Philip Young, October 25, 1940," 60; "Planes ordered by Thailand," 61, both in HM diaries, vol. 325, FDRL.

16   " The Secretary of State to the Ambassador in China (Johnson) Washington," October 24, 1940, *FRUS* 1940, vol. 4, 681.

17   " Telephone Conversation Morgenthau and Stimson," November 1, 1940, 9, HM diaries, vol. 328, FDRL.

18   " Telephone Conversation Morgenthau and Stimson," November 1, 1940, 10, HM diaries, vol. 328, FDRL.

19   "Group Meeting," November 7, 1940, 40 – 41, HM diaries, vol. 330, FDRL.

20   Watson, *Chief of Staff*, 420 – 422; William H. Bartsch, *December 8, 1941: MacArthur's Pearl Harbor* (College Station: Texas A&M University Press, 2003), xlv – xlvi.

21   " Stimson and Morgenthau," October 23, 1940, 197, HM diaries, vol. 324, FDRL; "President Takes 110 Planes," *NYT*, October 23, 1940, 13.

22   "Joseph Green to the Secretary of State," October 31, 1940, 238 – 240, RG 59, CDF, 893. 248/183, NARA.

23   "Joseph Green to the Secretary," November 5, 1940, RG 59, CDF 893. 248/185, NARA.

24　"Hornbeck to Green," November 6, 1940, RG 59, CDF 893.248/ 184, NARA.

25　"Group Meeting," November 7, 1940, 40 – 41, HM diaries, vol. 330, FDRL.

26　陆军航空队驻扎在菲律宾的驱逐机中队的飞行员在学习驾驶 P – 40 战斗机前，用 A – 27 战斗机和共和航空公司的 EP – 1 飞机进行飞行训练。Glen Williford, *Racing the Sunrise: The Reinforcement of America's Pacific Outposts, 1941 – 1942* (Annapolis, MD: Naval Institute Press, 2010), 12.

27　"Dr. Soong and Joseph Green," November 7, 1940, RG 59, CDF 893.248/186, NARA.

28　"Group Meeting," November 7, 1940, 41, HM diaries, vol. 330, FDRL.

29　366 Passenger Lists of Vessels Arriving at San Francisco, Ship Manifest "American Clipper Passenger List 40419," November 14, 1940, RG 85, M1410, NARA. 从香港到旧金山的航程一般为 6 天。

30　"Data re types of planes for use by China," November 25, 1940, ANY, box 105, Mil/Av 39 – 41, HISU; "Joseph Green to the Under Secretary," November 25, 1940, RG 59, box 5864, CDF 893.248/188, NARA.

31　"Joseph Green memorandum," November 22, 1940, RG 59, box 5864, CDF 893.248/189 PS/FF, NARA.

32　"Joseph Green to Under Secretary Welles," November 23, 1940, RG 59, box 5864, CDF 893.248/193, NARA.

33　"Memorandum of conversation by the Secretary of State," November 26, 1940, *FRUS* 1940, vol. 4, 697.

34　"The President of the Chinese Executive Yuan (Chiang) to President

Roosevelt," November 28, 1940, *FRUS* 1940, vol. 4, 699. 原始文件出自 "Aid to China, Memorandum of Conversation, Secretary Hull and Dr. T. V. Soong," November 28, 1940, RG 59, CDF 893. 248/194, NARA。也可见，"SECRET Data re types of planes for use by China," November 25, 1940, ANY, box 105, Mil/Av 39 – 41, HISU。这很可能是由杨格和陈纳德负责写的。

35　"Conversation Hull and Morgenthau December 2, 1940 9：40 a. m.," 153 – 155, HM diaries, vol. 334, FDRL.

36　"Unsigned confidential communication from Chiang Kai-Shek," November 28, 1940, 3, RG 59, CDF 893. 248/194, NARA.

37　"Unsigned confidential communication from Chiang Kai-Shek," November 28, 1940, 4, RG 59, CDF 893. 248/194, NARA.

38　"Unsigned confidential communication from Chiang Kai-Shek," November 28, 1940, 3, RG 59, CDF 893. 248/194, NARA.

39　"Memorandum on the Aviation Situation in China [by Claire Chennault]," November 19, 1940, 2, ANY, box 105, Mil/Av 39 – 41, HISU.

8　罗斯福的困境

1　"The Ambassador in Japan (Grew), to the Secretary of State," Tokyo, June 19, 1940, *FRUS* 1940, vol. 4, 26 – 27.

2　Ickes, *Secret Diaries*, vol. 3, September 15, 1940, 322; "Conversation with Leon Henderson," September 24, 1940, 43, HM diaries, vol. 308, FDRL.

3　"Re Chinese Loan," December 1, 1940, 8：30 p. m., 39 – 40, HM diaries, vol. 334, FDRL. 同一天有好几场会议，因此参考文献中以时间进行区分。

4 "Re: Loan to China," November 29, 1940, 11: 30 a. m. , 31, HM diaries, vol. 333, FDRL.

5 "Re: Loan to China," November 29, 1940, 11: 30 a. m. , 33, HM diaries, vol. 333, FDRL; "China-Japan: Treaty concerning Basic Relations Signed at Nanking November 30, 1940," *American Journal of International Law* 35, no. 3, Supplement: Official Documents (July 1941): 125 – 128.

6 "Re China Loan, November 30, 1940, 10: 20 a. m. ," 241, HM diaries, vol. 333, FDRL.

7 "Re Chinese Loan, November 30, 1940, 11: 05 a. m. ," 252 – 254, HM diaries, vol. 333, FDRL.

8 "Conversation Morgenthau and Hull, November 29, 1940, 1: 02 p. m. ," 94 – 95, HM diaries, vol. 333, FDRL.

9 "Re: Chinese Loan, November 30, 1940, 10: 20 a. m. ," 244; "Re: Chinese Loan, November 30, 1940, 11: 05 a. m. ," 251, both in HM diaries, vol. 333, FDRL.

10 Ickes, *Secret Diaries*, 3: 384.

11 "Re: Chinese Loan, November 29 – 30, 1940, 11: 05 a. m. ," 253, HM diaries, vol. 333, FDRL.

12 Ickes, *Secret Diaries*, 3: 384.

13 Ickes, *Secret Diaries*, 3: 385.

14 Ickes, *Secret Diaries*, 3: 387 – 388.

15 "Memorandum of conversation by the Secretary of State," November 26, 1940, *FRUS* 1940, vol. 4, 697.

16 "Re: Chinese Loan, November 30, 1940, 11: 20 a. m. ," 269, HM diaries, vol. 333, FDRL.

17 "Re: Chinese Loan," December 1, 1940, 8: 30 p. m. ," 63, HM

diaries, vol. 334, FDRL.

18　"Re: Chinese Loan, November 30, 1940, 11: 05 a. m. ," 253, HM diaries, vol. 333, FDRL.

19　"Re: Chinese Loan, November 30, 1940, 11: 05 a. m. ," 253, HM diaries, vol. 333, FDRL.

20　"Re: Chinese Loan, November 30, 1940, 10: 20 a. m. ," 243, HM diaries, vol. 333, FDRL.

21　"Conversation with Sumner Welles," November 30, 1940, 267, HM diaries, vol. 333, FDRL.

22　"Navy 'Plan Dog,' Memorandum for the Secretary," November 12, 1940, by Admiral Harold R. Stark, 22, PSF Safe File, FDRL; Blum, *From the Morgenthau Diaries*, 82 – 83.

23　Mark Watson, *Chief of Staff*, 122.

24　这方面的依据，参见 Frederick W. Marks III, *Wind over Sand: The Diplomacy of Franklin Roosevelt* (Athens: University of Georgia Press, 1988), 88 – 93。

25　Frederick W. Marks III, *Wind over Sand*, fn226.

26　Frederick W. Marks III, *Wind over Sand*, 92.

27　Frederick W. Marks III, *Wind over Sand*, 88.

28　Warren F. Kimball, ed. , *Churchill and Roosevelt: The Complete Correspondence*, vol. 1 (Princeton, NJ: Princeton University Press, 1984), 93.

29　"Re: Chinese Loan, December 1, 1940, 8: 30 p. m. ," 63 – 64, HM diaries, vol. 334, FDRL.

9　轰炸日本

1　David Reynolds, "Lord Lothian and Anglo-American Relations, 1939 –

1940," *Transactions of the American Philosophical Society*, new series, vol. 73, no. 2 (1983): 48; "Envoy Flies Here," *NYT*, November 24, 1941, 1.

2 "China: Bombers", December 3 – 22, 1940, Dictated December 3 1940, 1, HM diaries, vol. 342A, FDRL.

3 "December 7, 1940," 2, HM diaries, vol. 342A, FDRL.

4 "December 8, 1940," 2, HM diaries, vol. 342A, FDRL.

5 同上。

6 同上。

7 "December 10, 1940," 10, HM diaries, vol. 342A, FDRL.

8 "Bomber Is Forced to Return to Base," *NYT*, January 6, 1941, 8.

9 "Memorandum by Joseph Green," December 5, 1940, RG 59, CDF 893.248/208, NARA.

10 同上。

11 吴景平、郭岱君编《宋子文驻美时期电报选 (1940—1943)》, 第58页。

12 "December 17, 1940," 0742 – 0743, Presidential Diary vol. 3, HM diaries, FDRL.

13 "Memorandum of Army and Navy Conference," December 16, 1940, RG 165, box 887, NM 84, entry 31, file: Office Chief of Staff, Notes on Conferences, decisions by Chief of Staff, Deputy Chiefs of Staff, and other Information, September 26, 1940 – December 31, 1940, NARA.

14 "Memorandum of Army and Navy Conference," December 16, 1940, NARA, RG 165.

15 "The President of the Chinese Executive Yuan (Chiang) to the Secretary of the Treasury (Morgenthau)," December 16, 1940, *FRUS* 1940, vol. 4, 712.

16　"December 18 1940," 12, HM diaries, vol. 342A, FDRL.

17　"December 17, 1940," 0743, Presidential Diary, vol. 3, HM diaries, FDRL.

18　"December 20 1940 4：00 pm, Present：T. V. Soong, Mrs Klotz, Mr. Young," 18, HM diaries, vol. 342A, FDRL.

19　Harold Gullan, "Expectations of Infamy：Roosevelt and Marshall Prepare for War, 1938 – 1941," *Presidential Studies Quarterly* 28, no. 3 (Summer 1998)：515.

20　Emerson, "Franklin Roosevelt," 184; Waldo Heinrichs, Th*reshold of War*：*Franklin D. Roosevelt and American Entry into World War II* (New York：Oxford University Press, 1988), 18.

21　"December 20 1940 4：00 pm," 18, HM diaries, vol. 342A, FDRL.

22　见本书第 13 章。

23　"Notes on a Conference at Home of the Secretary," December 21, 1940, 5：00 p. m. , 24, HM diaries, vol. 342A, FDRL.

24　"Notes on a Conference at Home of the Secretary," December 21, 1940, 5：00 p. m. , 25, HM diaries, vol. 342A, FDRL.

25　December 22, 1940, 1, Diary of Henry Stimson, Series 14, Diaries box 74, vol. 36, Yale University Library, Manuscripts and Archives.

26　"December 22, 1940," 27, HM diaries, vol. 342A, FDRL.

10　给中国的"战斧"战斗机

1　Wagner, "P – 40."

2　"New Army Plane to Be Exhibited," *NYT*, May 16, 1940, 40.

3. "May 16 1940 2：30 p. m. Present：General Brett, Major Lyon, Mr. Young, Mrs Klotz," 53, HM diaries, FDRL, vol. 263.

4　Francis H. Dean and Dan Hagedorn, *Curtiss Fighter Aircraft: A Photographic History, 1917 – 1948* (Atglen, PA: Schiffler Military History, 2007), 260.

5　"Curtiss Expansion Well Under Way," *Curtiss Flyleaf* 24, no. 1 (January-February 1941): 10.

6　Wagner, "P – 40," 40; "BRINY 2536," January 16, 1941, AVIA 38/732, TNA.

7　"Copy of letter Winston Churchill to Jean Monnet," July 18, 1940, 264, HM diaries, vol. 337, FDRL.

8　"BRINY 2704," January 24, 1941, AVIA 38/732, TNA.

9　"Secret P – 40 Aircraft," January 7, 1941, AVIA 38/732, TNA.

10　"British 81A (Tomahawk) airplanes as per proposed schedule," Nov. 2, 1940, AVIA 38/732, TNA.

11　"BRINY 2704," January 24, 1941, AVIA 38/732, TNA.

12　"ZAX 644," January 10, 1941, AVIA 38/732, TNA.

13　"Flight Log Book Chinese P – 40s Test Pilot B. A. Glover H – 81 – A – 2," Papers of Walter Pentecost, AVG Special Collection, box 3, folder Ferry Pilot Forms, SDASMA.

14　"BRINY 2106," December 23, 1940, AVIA 38/732, TNA.

15　"Mr. C. R. Fairey from Lewis Orde," October 28, 1940, AVIA 38/732, TNA; "Urgent, Tomahawk Spares Situation," August 22, 1941, AVIA 38/843, TNA.

16　"Tomahawk Curtiss 81A Aircraft," January 29, 1941; "Tomahawk Curtiss 81A Aircraft," December 10, 1940, both in AVIA 38/732, TNA.

17　"Briny 2359 to Ministry of Aircraft Production from Self," January 7, 1941, AVIA 38/732, TNA.

18　"Exhibit No. 55, 'Conference in the Office of the Chief of Staff at 10:

00 A. M. , Tuesday, February 25 1941 ' ," *Pearl Harbor Investigations*, vol. 15, 1629.

19 Curtiss-Wright Corporation and US Army Air Corps, "The Other Side of the Question: The P – 40 in the Limelight," *Curtiss Flyleaf* 24, no. 4 (September-October 1941): 6. 战争后期，美国战斗机引入了带有前轮而不是尾轮的三轮起落架。

20 "Extract from Pilot's letter," February 1941, box 105, Mil/Av 39 – 41, HISU.

21 "British 81A (Tomahawk) airplanes as per proposed schedule," November 2, 1940, AVIA 38/732, TNA.

22 Dean and Hagedorn, *Curtiss Fighter Aircraft*, 265.

23 Dean and Hagedorn, *Curtiss Fighter Aircraft*, 265 – 268, 383 – 384; Curtiss-Wright and USAAC, "Other Side of the Question," 8; "British 81A (Tomahawk) airplanes as per proposed schedule," November 2, 1940, AVIA 38/732, TNA.

24 Dean and Hagedorn, *Curtiss Fighter Aircraft*, 265, 268; Curtiss-Wright and USAAC, "Other Side of the Question," 8.

25 "Secret, P – 40 Aircraft," January 7, 1941, AVIA 38/732, TNA.

26 "To Self from Air Ministry X80," January 11, 1941, AVIA 38/732, TNA.

27 Office of Statistical Control, *Army Air Forces Statistical Digest*, World War II, December 1945, 128.

28 "December 11, 1940, conversation Henry Morgenthau and Cordell Hull," 249, HM diaries, vol. 338, FDRL.

29 "To the Secretary from Mr. Young, Re: Planes for Greece," December 9, 1940, 259, HM diaries, vol. 337, FDRL.

30　"Memorandum Re: Additional Capacity for Production of P - 40 Type Aircraft — construction Possible Release to Greece," December 10, 1940, AVIA 38/732, TNA.

31　"British Purchasing Program, December 11, 1940, 3: 30 p. m. ," 256, HM diaries, vol. 338, FDRL.

32　"To the Secretary from Mr. Young Re: Planes for Greece," December 9, 1940, 259, HM diaries, vol. 337, FDRL.

33　"To Self from Air Ministry ZAX 644," January 10, 1941, AVIA 38/ 732, TNA.

34　"Secret P - 40 Aircraft," January 7, 1941, AVIA 38/732, TNA.

11　劫英济蒋

1　"Conference in the Office of the Chief of Staff, December 23, 1940, 8: 30 a. m. ," RG 165, box 887, NM 84, entry 31, NARA; "Memo from Mr. E. N. Gray to Mr. C. R. Fairey," December 12, 1940, AVIA 38/732, TNA.

2　"C/S conference," December 23, 1940, RG 165, NARA.

3　事实上，所有的马丁轰炸机在 1937 年由于中国空军部队飞行员的操作失误而坠毁了。"Leighton to Pawley," September 20, 1937, 2, folder China Misc. Correspondence, BGLA. 1938 年 3 月 14 日晚上，日本人在停机坪上击毁了一架马丁轰炸机和几架苏联轰炸机。British Air Ops1938, January 25, 1939, appendix D, Air 2/3558, TNA.

4　"C/S conference," December 23, 1940, RG 165, NARA.

5　同上。

6　"Notes on Conference in office of the Secretary of State, Monday, December 23, 1940, 9: 30 a. m. ," 47, HM diaries, vol. 342, FDRL.

7   "Hull P – 40 conference 23/12/40," 49, HM diaries, vol. 342, FDRL.

8   "BRINY 2106 Self to Ministry of Aircraft Production," December 23,
     1940, AVIA 38/732, TNA.

9   同上。

10   "Re: British Purchasing Program, December 23, 1940, 4: 30 p. m. ,"
     79, HM diaries, vol. 342, FDRL.

11   "Re: British Purchasing Program, December 23, 1940, 4: 30 p. m. ,"
     80, HM diaries, vol. 342, FDRL.

12   同上。

13   "Notes on Conference at Home of the Secretary, January 1, 1941, 6
     p. m. ," 12, HM diaries, vol. 344, FDRL.

14   同上。

15   同上。

16   "Re Eccles' Announcement of Federal Reserve Board's Report, January
     2, 1941, 10: 56 a. m. ," 35, HM diaries, vol. 344, FDRL.

17   "Airplanes for China," NYT, January 1, 1941, 22.

18   "Eccles' Announcement of Federal Reserve Board's Report, January 2,
     1941, 10: 56 a. m. ," 35, HM diaries, vol. 344, FDRL.

19   同上。

20   吴景平、郭岱君编《宋子文驻美时期电报选（1940—1943）》，第
     301 页。

21   Passenger Lists of Vessels Arriving at Honolulu, Hawaii, Ship manifest SS
     Lurline sailing from Los Angeles, January 24, 1941, RG 85, NARA;
     "Japanese Emperor Greets President," NYT, January 26, 1941, 21.

22   "Aid to Britain, January 3, 1941, 10: 50 a. m. ," 258, HM diaries,
     vol. 344, FDRL.

23　"To Ministry of Aircraft Production from British Air Commission," January 3, 1941, Air 19/500, TNA.

24　"Re: Chinese Purchasing program," January 2, 1941, 50, HM diaries, vol. 344, FDRL.

25　"Re: Chinese Purchasing program," January 2, 1941, 52, HM diaries, vol. 344, FDRL.

26　"Re: Chinese Purchasing program," January 2, 1941, 52, 59, HM diaries, vol. 344, FDRL.

27　"Re: Chinese Purchasing program," January 2, 1941, 54, HM diaries, vol. 344, FDRL.

28　"Re: Chinese Purchasing program," January 2, 1941, 59, HM diaries, vol. 344, FDRL.

29　"Re: Chinese Purchasing program," January 2, 1941, 60, HM diaries, vol. 344, FDRL.

30　"Re: Chinese Purchasing program," January 2, 1941, 60, HM diaries, vol. 344, FDRL.

31　"Re: Chinese Purchasing program," January 2, 1941, 76, HM diaries, vol. 344, FDRL.

32　"Translation of Chinese telegram from General Chiang kai-shek to Secretary Morgenthau," dated January 6, 1941, 50, HM diaries, vol. 346, FDRL.

33　"Appreciation by the Commander-in-Chief Far East," December 10, 1940, 289, CAB 9/1, TNA.

12　私人军事承包商

1　"Bruce Leighton to W. D. Pawley," May 14, 1942, folder CAMCO,

AVG, BGLA.

2 "The Secretary of the Navy (Knox) to the Secretary of State Washington," October 19, 1940, *FRUS* 1940, vol. 4, 671.

3 另见 *United States Statutes at Large, 1939–1941, vol. 54*, 875, 876, 1168–1169。

4 "Secretary of State to Secretary of the Navy," October 23, 1940, *FRUS* 1940, vol. 4, 678.

5 "Leighton to Pawley," May 14, 1942, 2, folder CAMCO, AVG, BGLA.

6 同上。

7 同上。

8 Anthony R. Carrozza, *William D. Pawley* (Washington, DC: Potomac Books, 2012), 75 and 337 fn81.

9 "Planes for China," January 10, 1941, HM diaries, vol. 346, FDRL.

10 "Note by Stanley Hornbeck," January 15, 1941, RG 59, CDF 841. 248/ 813, NARA.

11 "Re: Chinese Purchasing program," January 2, 1941, 76, HM diaries, vol. 344, FDRL.

12 "D. W. Howard [BAC] to C. W. Miller," February 12, 1941, AVIA 83/843, TNA.

13 "Telegram Leighton to Pawley," January 16, 1941, folder CAMCO, AVG, BGLA.

14 "Telegram Leighton to Pawley," January 18, 1941, folder CAMCO, AVG, BGLA6.

15 同上。

13 外交冲突

1 Watson, *Chief of Staff*, 124.

2 Herbert Feis, *Road to Pearl Harbor: The Coming of the War between the United States and Japan* (New York: Atheneum, 1967), 153 – 154.

3 Dorothy Borg, *The United States and the Far Eastern Crisis, 1933 – 1938* (Cambridge, MA: Harvard University Press, 1965), 68 – 81.

4 "Bruce Leighton to Captain M. H. Deyo," January 20, 1941 (dictated January 18), 1, folder CAMCO, AVG, BGLA.

5 "Bruce Leighton to Captain M. H. Deyo," January 20, 1941 (dictated January 18), 2, folder CAMCO, AVG, BGLA.

6 "Bruce Leighton to Captain M. H. Deyo," January 20, 1941 (dictated January 18), 3, folder CAMCO, AVG, BGLA.

7 "Foreign Office to Viscount Halifax (Washington) re: Briny No. 2665 [of January 22: aircraft for China]," January 29, 1941, Air 19/500, TNA.

8 同上。

9 "Briny 2663 Ministry of Aircraft Production from British Air Commission," January 22, 1941, Air 19/500, TNA.

10 "Release of United States Aircraft for China," January 22, 1941: minute by Ashley Clarke, January 24, 1941, FO 371/27606, F332/G, TNA.

11 "Minute by Anthony Eden," January 25, 1941, FO 371/27606, F332/G, TNA.

12 "Supply of Aircraft to China from the United States," January 27, 1941, TNA, CAB 66/14/35.

13 "FO to Halifax re: Briny No. 2665," January 29, 1941, FO 371/27606, F332/G, TNA.

14 "Group Meeting, January 30, 1941, 9: 30 a. m. ," 20 – 21, HM diaries, vol. 353, FDRL.

15 同上。

16　同上。

17　"Draft telegram to the Generalissimo *sent—CKS approved*," January 25, 1941, ANY, box 105, Mil/Av 39 – 41, HISU.

18　吴景平、郭岱君编《宋子文驻美时期电报选（1940—1943）》，第67页。

19　"Memorandum for Secretary Procurement of Personnel for China by Mort L. Deyo," February 3, 1941, U. S. Navy American Volunteer Group Papers, RG 4. 9, Emil Buehler Naval Aviation Library, NMNA.

20　同上。

21　"Young to James McHugh," February 13, 1941, ANY, box 105, folder Mil/Av 39 – 41, HISU.

22　"Knox Says Greece Refuses 30 Planes... Chinese Are Getting 100," *NYT*, February 6, 1941, 8; *Scotsman*, "US Planes for China, 100 Which Were to Have Come to Britain," *NYT*, February 6, 1941.

23　"Viscount Halifax（Washington）, to the Foreign Office," February 5, 1941, FO 371/27638, F757/G, TNA.

24　"Release of U. S. aircraft to China, Viscount Halifax（Washington）," February 8, 1941, 34 – 35, FO 371/27638, F1051/45/10, TNA.

25　"Release of U. S. aircraft to China February 18 1941: minute by J. C. Sterndale Bennett," 36 – 37, FO 371/27638, F1073/45/10, TNA.

26　"Memorandum of Conversation, by the Assistant Chief of the Division of Far Eastern Affairs（Ballantine）（Washington）," January 22, 1941, *FRUS* 1941, vol. 4, 10 – 14.

27　David Mayers, *FDR's Ambassadors and the Diplomacy of Crisis*（Cambridge: Cambridge University Press, 2013）, 16.

28　"Memorandum by the Counselor of Embassy in Japan （Dooman）

[Tokyo]," February 14, 1941, *FRUS*, Japan 1931 – 1941, vol. 2, 138 – 139.

29　"The Ambassador in Japan (Grew) to the Secretary of State," Tokyo, February 26, 1941, Japan 1931 – 1941, vol. 2, 137 – 138.

30　Marks, *Wind over Sand*, 94; "Memorandum by the Counselor of Embassy in Japan, ([Eugene] Dooman) Tokyo," February 14, 1941, *FRUS*, Japan 1931 – 1941, vol. 2, 138 – 139.

31　Marks, *Wind over Sand*, 95.

32　Dallek, *Franklin D. Roosevelt*, 284.

14　增援菲律宾

1　Walter D. Edmonds, *They Fought with What They Had* (Boston: Little, Brown, 1951), 16.

2　*Army Air Action in the Philippines and Netherland East Indies, 1941 – 1942* (Maxwell AFB, AL, 1945), USAFHS no. 111, 6.

3　"Group Meeting," October 23, 1940, 162, HM diaries, FDRL, vol. 324; Williford, *Racing the Sunrise*.

4　USAFHS no. 111, 6 – 7.

5　USAFHS no. 111, 6; Edmonds, *They Fought*, 14.

6　Edmonds, *They Fought*, 14.

7　同上。

8　Bartsch, *December 8, 1941*, 25.

9　Phillip Meilinger, *Hoyt S. Vandenberg: The Life of a General* (South Bend: Indiana University Press, 1989), 25.

10　Maochun Yu, *OSS in China: Prelude to Cold War* (Annapolis, MD: Naval Institute Press, 2013), 53.

11　Meilinger, *Vandenberg*, 25.

少数给中国的飞机：飞虎队的诞生

12 Bartsch, *December 8, 1941*, 29.

13 Bartsch, *December 8, 1941*, 53.

14. "Conversation Morgenthau and Sumner Welles," November 29, 1940, 27, HM diaries, vol. 333, FDRL.

15 Meilinger, *Vandenberg*, 26.

16 Bartsch, *December 8, 1941*, 9 – 10.

17 Richard Overy, *The Battle of Britain* (London: Andre Deutsch digital edition, 2010), location 288.

18 Bartsch, *December 8, 1941*, 9.

19 转引自 Watson, *Chief of Staff*, 423。

20 Watson, *Chief of Staff*, 124 – 125.

21 Bartsch, *December 8, 1941*, xlix; "US Warns She'll Protect Philippines," *Washington Post*, October 24, 1940, 7.

22 Watson, *Chief of Staff*, 424.

23 同上。

24 Bartsch, *December 8, 1941*, 60.

25 Bartsch, *December 8, 1941*, 17.

26 Bartsch, *December 8, 1941*, 62.

27 Bartsch, *December 8, 1941*, xvii.

28 Bartsch, *December 8, 1941*, 42.

29 Bartsch, *December 8, 1941*, 41.

30 Watson, *Chief of Staff*, 440.

31 USAFHS no. 111, 13.

32 Edmonds, *They Fought*, 3 – 4.

33 Richard Overy, *The Bombing War: Europe, 1939 – 1945* (London: Penguin, 2013), 89.

15 巴结居里

1　"Re Chinese Loan, December 1, 1940, 8: 30 p. m. ," 39 – 40, HM diaries, vol. 334, FDRL.

2　"The importance of Singapore to the defense of the British Isles and the British Empire and to the interests of the United States," December 4, 1940, revised April 23, 1941 (Lauchlin Currie), PSF China 1941, FDRL.

3　John Paton Davies Jr. , *China Hand: An Autobiography* (Philadelphia: University of Pennsylvania Press, 2012), 31.

4　"Conversation with Lauchlin Currie," January 16, 1941, 177 – 178, HM diaries, vol. 348, FDRL.

5　"Memorandum for the President: Re: China Trip," January 18, 1941, PSF Adm. Assts: Laughlin Currie—Subject File, June 1940 – 1945, FDRL.

6　"Roosevelt Sending Aide to Chungking," *NYT*, January 24, 1941, 4.

7　"April 21 1941," 0901, HM diaries, Presidential Diary, vol. 4, FDRL.

8　Passenger and Crew Manifests of Airplanes Arriving at Honolulu, Hawaii, "Passenger List NC 18606 American Clipper from San Francisco, California January 29 1941," RG 85, NARA.

9　"My dear McHugh from Frank Knox," January 25, 1941, James M. McHugh Papers, box 1, folder 7, CUL.

10　"Dear Mac," January 26, 1941, James M. McHugh Papers, box 1, folder 7, CUL.

11　"Your Excellency [Chiang Kai-shek]," November 15, 1940, James M. McHugh Papers, box 1, folder 6, CUL.

12. "Dear Lauch," April 14, 1941, 2, James M. McHugh Papers, box 7,

folder 1, CUL.

13　Currie Report, March 15, 1941, 27, 30, PSF China, 1941, FDRL.

14　Currie Report, March 15, 1941, 27, PSF China, 1941, FDRL.

15　Currie Report, March 15, 1941, 22, PSF China, 1941, FDRL.

16　Currie Report, March 15, 1941, 22 – 23, PSF China, 1941, FDRL.

17　同上。

16　雇佣兵合同

1　"Dear Tommy," January 20, 1941, PSF Thomas G. Corcoran, FDRL.

2　"Conversation H. M. Jr and Tom Corcoran," February 21, 1941, 165, HM diaries, vol. 374, FDRL.

3　"Conversation H. M. Jr and Tom Corcoran," February 21, 1941, 164, HM diaries, vol. 374, FDRL.

4　"Group Meeting," December 21, 1938, 175, HM diaries, vol. 157, FDRL.

5　"Group Meeting," December 21, 1938, 177 – 178, HM diaries, vol. 157, FDRL.

6　"Conversation H. M. Jr and Tom Corcoran," February 21, 1941, 163 – 165, HM diaries, vol. 374, FDRL.

7　吴景平、郭岱君编《宋子文驻美时期电报选（1940—1943）》，第 312 ~ 313 页。

8　Day Log, March 19, 1941, FDRL; "John K. Fairbank, Memorandum on Air Program for China, 1942," (hereafter Fairbank memo) 18, Lauchlin Bernard Currie Papers, box 5, HISU.

9　"Strictly Confidential to Central Aircraft Manufacturing Company Federal Inc. , U. S. A. ," March 21, 1941, folder CAMCO, AVG, BGLA.

10　同上。

11　"My dear Major〔McHugh〕from Frank Knox," March 22, 1941, James
　　M. McHugh Papers, box 1, folder 7, CUL.

12　"Memorandum for the Chief of Staff, subject Pilots for the Chinese Air
　　Force," March 29, 1941, RG 160, entry 120（NM - 25）, box 1,
　　location 390/27/31/6, NARA.

13　"From Major J. M. McHugh, Conversation with the Generalissimo, 11
　　January 1941: his requests for American Advisor Missions for Transport and
　　Aviation," James M. McHugh Papers, box 2, folder 10, CUL.

14　"Dear Arthur Chungking," January 14, 1941, received January 28,
　　1941, 1, ANY, box 105, Mil/Av 39 - 41, HISU.

15　"Dear Arthur Chungking," January 14, 1941, received January 28,
　　1941, 2, ANY, box 105, Mil/Av 39 - 41, HISU.

16　"Letter from Chiang Kai Shek to Colonel John H. Jouett, Shanghai," July
　　25, 1932, 3, ANY, box 36, Mil/Av, HISU. 合同规定，禁止这些美国
　　飞行教官参与作战行动。"Central Aviation Academy, Hangchow,
　　China," May 18, 1935, RG 38, box 136, file A - 1 - u, Register
　　no. 7348, NARA; "Situazione in Cina—Missione aeronautica italiana,"
　　n. 492 R, Shanghai, February 2, 1934, CINA R. Ambasciata Shanghai
　　Arrivo, Anno 1934, Archivio Storico del Ministero degli Affari Esteri,
　　Italy.

17　吴景平、郭岱君编《宋子文驻美时期电报选（1940—1943）》，第
　　307 页。

18　吴景平、郭岱君编《宋子文驻美时期电报选（1940—1943）》，第
　　313、318 页。

19　"From Chungking to Foreign Office Most Secret," May 6, 1941, Air 8/

586，F3856/523/G，TNA.

20　"Burma 2240 1941 from Governor of Burma to Secretary of State for Burma Rangoon," June 14, 1941, FO 371/27640, TNA.

21　吴景平、郭岱君编《宋子文驻美时期电报选（1940—1943）》，第340页。

22. "April 21, 1941," 0901, HM diaries, Diaries, book 4, President Roosevelt, March 1, 1941, through December 31, 1941, FDRL.

23　"Re：Chinese Loan," April 21, 1941, 137, HM diaries, vol. 390, FDRL.

24. "Group Meeting," April 21, 1941, 10：00 a. m. , 73, HM diaries, vol. 390, FDRL.

17　招募者和被招募者

1　"Memorandum for the Chief of Staff, subject Pilots for the Chinese Air Force," March 29, 1941, RG 160, entry 120 (NM – 25), box 1, location 390/27/31/6, NARA.

2　同上。

3　*Pilot Training Manual for the P – 40*, 1943, 5, Headquarters, AAF, Office of Flying Safety.

4　W. F. Craven and J. L. Cate, *The Army Air Forces in World War II* (Chicago：University of Chicago Press, 1955), 4：572, 615.

5　见本书第10章。

6　Charles R. Bond Jr. and Terry H. Anderson, *A Flying Tiger's Diary* (College Station, TX：Texas A&M University Press and the Texas Book Consortium, 1984), 38.

7　我估计，有14名陆军航空队飞行员来到中国前有一些驾驶 P – 40 战斗机的经验，其中 8 人来自纽约米切尔空军基地，5 名来自密歇根州的塞尔弗里奇空军基地，1 名来自加利福尼亚的汉密尔顿空军基地。关于从这些空军基地招募飞行员的讨论，参见 Carl Molesworth, *Curtiss P-40 Long-Nosed Tomahawks* (Oxford: Osprey, 2013), 42; Ford, *Flying Tigers*。

8　"Extract from Letter of April 7 1941, from Colonel C. L. Chennault to Mr. W. D. Pawley," 1; "Exhibit 'A' Employees Required," April 1, 1941, both in ANY, box 105, Mil/Av 39 - 41, HISU.

9　"Extract from Letter of April 7 1941," ANY, HISU.

10　"Exhibit 'A' Employees Required," April 1, 1941, ANY, box 105, Mil/Av 39 - 41, HISU.

11　同上。

12　"Extract from Letter of April 7 1941, from Colonel C. L. Chennault to Mr. W. D. Pawley," 10, ANY, box 105, Mil/Av 39 - 41, HISU.

13　"W. M. (41) 71st Meeting, International Air force for China W. P. (41) 165," July 17, 1941; Extract from W. M. (41) 71st Conclusions, July 17, 1941, both in Air 5/586, TNA.

14　Craven and Cate, *Army Air Forces*, 6: 575 - 576.

15　Fairbank memo, 18, Lauchlin Bernard Currie Papers, box 5, HISU; "CAMCO contract April 15 1941," Papers of Claire Lee Chennault, Library of Congress, microfilm.

16　"Agreement between CAMCO and employee," Lauchlin Bernard Currie Papers, box 2, folder AVG Corr and Mem, May-Sept 1941, HISU; Fairbank memo, 19.

17　Fairbank memo, 20, Lauchlin Bernard Currie Papers, box 5, HISU.

18　Fairbank memo, 20 - 22, Lauchlin Bernard Currie Papers, box 5, HISU.

19 "May 3 1941," Lauchlin Bernard Currie Papers, box 2, folder AVG Corr and Mem, May-Sept 1941, HISU.

20 Fairbank memo, 22, Lauchlin Bernard Currie Papers, box 5, HISU.

21 Byrd, *Chennault*, 123 - 124.

22 Ford, *Flying Tigers*, 43 - 44.

23 Charles Baisden, *Flying Tiger to Air Commando* (Atglen, PA: Schiffler Military History, 1999), 12; Byrd, *Chennault*, 123 - 124; Ford, *Flying Tigers*, 47.

24 Carrozza, *William D. Pawley*, 111; "India Plans Factory," *American Aviation*, July 1, 1941, 41.

25 估计值各不相同，但目前位于卡图马蒂（Kaytumati）的同古机场卫星图显示，这是一个很小的机场，长度大约是 1500 米，旁边是一条大约 1 英里长的跑道。

26 "Information from Lt. Estes Swindle," December 6, 1941, 8, Lauchlin Bernard Currie Papers, box 2, folder AVG Corr and Mem, Dec. 1941, HISU.

27 Baisden, *Flying Tiger*, 20.

28 1941 Calendar, entry for July 29, 1941, Papers of Walter Pentecost, AVG Special Collection, box 3, folder Ferry Pilot Forms, SDASMA.

29 "Memorandum for the President: Protection of American pilots sailing to China," June 21, 1941, Subject Files, box 91, folder Adm, Assts: Laughlin Currie, June 1940 - 1945, FDRL. 1941 年 6 月 26 日，在这份备忘录的底部，罗斯福在"抄送给弗兰克·诺克斯"的旁边，写下了"好的"。

30 "Confidential to Dr. Laughlin Currie from Richard Aldworth," July 1, 1941, Lauchlin Bernard Currie Papers, box 2, folder AVG Corr and Mem, May-Sept 1941, HISU; Jennifer Holik-Urban, *To Soar with the Tigers: The*

Life and Diary of Flying Tiger, *Robert Brouk* (Woodridge, IL: Generations, 2011), 10.

31　Holik-Urban, *To Soar*, 26.

32　Bond and Anderson, *Flying Tiger's Diary*.

33　"US Releases Pilots to Fight for China," *Washington Post*, June 1, 1941, 1.

34　"H. R. Stark to Lauchlin Currie, the White House," August 27, 1941, Lauchlin Bernard Currie Papers, box 2, folder AVG Corr and Mem, May-Sept 1941, HISU.

35　"U. S. Pilot Leader on Way to Chungking," *Straits Times*, July 19, 1941, 13, eresources. nlb. gov. sg/newspapers.

36　"People in the News," *China Weekly Review*, July 26, 1941, 256.

37　July 28 – 29, 1941, Five Year Diary of Claire Lee Chennault, CCAC.

38　Olga Greenlaw, *The Lady and the Tigers*, ed. Dan Ford (Durham, NH: Warbird Books, 2012), 21.

39　Ford, *Flying Tigers*, 66 – 67.

40　*Daily Herald*, January 18, 1943. cited on Wikipedia, "United States Court for China," wikipedia. org/wiki/United_ States_ Court_ for_ China#cite_ note – 25.

41　Baisden, *Flying Tiger*, 20.

42　同上。

43　"Information from Lt. Estes Swindle," December 6, 1941, 7, Lauchlin Bernard Currie Papers, box 2, folder AVG Corr and Mem, Dec. 1941, HISU; Holik-Urban, *To Soar*, 18 – 19.

44　Chennault, *Way of a Fighter*, 100 – 101.

45　Chennault, *Way of a Fighter*, 106.

18　国际空军部队

1　"The Situation in the Far East in the event of Japanese Intervention against us," July 31, 1940, paragraph 62, p. 19, FO 371/24708, War Cabinet C. O. S. （40）592, TNA.

2　John Grehan and Martin Mace, compilers, *Disaster in the Far East: The Defense of Malaya, Japanese Capture of Hong Kong, and the Fall of Singapore* (Barnsley, UK: Pen & Sword Military, 2015), 56.

3　Grehan and Mace, *Disaster in the Far East*, 84. 数据来源于附录 J。

4　Alan Axelrod, *Encyclopaedia of World War II*, vol. 1 (New York: Facts on File, 2007), 470 – 471.

5　"F. E. （40）instructions for Brigadier Dennys," WO 3555A, TNA. 关于兰斯洛特·丹尼斯（1890～1942），人们对他的情况了解相对较少，尽管他对这一时期的中英关系有着相当大的影响。1942 年 3 月 14 日，他在乘坐中国航空公司的飞机从昆明飞往重庆时死于飞机失事。

6　*North China Herald*, "New British Military Attaché to China," January 8, 1941, 42.

7　"Report on conversations between Major-General L. E. Dennys Military Attaché to the British Embassy in CHINA and General Ho Yao-Tsu, Chief of the Adjutant's Department of the Generalissimo's Personal Headquarters," January 30 – February 3, 1941, 116 – 122, FO 371/27615, F/3176/G, TNA.

8　"Third Discussion Held on 3rd February, 1941," 119, FO 371/27615, F/3176, TNA.

9　"Following for the War Office and the Air Ministry from Dennys," February 12, 1941, 118, Air 8/539, TNA.

10　Dennys cable, February 11, 1941, Air 8/539, TNA.

11　"Sir A. Clark Kerr following for War office from Military attaché," February 5, 1941, 79a, WO 3555A, TNA.

12　关于莫内在两次大战期间的背景情况，参见 François Duchêne, *Jean Monnet, the First Statesman of Interdependence* (New York：W. W. Norton, 1994), 49 – 97。

13　Feis, *Road to Pearl Harbor*, 165 – 166.

14　"To Air Ministry repeat C. in C. China from Slessor 11. 2. 40 [*sic*; 41] 1250 recirculated 12/2/41," Air 8/586, TNA.

15　"Slessor cable," February 11, 1941, Air 8/586, TNA.

16　同上。

17　Grehan and Mace, *Disaster*, 83.

18　"Slessor cable," February 11, 1941, Air/8/586, TNA.

19　同上。

20　"Additional information for Memorandum from Col. C. F. Huang," August 1, 1940, ANY, box 36, Mil/Av, HISU；"To Chief of Air Staff from Slessor," March 16, 1941, 107.

21　"To Air Ministry (R), C. in C. Singapore, Most Secret. Personal for C. A. S. from Slessor," February 21, 1941, Air 8/586, TNA.

22　同上。

23　同上。比弗布鲁克勋爵向波特尔抱怨"斯莱瑟在美国的活动范围，声明他不希望讨论飞机处理问题，比如伏尔提'先锋'战斗机"。"my dear C. A. S. from Beaverbrook," April 7, 1941, Air 8/539, TNA.

24　"My Dear Beaverbrook from C. S. Portal," March 6, 1941, 92 – 94, Air 8/539, TNA.

25　"My Dear C. A. S. from Beaverbrook," March 6, 1941, 91, Air 8/539,

TNA.

26　"Slessor for C. A. S. ," April 7, 1941, 84; "To British Air Commission, Washington from Ministry of Aircraft Production," April 26, 1941; Air 8/ 586, "To Ministry of Aircraft Production from British Air Commission," May 22, 1941, all in Air 8/539, TNA.

27　"Slessor for C. A. S. ," April 7, 1941, 84, Air 8/539, TNA.

28　Richard L. Dunn, "Airplanes of the Chinese Air Force, 1942 - 1943: The Vultee P - 66 and Other Aircraft" (2005), http://www. warbirdforum. com/ dunnp663. htm.

29　关于丹尼斯分遣队的背景，参见 "Assistance to China," vol. 1, WO 3555A, TNA。另见 "C. in C. Far East to the War Office 6/3/41," Air 8/539, TNA。

30　"G. O. C. Malaya to War Office Ref. Slessor's telegrams 12/2 and 20/2 ," February 26, 1941, 2, WO 208/327, TNA.

31　同上。

32　同上。

33　"Air Ministry to C. in C. Far East," March 4, 1941, 3, WO 208/327, TNA; "Foreign Office to Sir A. Clark Kerr (Shanghai)," March 24, 1941, 124A, WO 106/3555A, TNA.

34　"Foreign Office to Lord Halifax," March 15, 1941; "Foreign Office to Lord Halifax," March 24, 1941, both in Air 8/586, TNA.

35　"Viscount Halifax to Foreign Office," February 18, 1941, both in FO 371/27638, F1073, "Release of US aircraft to China", TNA.

36　同上。

37　minute B. E. T. Gage, February 22, 1941, FO 371/27638, F1073, "Release of US aircraft to China", TNA.

38　"From Sir A. Blackburn（Chungking）to Foreign Office," March 10, 1941, Air 8/539, TNA.

39　"To Sir A. Blackburn（Chungking）from Foreign Office," March 21, 1941, FO 371/27638, F1073, TNA.

40　"Mr Eden to Sir A. Clark-Kerr（Shanghai）," April 16, 1941, FO 371/27615, F3077/60/10, TNA.

41　"Anglo-Chinese Cooperation in event of war with Japan," April 16, 1941, 98, FO 371/27615, F3017/G, TNA.

42　"Minute by John Brenan," April 16, 1941, 98 – 99, FO 371/27615, F3017/G, TNA; "From Foreign Office to Tokyo," May 14, 1941, FO 371/27616, F4038/60/10, TNA.

43　"From Chungking to Foreign Office," May 20, 1941, FO 371/27616, F4276, TNA.

44　同上。

45　"Anglo-Chinese, Military Cooperation in China, 15 April 1941: minute Ashley Clarke April 20 1941." FO 371/27615, F2965/G, TNA.

46　"From the Foreign Office to Chungking," May 10, 1941, 66, CAB 121/639, TNA.

47　"From C in C Far East to the War Office," April 4, 1941, 77, CAB 121/639, TNA.

48　"F. O. to Lord Halifax Washington," March 13, 1941, Air 8/586, TNA.

49　"From Foreign Office to Chungking," May 10, 1941, 66, Air 8/539, TNA.

19　留在缅甸

1　"To A. A. Washington from Air Ministry X. 221 – 29/4［/41］," Air 8/

586, TNA.

2　"To Air Whit from A. A. Washington No. 249 5/5/ [1941]," Air 8/ 586, TNA.

3　"Telegram from Secretary of State to Government of Burma," May 13, 1941, 10, WO 208/327, TNA.

4　"To A. A. Washington from: Air Ministry, Your 249 5/5 [/41]," Air 8/ 586, TNA.

5　"To Air Whit from A. A. Washington No. 257 9/5 [/41] your X. 933 6/ 5," Air 8/586, TNA.

6　"From Chungking to Foreign Office Most Secret," May 8, 1941, Air 8/ 586, F/3856/523/G, TNA.

7　"Telegram Foreign Office to Lord Halifax," May 20, 1941, 28, FO 371/ 27639, F3923/523/G, TNA.

8　Strat. Plans War Plans Div., "Memorandum for British Military Mission Aid to China," June 25, 1941, RG 38, box 116, NARA.

9　Strat. Plans War Plans Div., "From Director of Naval Intelligence to Chief of Naval Operations Aid to China," [July 8, 1941], RG 38, box 116, NARA.

10　Strat. Plans War Plans Div., "Memorandum for the Director, Comment on Proposed Aid to China," A. H. McCollum, July 8, 1941, RG 38, box 116, NARA.

11　"Foreign Office to Chungking [re:] telegram no. 256," June 6, 1941, 14, WO/208/327, TNA.

12　"B. A. D. Washington addressed Admiralty 17. 8. 41," WO/208/327, TNA.

13　"From C-in-C Far East to the War Office," May 27, 1941, 100, FO

371/27639，F4661/G，TNA.

14 "From Washington to Foreign Office, Viscount Halifax No. 2357，" May 26，1941，Air 8/586，TNA.

15 "Minutes of a Meeting held in Mr. Butler's Room at the Foreign Office，" June 6，1941，at 11：30 a. m. ，152，FO 371/27639，F5248/230/G，TNA.

16 "Ashley Clarke, Foreign Office to Colonel Scott War Office，" June 6，1941，15；"To C-in-C Far East from Air Ministry Whitehall，" June 8，1941，17, both in WO/208/357, TNA.

17 "C in C Far East to Air Ministry，" June 17，1941，18，WO/208/357，TNA.

18 "To British Ambassador Chungking repeated Air Ministry, War Office Please Forward. From：C-in-C Far East，" June 20，1941，Air 8/586，TNA.

19 "From Chungking，" June 24，1941，Air 8/586，TNA.

20 "To the War Office repeated Ambassador at Chungking from C. in C. Far East，" June 25，1941，Air 8/586，TNA.

21 "From Washington to Foreign Office，" June 24，1941，20，WO/208/327，TNA.

22 "C. – in – C. Far East to War Office, 359/3 cipher 25/6 25/6/41，" Air 8/539，TNA.

23 May 23，1941，and following，Papers of Walter Pentecost，AVG Special Collection，box 3，folder Personal Daily Calendar，SDASMA.

24 在第一批 68 架"战斧"战斗机离开后几周内，最后一批 32 架"战斧"战斗机也离开了布法罗工厂。"American Consulate Rangoon, Burma July 14 1941 Subject American airmen for planes for China. . . July

14 1941 by Austin Brady," Lauchlin Bernard Currie Papers, box 2, folder AVG Corr and Mem, May-Sept 1941, HISU; "D. W. Howard [BAC] to C. W. Miller 12th February 1941," AVIA 83/843, TNA.

25 July 18, 1941, Papers of Walter Pentecost, AVG Special Collection, box 3, folder Personal Daily Calendar, SDASMA.

26 November 28, 1941, Papers of Walter Pentecost, AVG Special Collection, box 3, folder Personal Daily Calendar, SDASMA.

27 "To Air Ministry, from Warburton Chungking," July 22, 1941, WO/ 208/327, TNA. 这里所讨论的轰炸机是 33 架航程为 2000 英里的洛克希德·哈德逊轰炸机和 33 架航程为 1100 英里的 DB－7 轰炸机。

28 "Secretary of State to Governor of Burma," July 19, 1941, 27, WO/ 208/327, TNA; "W. M. (41) 71st Meeting, International Air Force for China W. P. (41) 165," July 17, 1941, Air 5/586, TNA; "Extract from W. M. (41) 71st Conclusions," July 17, 1941, Air 5/586, TNA.

29 "W. M. (41) 71st Meeting, International Air Force for China W. P. (41) 165," July 17, 1941, and "Extract from W. M. (41) 71st Conclusions," July 17, 1941, both in Air 5/586, TNA.

30 "W. M. (41) 71st Meeting, International Air Force for China W. P. (41) 165," July 17, 1941, Air 5/586, TNA.

31 "C. L. Chennault Memo for H. E. Madame Chiang Kai-shek subject: Report upon conference with British Officials in Burma and Singapore," August 5, 1941, 1, Lauchlin Bernard Currie Papers, box 3, folder Chiang kai-shek Mme, HISU.

32 "C. L. C. memo for Madame Chiang," [August 5], 1941, 2, Lauchlin Bernard Currie Papers, box 3, folder Chiang kai-shek Mme, HISU.

33 "Governor of Burma to Secretary of State for Burma," July 26, 1941,

28, WO 208/327, TNA.

34　同上。

35　"From C. – in – C. , Far East to the War Office," July 27, 1941, 29, WO/208/327, TNA.

36　"C in C Far East to the War Office 1/8 〔/41〕," 31; "Extract from C. in C. Far East No. 263/4," August 12, 1941, 34, both in WO/208/327, TNA.

37　"C in C Far East to the War Office," August 1, 1941, 31, WO/208/327, TNA.

38　"Extract from C. – in – C. Far East 263/4, 12/8"〔refers to War Cabinet's decision in response to Air Ministry on July 30, 1941〕, 34, WO/208/327, TNA.

39　"C. L. C. memo for Madame Chiang,"〔August 5,〕1941, 2, Lauchlin Bernard Currie Papers, box 3, folder Chiang kai-shek Mme, HISU.

20　为子弹争吵

1　Chennault, *Way of a Fighter*, 107.

2　Fairbank memo, 13, Lauchlin Bernard Currie Papers, box 5, HISU.

3　引自 Richard M. Leighton and Robert W. Coakley, *Global Logistics and Strategy, 1940 – 1943*（Washington, DC: Center of Military History, United States Army, 1955), 94 – 95。

4　"Extract from: GLEAM 103 Washington-Admiralty 1229R/5 August," 32, WO/208/327, TNA.

5　"Military Attaché Chungking to C-in-C Far East," August 8, 1941, 36, WO/208/327, TNA.

6　"C in C Far East, 261/4 of 11/8〔/41〕," 33, WO/208/327, TNA.

7　"Dear Lauch," August 3 and 6, 1941, 5, James M. McHugh Papers, box 1, folder 8, CUL.

8　"C in C Far East, 261/4 of 11/8 [/41]," 33, WO/208/327, TNA.

9　Ford, *Flying Tigers*, 57; "Royal Dutch Mail 1941 Calendar," entry for August 16, 1941, Papers of Walter Pentecost, AVG Special Collection, SDASMA.

10　Fairbank memo, 14, Lauchlin Bernard Currie Papers, box 5, HISU.

11　"B. A. D. Washington to Admiralty," August 17, 1941, 39, WO/208/327, TNA.

12　Fairbank memo, 14, Lauchlin Bernard Currie Papers, box 5, HISU.

13　"To: AHQ Far East for C in C Far East from Air Min. Whitehall," August 22, 1941, 40, WO/208/327, TNA.

14　原文为："您赞成吗？如果您赞成，那我也赞成。（内部）温斯顿·丘吉尔。""Prime Minister Copy 21st August 1941," Air 8/586, TNA.

21　美国志愿航空队夏令营

1　Philip D. Caine, *Eagles of the RAF*: *The World War II Eagle Squadrons* (Washington, DC: National Defense University Press, 1991), 78 – 86.

2　"1941 Calendar," entry for August 16, 1941, Papers of Walter Pentecost, AVG Special Collection, SDASMA.

3　9 月 4 日，埃里克·希林 [陆军航空队]，20 小时。Papers of Walter Pentecost, AVG Special Collection, box 3, folder Ferrying Log, SDASMA.

4　9 月 5 日，布莱特（Bright）[海军]，3 小时；赖特（Wright）[海军]，4 小时；霍华德（Howard）[海军] 4 小时；9 月 6 日，格塞尔布拉特（Geselbracht）[海军]，2 小时；曼格尔伯格（Mangleburg）

[陆军航空队]，145 小时。Papers of Walter Pentecost, AVG Special Collection, box 3, folder Ferrying Log, SDASMA. 曼格尔伯格具有非常出色的驾驶 P - 40 战斗机的经验，但不幸的是，他是 1941 年 12 月在执行侦查任务时阵亡的第一批志愿者之一。Ford, *Flying Tigers*, 124 - 125.

5　August 22, 1941, Five Year Diary of Claire Lee Chennault, CCAC.

6　August 5 - September 19, 1941, Five Year Diary of Claire Lee Chennault, CCAC.

7　Ford, *Flying Tigers*, 73.

8　Thursday, June 3, 1937, Five Year Diary of Claire Lee Chennault, CCAC.

9　September 19, 1941, Five Year Diary of Claire Lee Chennault, CCAC.

10　September 22, 1941, Five Year Diary of Claire Lee Chennault, CCAC.

11　Holik-Urban, *To Soar*, 27. 陈纳德从未记录这些飞行表演。

12　"to Lauchlin Currie from Robert Lovett," August 7, 1941, Lauchlin Bernard Currie Papers, box 2, folder AVG Corr and Mem, May-Sept 1941, HISU.

13　"Dear Dick [Aldworth] from Claire L. Chennault," November 5, 1941, Lauchlin Bernard Currie Papers, box 2, folder AVG Corr and Mem, November 1941, HISU.

14　"To Central Aircraft Mfg. Co. New York from Claire Chennault," November 7, 1941, Lauchlin Bernard Currie Papers, box 2, folder AVG Corr and Mem, November 1941, HISU.

15　同上。

16　"From the Joint Planning Committee to the Joint Board July 9 1941: item 15," J. B. 355, FDRL.

17　Fairbank memo, 22, Lauchlin Bernard Currie Papers, box 5, HISU.

18　Bond and Anderson, *Flying Tiger's Diary*, 41.

19　Bond and Anderson, *Flying Tiger's Diary*, 46.

20　Bond and Anderson, *Flying Tiger's Diary*, 50 – 51.

21　Bartsch, *December 8, 1941*, 66, 128.

22　Bartsch, *December 8, 1941*, 128.

23　Bartsch, *December 8, 1941*, 66.

24　Bartsch, *December 8, 1941*, 66, 118 – 119.

25　Bartsch, *December 8, 1941*, 66 – 67. 他引用了泰德·费什在 1941 年 7 月 6 日和 9 日写给他妻子的信。

26　Fairbank memo, 28, Lauchlin Bernard Currie Papers, box 5, HISU.

22　短期援华空军计划

1　"A Tentative Aircraft Program for China," May 9, 1941, PSF China 1941, FDRL.

2　"Memorandum for the President, Aircraft program for China," May 9, 1941, PSF China 1941, FDRL. 另见 "Dear Lauch from McHugh," April 14, 1941, 1, James M. McHugh Papers, box 1, folder 7, CUL。

3　"The President to Lauchlin Currie," May 15, 1941, PSF China 1941, FDRL.

4　"To British Air Commission, Washington from Ministry of Aircraft Production 26.4.41," Air 8/539, TNA; Fairbank memo, 31 – 32, Lauchlin Bernard Currie Papers, box 5, HISU. 伯恩斯将军负责协调外国采购代表团的要求。Leighton and Coakley, *Global Logistics and Strategy*, 78.

5　"No. 2694 Secret," May 20, 1941, FO 371/27639, F/3923/523/G, TNA.

6　Fairbank memo, 34, Lauchlin Bernard Currie Papers, box 5, HISU.

7　见本书第 16 章。

8　"Dear Mr Secretary, Lauchlin Currie," May 21, 1941, 360; "Dear Mr Currie from H Morgenthau Jr," June 10, 1941, 359, both in HM diaries, vol. 406, FDRL.

9　"To Britman from: AIRWHIT. Webber WX. 396," August 20, 1941, Air 8/539, TNA.

10　"Memorandum for Mr. Lovett; status of Chinese requests for aid," June 11, 1941, J. B. 355, FDRL.

11　"Bombers for Allies Could Be Delivered under Own Power," *Science News-Letter* 37, no. 21 (May 25, 1940): 326.

12　"From AIRWHIT to BRITMAN," August 20, 1941, Air 8/539, TNA.

13　"From Foreign Office to Washington," May 26, 1941, Air 8/539, TNA.

14　"Dear C. A. S. from A. T. Harris," September 2, 1941, Air 8/539, TNA.

15　Fairbank memo, 36, Lauchlin Bernard Currie Papers, box 5, HISU; "Royal Air Force Delegation (British Air Commission) Secret," September 2, 1941, Air 8/586, TNA.

16　"United States-British Staff Conversations Air Policy U. S. Serial 011512 – 15, B. U. S. (J) (41) 39," March 29, 1941, 2, RG 38, box 147a, entry 355, ABC – 1, ABC – 2, TNA.

17　"Aircraft Requirements of the Chinese Government—Short Term Aircraft Program for China," letter from Lauchlin Currie to Secretary of the Navy, May 28, 1941, J. B. 355, FDRL.

18　"To Airwhit from Britman, Caesar 448 Washington," August 22, 1941;
　　"To Airwhit from Britman, Caesar 457 Washington," August 23, 1941;
　　"To Airwhit from Britman, Caesar 504 Washington," August 28, 1941;
　　"Dear C. A. S. from A. T. Harris," September 2, 1941, all in Air 8/539,
　　TNA.

19　"The Joint Planning committee to the Joint Board: Aircraft Requirements
　　of the Chinese Government," item 11 J. B. 355, FDRL.

20　"To Airwhit from Britman, Caesar 448 Washington," August 22, 1941,
　　Air 8/539, TNA.

21　Crew lists of Vessels Arriving at Boston, MA, 1917 – 1943, Publication
　　no. T938, roll 451, Passenger list HMS *Rodney*, June 12, 1941, RG 85,
　　NARA.

22　"To Airwhit from Britman, Caesar 448 Washington," August 22, 1941,
　　Air 8/539, TNA.

23　居里陷入困境

1　"Memorandum for Mr. Hopkins," August 18, 1941, Lauchlin Bernard
　　Currie Papers, box 5, folder Harry Hopkins, HISU.

2　"To Airwhit from Britman, Caesar 448 Washington," August 21, 1941;
　　"Dear C. A. S. from A. T. Harris," September 2, 1941, 2, both in Air 8/
　　5/539, TNA.

3　"To Airwhit from Britman, Caesar 448 Washington," August 21, 1941,
　　Air 8/539, TNA.

4　同上。

5　同上。

6　"To Airwhit from Britman, Caesar 457 Washington," August 23, 1941;

"To Airwhit from Britman, Caesar 448 Washington," August 21, 1941, both in Air 8/539, TNA.

7　Fairbank memo, 60, Lauchlin Bernard Currie Papers, box 5, HISU. 伯恩斯将军在美国战争部内负责协调外国采购代表团的要求。Fairbank memo, 78.

8　"To Airwhit from Britman, Washington Caesar 504," August 27, 1941, 2, Air 8/539, TNA.

9　同上。

10　同上。

11　同上。

12　Fairbank memo, 61, Lauchlin Bernard Currie Papers, box 5, HISU; "Memo for Mr. Hopkin [s]," August 18, 1941, Lauchlin Bernard Currie Papers, box 5, HISU; "Memorandum for the President: bombers for China," August 26, 1941, PSF Adm. Assts: Laughlin Currie—Subject File, June 1940 – 1945, FDRL.

13　"To Airwhit from Britman, Washington Caesar 506," August 28, 1941, Air 8/539, TNA; "To AMEMBASSY London for Sir Archibald Sinclair," September 2, 1941, Lauchlin Bernard Currie Papers, box 5, folder Harry Hopkins, HISU.

14　"To Airwhit from Britman, Washington Caesar 506," August 27, 1941, Air 8/539, TNA.

15　"To Britman, Washington from AIRWHIT, Webber WX. 226," August 21, 1941, Air 8/539, TNA.

16　"To AMEMBASSY for Sir Archibald Sinclair from Hopkins London," September 2, 1941, Lauchlin Bernard Currie Papers, box 5, folder Harry Hopkins, HISU.

17　"Air Ministry to H. Ashley Clarke Foreign Office," September 5, 1941, FO 371/27642, F9029, TNA; "To Ministry of Aircraft Production from British Air Commission, Washington Briny 8833," September 12, 1941, Air 8/539, TNA.

18　Fairbank memo, 61 – 62, Lauchlin Bernard Currie Papers, box 5, HISU.

19　Roger James Sandilands, *The Life and Political Economy of Lauchlin Currie: New Dealer, Presidential Adviser, and Development Economist* (Durham, NC: Duke University Press, 1990), 113.

20　"To the President from Robert B. Patterson acting secretary of War and Frank Knox Secretary of the Navy," July 18, 1941, J. B. 355, RG 225, NARA. 1941 年 7 月 23 日，罗斯福亲笔在封面上写下了派遣军事代表团还是军事武官的批注。

21　"Dear Mac from Lauch," August 29, 1941, James M. McHugh Papers, box 1, folder 8, CUL.

22　"My dear Scobey from Turner," handwritten note, J. B. 355, RG 225, NARA.

23　Overy, *Bombing War*, 279 – 280, 339 – 340.

24　"T. V. Soong to Colonel William Donovan," August 16, 1941, PSF Adm. Assts: Laughlin Currie—Subject File, June 1940 – 1945, FDRL.

25　"From Chungking to Foreign office," September 16, 1941, FO 371/27642, F9394, TNA.

26　吴景平、郭岱君编《宋子文驻美时期电报选（1940—1943）》，第 115 页。

27　Soong to Donovan, August 16, 1942, 3, FDRL.

28　"Aircraft for China," November 25, 1941, FO 371/27645, F12972/145/10, TNA.

29　Fairbank memo, 29, Lauchlin Bernard Currie Papers, box 5, HISU.

24　马格鲁德代表团

1　"US Army Mission Will Assist China," *NYT*, August 27, 1941, 1.

2　"United States Military Mission to China: Sir R. I. Campbell to Foreign Office," August 28, 1941, FO 371/27642, F8572/145/10, TNA.

3　"Memorandum for the President Re: Pilots for China from Lauchlin Currie," September 18, 1941, Lauchlin Bernard Currie Papers, box 2, folder AVG Corr and Mem, May-Sept 1941, HISU.

4　Fairbank memo, 65, Lauchlin Bernard Currie Papers, box 5, HISU.

5　"Memorandum for the President Re: Pilots for China from Lauchlin Currie," September 18, 1941, Lauchlin Bernard Currie Papers, box 2, folder AVG Corr and Mem, May-Sept 1941, HISU.

6　"To H. E. T. V. Soong from C. L. Chennault," September 29, 1941, Lauchlin Bernard Currie Papers, box 2, folder AVG Corr and Mem, October [19] 41, HISU.

7　Fairbank memo, 66, Lauchlin Bernard Currie Papers, box 5, HISU.

8　"United States Military Mission to China," August 30, 1941, FO 371/27642, F8572/145/10, TNA.

9　"Most Secret from B. A. D. Washington to Admiralty," September 9, 1941, FO 371/27642, F9095/145/10, TNA.

10　"Most Secret to Britman Washington from Admiralty," September 8, 1941, FO 371/27642, F9095/145/10, TNA.

11　"Assistance in connexion with United states aircraft sent to China," September 12, 1941, FO 371/27642, F9217/145/10, TNA.

12　"Most Secret from B. A. D. Washington to Admiralty," September 12, 1941, FO 371/27642, F9351/145/10, TNA.

13 "C. in C. Far East to War Office," October 7, 1941, CAB 121/689, TNA.

14 同上。

15 "Most Secret from Washington," November 1, 1941, Prem 3/90/1, TNA.

16 "From Chungking to AMISSCA," November 8, 1941, RG 59, CDF 893.248/258, NARA.

17 "From Chungking (Magruder) to AMISSCA," November 8, 1941, RG 59, LM183, reel 30, Confidential US State Department Central Files: China, Internal Affairs, 1940 – 1944, NARA.

18 "To Max Hamilton Far East desk from Stanley Hornbeck," October 30, 1941; "Cordell Hull to AMEMBASSY," November 10, 1941, both in RG 59, CDF 893.248/252, NARA.

19 "For Chennault, from Currie," November 12, 1941, RG 59, CDF 893.248/252A, NARA.

25 战争临近

1 "International Air Force: From C. in C. Far East to Governor Burma," August 26, 1941, FO 371/27642, F8762/145/10, TNA.

2 Grehan and Mace, *Disaster in the Far East*, 127 – 128.

3 "To Air Ministry from A. H. Q. F. E. ," October 11, 1941, Air 8/586, TNA.

4 "Most Secret from Washington," November 1, 1941, Prem 3/90/1, TNA.

5 "Memorandum for the President," October 30, 1941, Lauchlin Bernard Currie Papers, box 5, folder Soong, T. V. , HISU.

6　"From Chungking to Foreign Office," November 1, 1941, CAB 121/ 689, vol. 1, TNA.

7　"Most Secret from Washington," November 1, 1941, Prem 3/90/1, TNA.

8　"Most Secret," January 11, 1941, Prem 3/90/1, TNA.

9　Leighton and Coakley, *Global Logistics and Strategy*, 105.

10　"From War Office to C-in-C Far East," November 5, 1941, Air 8/586, TNA.

11　同上。

12　November 8, 1941, Five Year Diary of Claire Lee Chennault, CCAC; "Message from Col. Chennault," received November 12, 1941, Lauchlin Bernard Currie Papers, box 2, folder AVG Corr and Mem, November [19] 41, HISU.

13　"Cable received from Joseph Alsop," November 20, 1941, Lauchlin Bernard Currie Papers, box 2, folder AVG Corr and Mem, November [19] 41, HISU.

14　"Most Secret Immediate to the War Office from C in C Far East," November 10, 1941, Air 8/586, TNA; "Message from Col. Chennault," received November 12, 1941, Lauchlin Bernard Currie Papers, box 2, folder AVG Corr and Mem, November [19] 41, HISU.

15　"From Chungking to Foreign Office, Chiang Kai-Shek's message to Prime Minister," November 2, 1941, Prem 3/90/1, TNA.

16　Handwritten draft of telegram from Churchill to Roosevelt, 66, Prem 3/ 90/1, TNA.

17　"Telegram dated November 7 1941 Personal and Strictly Confidential from the President to the Former Naval Person," 49 – 50, Prem 3/90/1, TNA.

18 "War Cabinet. Chiefs of Staff Committee Minutes of meeting 6th November 1941," 42, Prem 3/90/1, TNA.

19 "General Ismay for C. O. S. Committee WSC, 9. XI," 39, Prem 3/90/1, TNA.

20 "General Ismay for C. O. S. Committee WSC, 11. XI," 33, Prem 3/90/1, TNA.

21 "To Sir A. Clark Kerr (Chungking): Following for Chiang Kai-Shek from Prime Minister," November 11, 1941, Prem 3/90/1, TNA.

22 "President Roosevelt to the President of the Chinese Executive Yuan (Chiang Kai-shek)," November 14, 1941, *FRUS* 1941, vol. 5, 758 – 759.

23 "From Chungking to Foreign Office," November 15, 1941, 12, Prem 3/90/1, TNA.

24 Bartsch, *December 8, 1941*, 140.

25 Bartsch, *December 8, 1941*, 141.

26 同上。

27 Bartsch, *December 8, 1941*, 130.

28 Bartsch, *December 8, 1941*, 100, 132.

29 Edmonds, Th*ey Fought*, 69 – 70.

30 "To C in C Far East from War office," November 13, 1941, Air 8/586, TNA.

31 "From C in C Far East to War office," November 15, 1941, para. 2, Prem 3/90/1, TNA.

32 "From C in C Far East to War office," November 15, 1941, para. 5, Prem 3/90/1, TNA.

33 "Secret L. C. Hollis, Office of the Minister of Defence to the Prime

Minister 18th November," handwritten note by Churchill dated November 19, 1941, Prem 3/90/1, TNA.

34　"To C in C Far East from Air Ministry," November 17, 1941, Air 8/586, TNA.

35　November 18 and 19, 1941, Papers of Walter Pentecost, AVG Special Collection, box 3, folder Daily Calendar, SDASMA; "W. D. Pawley to Mr. Bruce G. Leighton," November 18, 1941, 2, folder Extra Letters, BGLA.

36　"To Whitehall from Singapore," November 11, 1941, Air 8/586, TNA.

37　"W. D. Pawley to Mr. Bruce G. Leighton," November 18, 1941, 2, folder Extra Letters, BGLA.

38　同上。

39　"Adair, Claude Bryant 'Skip'," Flying Tigers Association American Volunteer Group, http://flyingtigersavg.com/index.php/avg – biographies/100 – adair – claude – bryant.

40　"To Air Ministry Whitehall from Singapore," November 22, 1941, Air 8/586, TNA.

41　William G. Grieve, The *American Military Mission to China, 1941 – 1942: Lend-Lease Logistics, Politics and the Tangles of Wartime Cooperation* (Jefferson, NC: McFarland, 2014), 171.

42　Grieve, The *American Military Mission to China*, 192.

43　转引自 Chuck Baisden, *Flying Tiger*, 19。

44　Bond and Anderson, *Flying Tiger's Diary*, 46.

45　Bond and Anderson, *Flying Tiger's Diary*, 45.

46　"Dear Paul [Meyer]," August 5, 1939, James M. McHugh Papers, box 1, folder 4, CUL.

47 "Dear Lauch, from McHugh," October 5, 1941, James M. McHugh Papers, box 1, folder 8, CUL.

48 "To the War Office from the C. -in-C. Far East," December 16, 1941, Air 8/ 586, TNA. 亦见 "Air attaché Chungking to RAF Rangoon," November 7, 1941, Air 23/4657, TNA. 蒋介石认为云南的防空预警系统是合格的。

49 "From Governor of Burma to the Secretary of State for Burma," December 17, 1941, FO 371/27645, TNA.

50 Album 23, CCAC. 一份 8 页的无标题击毁敌机清单，列明了飞行员、飞行中队和日期（以下简称"kill log"）。在计算总共 283 架被击落的敌机时，我试图避免重复计算那些共享或分配给几个飞行员的"战果"。

51 "kill log," album 23, CCAC.

尾 声

1 Chennault, *Way of a Fighter*, 96.

2 Jonathan Utley, *Going to War with Japan, 1937 – 1941* (New York: Fordham University Press, 2005), 136.

3 Arthur Nichols Young, *China and the Helping Hand* (Cambridge MA: Harvard University Press, 1963), 22 – 24.

4 "Frank Knox from McHugh," June 11, 1942, James M. McHugh Papers, box 1, folder 5, CUL.

5 Peter Lowe, *Great Britain and the Origins of the Pacific War: A Study of British Policy in East Asia, 1937 – 1941* (London: Oxford University Press, 1977), 295.

6 Charles Romanus and Riley Sunderland, *China-Burma-India Theater: Stilwell's Mission to China* (Washington, DC: Center of Military History, United

States Army, 1953), 11 – 12 and fn18.

7 2007 年 6 月 5 日，本书作者采访了鄱雷的侄女安妮塔·波利；2008 年，本书作者询问了位于高雄的空军学院图书馆和"台湾武官"。

8 Chennault, *Way of a Fighter*, 140.

致　谢

　　过去的十年，有如此多的人为本书的撰写提供了帮助，他们的名字能写满整整一本电话簿。恕我不能提到他们每一个人的名字，我在此表示抱歉。特别感谢下面几位慷慨地将他们的文件或照片分享给我：Lennart Anderson、Ed Amaczyk、Marilyn Brown、Alan Armstrong、Anthony Carrozza、Dr. Cynthia Chennault、Nicholas Dennys、Lila Garnett、戈叔亚（Ge Shuya）、Andrew Leighton、David Leighton、Sarah Leighton、林孝庭、William C. McDonald III、Tracy Minter、Professor Richard Overy、Anthony Slessor 和 David Yao。一路走来，有些人一直在帮助我，或是对这个话题表现出特别的兴趣，他们是我的经纪人 Ronald Goldfarb、Gerrie Sturman、Dan Ford、Diana Fortescue、Peter Harmsen、Robert Keatley、Emma Oxford、Anita Pawley、James Srodes、Jay Taylor。另外有一些人耐心地听了这个故事的最新进展，他们是 Elizabeth Llewellyn、Alison Rea。最后，同样重要的是感谢我的丈夫 David Buchan。

译后记

关于飞虎队的著述不胜枚举，以往的讨论多集中于这支队伍在第二次世界大战远东战场上做出的贡献，争论的焦点是它的战果，也就是击落了多少架日本飞机。而对于飞虎队的创建，则似乎没有什么争议，都认为飞虎队的成立源于1940年下半年陈纳德和宋子文在华盛顿的推动，最终在罗斯福政府的支持下于1941年4月正式成立。

本书作者尤金妮·巴肯对创建飞虎队的传统说法提出了质疑。她是美国联洲航空公司副总裁雷顿的外孙女，保管有雷顿关于美国联洲航空公司1930、1940年代在华业务档案，包括飞虎队创建过程和人员招募的第一手资料。她利用这些资料以及英国国家档案馆所藏"国际空军部队"（英国人对飞虎队的称呼）档案，抽丝剥茧，重新勾勒了飞虎队的创建过程，提出丘吉尔才是飞虎队的真正推动者，是英国人规定了在什么地方、以何种方式、什么时候部署飞虎队，"没有英国人的推动，飞虎队永远不可能冲向天空"。相反，一向被认为是"飞虎队之父"的陈纳德，在这支队伍的创建阶段，更多的是一个"参与者"，而不是"创建者"。

本书作者提出的新论断正确与否，读者自有见解，但我认同作者所言，随着越来越多新资料的披露，我们一定会对这段历史有更新更全面的认识。

我大学本科读的是历史学专业，研究生读的是中美关系，对本书所涉及的内容饶有兴趣，也有所了解。不过要逐字逐句将它准确翻译出来，却并非易事。为了做好翻译工作，我又系统阅读了关于飞虎队的相关著述，并且搜集浏览了书中所引用的一些文献。翻译的过程是一种学习，我的收获远非纯粹的读者所能相比，因此也带给我巨大的快乐。作为一名爱书人，能亲自参与一本书的出版，是最有成就感的事情。

感谢本书编辑李期耀先生对我的信任并给我机会翻译此书。李编辑认真负责，一丝不苟，在本书的翻译过程中给了我很多帮助和指导。

感谢我的丈夫黄洋，本书的翻译离不开他的帮助。每当我对原文理解把握不确定的时候，就会求助于他，而他不论手头在忙什么，总是会放下一切，先和我讨论译文。在我们一起生活的九年时间里，他对我总是一如既往地支持，给予我包容和理解，鼓励我去追求自己想要的生活。人生中有他做我的伴侣，是我的幸运。

最后，感谢我的父亲张金祥、母亲沈丽丽，如果没有他们对我生活上的照顾，本书的翻译过程会漫长得多。两个可爱的女儿黄希言、张希文一直是我前进的动力，我希望她们日后能拿起妈妈翻译的书，体会到阅读的快乐。

限于水平，译文难免会有不足之处，还望读者多多包涵，并不吝指正。

张　洁

2019 年 8 月 22 日于松江嘉禾名邸

图书在版编目（CIP）数据

少数给中国的飞机：飞虎队的诞生／（美）尤金妮
·巴肯（Eugenie Buchan）著；张洁译 . —— 北京：社
会科学文献出版社，2020.4
　　书名原文：A Few Planes for China：The Birth of
the Flying Tigers
　　ISBN 978 - 7 - 5201 - 6181 - 7

　　Ⅰ.①少… 　Ⅱ.①尤… ②张… 　Ⅲ.①抗日战争 - 中
美关系 - 史料 　Ⅳ.①K265.06 ②D829.712

中国版本图书馆 CIP 数据核字（2020）第 028118 号

少数给中国的飞机：飞虎队的诞生

著　　者／〔美〕尤金妮·巴肯（Eugenie Buchan）
译　　者／张　洁

出 版 人／谢寿光
责任编辑／李期耀

出　　版／社会科学文献出版社·历史学分社（010）59367256
　　　　　　地址：北京市北三环中路甲 29 号院华龙大厦　邮编：100029
　　　　　　网址：www.ssap.com.cn
发　　行／市场营销中心（010）59367081　59367083
印　　装／三河市东方印刷有限公司

规　　格／开　本：889mm × 1194mm　1/32
　　　　　　印　张：10.125　字　数：234 千字
版　　次／2020 年 4 月第 1 版　2020 年 4 月第 1 次印刷
书　　号／ISBN 978 - 7 - 5201 - 6181 - 7
著作权合同
登 记 号／图字 01 - 2019 - 2598 号
定　　价／69.00 元